耕读教育系列教材
职业教育新形态教材

体育与健康

TIYU YU JIANKANG

王志伟 赵长英 李希春◎主编

中国农业出版社
北 京

内容简介

依据中共中央办公厅、国务院办公厅印发的《关于全面加强和改进新时代学校体育工作的意见》和教育部印发的《全国普通高等学校体育课程教学指导纲要》的精神和要求，根据党的二十大报告要求，广泛开展全民健身活动，加强青少年体育工作，促进群众体育和竞技体育全面发展，加快建设体育强国，结合体育教学改革趋势，我们组织编写了本教材。

根据“健康知识＋基本运动技能＋专项运动技能”的新时代学校体育教学模式，将教材分为体育与健康理论、现代体育运动和中华传统体育三大部分，共二十一章。体育与健康理论部分包括体育与健康常识、科学的锻炼方法和体质测试、体育锻炼与营养、体育竞赛组织编排与欣赏、奥林匹克运动与体育精神；现代体育运动部分主要包括田径运动、篮球运动、排球运动、足球运动、乒乓球运动、羽毛球运动、网球运动、定向运动、体育舞蹈、健美操及啦啦操；中华传统体育部分主要包括武术、舞龙、舞狮、射艺、风筝、毽球等内容。本教材理论与实践相结合，具有较强的实用性和指导性。

本教材可作为高等院校的体育基础课程教学用书，也可作为广大体育运动爱好者的学习和参考用书。

编写人员名单

主　编　王志伟　赵长英　李希春

副主编　解术军　孙传明　张振中

参　编（以姓氏笔画为序）

王大伟　王永林　王朋立

王爱双　刘　迪　刘加栋

孙利峰　李光峰　李全凯

辛　磊　沈萌萌　宋新宇

张　迪　栾伟元　崔会敏

蔡　蕊

前言

体育与健康课程作为我国高校课程体系的重要组成部分，是高校实施素质教育和培养全面发展人才的重要途径，是全面增强体质、传授体育知识、技术和技能，培养学生良好的道德品质和敢于拼搏、积极进取的精神，也是大学生走向社会前重要阶段的体育教育。党的十八大以来，以习近平同志为核心的党中央高度重视体育工作，谋划、推动体育事业改革发展，将全民健身上升为国家战略，推动全民健身和全民健康深度融合，加快推进体育强国建设，这为进一步深化高校体育课程改革指明了方向。

为了全面贯彻与实施党的教育方针，深入落实“健康第一”的指导思想，促进大学生健康发展，使当代大学生真正成为德、智、体、美、劳全面发展的社会主义建设者和接班人，我们依据中共中央办公厅、国务院办公厅印发的《关于全面加强和改进新时代学校体育工作的意见》和教育部印发的《全国普通高等学校体育课程教学指导纲要》的精神和要求，结合新时代教学改革趋势，组织具有丰富经验的教师编写了《体育与健康》教材。

本教材以育人和强化学生体育与健康意识为宗旨，以提高体育能力、增进身心健康、养成终身体育锻炼习惯为主线，科学地构建了内容体系。本教材在内容和形式上具有以下特点。

第一，知识性。按照认知结构的形成与迁移规律，对体育课程的教学内容进行了详细的描述，使学生能全面掌握体育的基本理论与基本运动技能，为专项运动技能和终身体育奠定基础。根据素质教育对身心健康发展的要求，注重健康体魄与人格培养，融入体育精神这一课程思政元素，使学生在体育锻炼中享受乐趣、增强体质、健全人格、锤炼意志。同时，重视中华传统体育项目的推广，结合编者学校所在地山东省潍坊市“世界风筝发源地”的特色，编写了以武术、舞龙、舞狮、风筝等为代表的中华传统体育部分，以期培养学生集体主义、爱国主义、社会主义精神，增强文化自信。

第二，科学性。坚持“健康第一”的指导思想，重视学生的身心全面发展，注重学生的体育意识和体育能力的培养，并把心理健康的常识以及现代文明病的防治知识同体育教学结合起来，使教材更具知识性、趣味性和娱乐性。避免空洞说教，做到以科学研究的事实为依据进行描述。

第三，可读性与趣味性。文字精练，配图恰当，篮球、排球、足球、乒乓球、羽毛球、网球等运动项目章节辅以动作示范视频，便于学生课外自主学习。突出以学生为主体的思想，将健身性和文化性、民族性和世界性结合起来，拓宽学生对体育功能和表现形式的认识，为学生提供较大的选择空间。

本教材由山东畜牧兽医职业学院的王志伟、赵长英、李希春任主编，由解术军、孙传明、张振中任副主编。参加本教材编写的还有山东畜牧兽医职业学院的刘迪、刘加栋、孙利峰、辛磊、沈萌萌、宋新宇、张迪、崔会敏、蔡蕊、王朋立，山东信息职业技术学院的栾伟元，山东经贸职业学院的王永林，山东交通职业学院的李光锋，山东海事职业学院的王爱双、王大伟，山东冠凯体育文化发展有限公司李全凯。

由于编写水平有限，本教材难免存在不足之处，敬请广大师生指正。

编　者

2021 年 4 月

目　录

下篇　中华传统体育

上　篇

体育与健康理论

第一章

体育与健康常识

第一节　体育与健康的概念

一、体育的概念

体育的狭义概念为体育教育，它是与德育、智育、美育、劳育相配合的整个教育的一部分；它是一条向学生传授体育知识、技术和方法，促进学生身体全面发展、增强体质的途径；它是一个有目的、有计划、有组织地培养体育意识的教育过程。

体育的广义概念为体育运动，它是为了人类和社会的需要，以身体练习为基本手段，以增强体质、提高运动技术水平、丰富文化为目的的一种有组织、有意识的身体活动和社会活动；它是社会文化教育的组成部分，其发展在一定程度上受社会的政治和经济的制约，也在一定程度上为社会的政治和经济服务。

二、体育的组成

体育由学校体育、竞技体育和群众体育三部分组成。

（一）学校体育

学校体育是学校整体教育的重要组成部分，也是全民体育的基础。学校体育既是教育和体育的交叉点和结合部，又是国家体育事业发展的战略重点。它是按照学校的育人规律，围绕增强体质这一中心，在教师的指导下，有组织、有计划地传授体育知识、技术和方法，全面提高身体素质和运动技术水平，并与德育、智育、美育、劳育相结合，培养道德和意志品质，使学生成为德、智、体、美、劳全面发展的高素质技术技能人才、能工巧匠、大国工匠。

（二）竞技体育

竞技体育是指在全面发展身体素质的基础上，最大限度地挖掘体力、智力、运动才能，以取得优异成绩为目标而进行的科学训练和竞赛活动。其特点是技艺高超，竞争性强，有严格的规则和场地要求，又是人的智能、运动才能的极端表现形式。由于竞技体育极易吸引广大观众、极富感染力且容易传播，所以在活跃社会文化生活，振奋民族精神，提高国际威望，促进各国人民之间的友谊、团结和交流等方面都有着特殊的作用。

（三）群众体育

群众体育是以健身、娱乐、休闲、医疗和保健康复为目的的体育活动。由于它的对象主要为一般民众，包括男女老幼及伤残者，活动领域遍及整个社会乃至每个家庭，所以是一项活动内容广、表现形式新、趣味性强、参加人数多的群众体育活动。它作为学校体育的延伸，可使人们的体育生涯得以延伸。

三、健康的概念

党的二十大报告要求推进健康中国建设。人民健康是民族昌盛和国家强盛的重要标志。把保障人民健康放在优先发展的战略位置，完善人民健康促进政策。因此，人民健康是党和国家最为关心的国家大事，那什么是真正的健康呢?

1948 年，世界卫生组织（WHO）在宪章中明确指出：健康不仅仅是免于疾病和衰弱，而且还应该是保持身体上、精神上和社会适应能力等方面的完好状态。从而将人类的健康与生理的、心理的以及社会的因素联系在一起。

这个定义包括三层含义：①躯体健康。指躯体的结构完好，功能正常。②心理健康。又称精神健康，指人的心理处于完好状态，包括能正确地认识自我、正确地认识环境、及时适应环境等。③社会适应能力良好。指个人的能力在社会系统内得到充分的发挥，个体能够有效地扮演与其身份相适应的角色，个人的行为与社会规范和谐一致。

1989 年，世界卫生组织对健康的概念进行了重新定义，提出健康应包括躯体健康、心理健康、道德健康和社会适应良好，这就是所谓的四维健康观念，如图 1-1 所示。

继四维健康观之后，美利坚大学的国家健康中心提出了一个与其类似的健康定义，即健康是人对环境适应后所达到的一种生命质量，个体只有在身体、情绪、智力、精神和社会各方面达到完美状态才称得上真正的健康，这种健康观包含健康五要素，如图 1-2 所示。这种观念将人们对健康的认识提高到了一个崭新的高度，并被世界各国学者广泛接受。

图 1-1

身体健康
情绪健康
社会健康
智力健康
精神健康

图 1-2

①身体健康。不仅包括无病，还包括体能。体能是一种能满足生活需要和有足够能量完成各种活动的能力。具备这种能力，可以预防疾病、提高生活质量。②情绪健康。情绪涉及我们对自己和他人的感受。情绪健康的主要标志是情绪的稳定性，所谓稳定是指个体应对日常生活中人际关系和环境压力的能力。当然，生活中偶尔有些情绪波动均属正常，关键是生活的大部分时间要保持情绪稳定。③智力健康。指具有认识、理解客观事物，并运用知识、经验等解决问题的能力，包括记忆、观察、想象、思考、判断等。④精神健康。指具有认识自己的潜力，应对正常生活压力，关心和尊重所有生命的能力。对于不同宗教、文化和国家的人来说，精神健康的内容也有所不同。⑤社会健康。指个体与他人及社会环境相互作用形成的和谐的人际关系和社会角色的能力。此能力使人们在人际交往中充满自信和安全感，进而减少烦恼，保持心情愉快。

值得注意的是，健康的五个要素相互联系，相互影响，例如，身体不健康会导致情绪不健康，心理不健康会导致身体、情绪和智力不健康。因此，只有每一个健康要素平衡地发展，人们才能真正健康、幸福地生活。

第二节 体育锻炼与心理健康

体育锻炼既是一种身体活动，也是一种心理活动。因此，体育锻炼不但有助于身体健康，而且对心理健康有着积极的作用。大量的研究表明，体育锻炼是一种低支出、低风险和低副作用的有效促进心理健康的方法，主要表现在以下几个方面。

一、体育锻炼有助于改善情绪体验

情绪状态的调控能力是衡量体育锻炼对心理健康影响的最主要的指标。个体在复杂多变的社会环境中，常常会产生紧张、压抑、忧虑等不良情绪反应，体育锻炼可以使个体从烦恼和痛苦中解脱出来。

体育锻炼之所以能够改善情绪体验，是因为体育锻炼的参加者能体验到运动带来的愉快感。心理学家认为，适度负荷的体育锻炼能够促进人体释放一种多肽物质——内啡肽，它能使人体获得愉快、兴奋的情绪体验。因此，参加体育锻炼，尤其是参加那些自己喜爱和擅长的体育锻炼，可以使人从中得到乐趣，从而保持良好的情绪状态。

二、体育锻炼有助于提高智力

正常的智力是正确感知和认识世界的前提，是心理健康的基础。经常参加体育锻炼，不仅使锻炼者的注意力、记忆力、反应、思维、想象力等得到提高和改善，还可以让人情绪稳定、性格开朗，而这些非智力因素对人的智力具有促进作用。

三、体育锻炼有助于形成和谐的人际关系

现代社会生活节奏的加快使人们越来越趋向封闭的状态，从而导致人与人之间缺乏感情交流，人际关系渐渐疏远。体育锻炼则可以打破这种封闭状态，让不同年龄、文化素质的人聚集在运动场上，进行平等、友好、和谐的交往，使人们互相产生信任，从而有效地进行情感和信息的交流。

四、体育锻炼有助于培养坚强的意志品质

意志品质是指一个人的果断性、坚忍性、自制力、主动坚持性及独立性等，是在克服困难的过程中表现和培养出来的。参加体育锻炼可以使人不断克服主观和客观上的各种困难，如懒惰、胆怯、疲劳、损伤等，从而培养人的优秀意志品质。

五、体育锻炼有助于治疗心理疾病

社会竞争的日益激烈和生活压力的加大会使人产生焦虑、忧愁、烦恼、悲观等不良情绪，这些不良情绪容易导致心理障碍。适当的体育锻炼能使有心理障碍的个体获得心理满足，产生积极的成就感，从而摆脱不良情绪，消除心理障碍。

第三节　体育锻炼对增强体质的作用

一、体质

1. 体质的概念　体质是指有机体在遗传变异和后天获得的基础上所表现出来的综合的、相对稳定的特征，它是人的运动能力、劳动工作能力乃至全部生命活动的物质基础，而体育锻炼是增强体质的最直接的有效手段。

2. 体质的指标　评价体质强弱的综合指标有以下5个方面。

（1）生理和生化功能水平。即机体的新陈代谢功能及各系统、器官的工作效能。

（2）身体形态发育水平。即体格、体型、姿势、营养状况及身体组成成分等。

（3）心理发展状态。包括个体感知能力、个体意志力和判断能力。

（4）身体素质和运动能力水平。即身体在运动中表现出来的力量、速度、耐力、灵敏性、柔韧性等素质及走、跑、跳、投、攀等身体运动能力。

（5）适应能力。对外界环境条件的抗寒、抗热能力和对疾病的抵抗力。影响体质强弱的因素是多方面的，遗传性状为体质的发展提供了可能性或前提条件，而体质强弱的现实性，则有赖于后天环境的影响，其中营养、卫生、教育和身体锻炼等因素最为重要。有计划、有目的地进行科学的身体锻炼，是增强体质最积极、最有效的手段之一。

二、体育锻炼对增强体质的意义

（一）体育锻炼对人体生长发育的影响

体育锻炼也对人体的生长发育有一定的促进作用。体育锻炼的刺激首先可直接作用于骨、关节和肌肉等运动器官，并使之产生适应性的变化。用以评价生长发育的指标主要包括体格指标，如：身高、坐高，上、下肢长度，肩宽、骨盆宽、髋宽，胸围、上臂围、大腿围和体重等指标。其中，身高代表人体骨骼纵向发育的程度；肩宽等代表人体横向发育的程度；胸围等代表人体软组织（肌组织）的发育程度。

体育锻炼可以通过对骨骼的刺激，增加骨矿物质的吸收，促使人体长高；可以通过对骨骼肌的刺激，增加肌肉蛋白质的合成，改善肌肉细胞代谢，促使肌肉发达，增强人体的各个宽度和围度，因而是一种有效促进人体生长发育的手段。但是，应该指出，在试图通过体育锻炼促进生长发育的同时，一定要注意合理的营养，否则，身体锻炼不但起不到促进生长发育的作用，反而会因消耗增加而造成营养不良，阻碍生长发育的正常进行。

（二）体育锻炼可促进身体健康

有计划、有规律地进行体育锻炼，可以从多方面促进身体健康。从生理学、生物化学和医学角度讲，体育锻炼一般可从下面几个方面促进身体健康。

1. 体育锻炼能增强骨骼肌功能，延缓骨骼的衰老　体育锻炼过程中，由于肌肉反复用力做功，可以刺激肌肉细胞中有关能量代谢、蛋白质合成等酶活性的增加，因而提高肌肉细胞中能量代谢的能力，促进肌肉蛋白质的合成，达到增强肌肉力量和耐力的目的。在运动过程中，直接参与活动部位的骨受益最大，如多走可以使腿骨增粗，常举重物可以使臂骨增粗，且使骨密度增高。这是因为在肌肉收缩期间，所连接的骨就会受力，其对钙等矿物质的吸收就会相应增加，因而对预防骨质疏松有一定的作用。

2. 体育锻炼可改善心血管功能 人体安静时心率会下降，心脏每搏输出量（心脏每次跳动输出的血量）和心脏体积会增大；而经常参加有氧运动的人，安静时的心率都比普通人要低，有的只有50次/min，这种变化配合心脏每搏输出量和心脏体积增加的变化，说明心脏的血液输出功能提高了，这是心脏容血量提高、血液输出功能增强的表现。

3. 体育锻炼可预防疾病的发生 体育锻炼对人体疾病的预防、治疗、康复有着重要的作用。但是，体育锻炼对疾病的抵御作用是有条件的，有许多疾病是不可能通过体育锻炼治愈的，如遗传病。有许多疾病的某些阶段也是不宜从事体育锻炼的，如炎症、高烧等。因此，应该正确地认识和使用体育锻炼的手段来和疾病做斗争。

（1）体育锻炼可以提高人体的某些免疫能力，防御生物病原的侵害。试验证明，在运动时体温升高，机体内产生一些特殊的物质，这些物质可以增强免疫功能，从而减少了传染病的发病率。同时，体育运动时，体内白细胞的数量增多，也增强了抗御疾病的能力。

（2）体育锻炼可以提高人体的新陈代谢水平，减少、推迟或避免各种代谢疾病的发生。广泛的试验证明，体育锻炼可以使人体中的高密度脂蛋白胆固醇增加，甘油三酯减少，这些指标的变化对防止肥胖症、高血压、冠心病都是有显著效果的。体育锻炼在防止老年人心血管系统和运动器官老化等方面的作用也是十分明显的。

（3）体育锻炼可以加速病愈后的恢复。目前的医学迅速向临床医学、预防医学和健康医学相结合的方向发展，各类患者可通过一定的体育活动来恢复肢体功能，增强抵抗能力，以补充医药手段的不足。

（三）体育锻炼可提高人体适应自然环境的能力

人体适应环境的能力实质上是指人受了外界环境影响，在中枢神经的系统的支配下，不断调节机体，使之处于正常稳定的功能活动状态。通常，体育锻炼大都是在露天环境中进行的，外界环境因素（空气、水、阳光）随时都在发生变化。这些变化不可避免地会使身体受到影响，人体必须随时调节自己的功能来适应环境，使身体内外达到平衡。所谓平衡仅是暂时的、相对的平衡，称为动态平衡。调节平衡的能力主要是在中枢神经系统的指挥下形成的。如人体受到寒冷刺激后，大脑皮质立即调动全身各器官、系统加强活动，产生防御性反射，使皮肤血管收缩，减少散热。同时，体内热量增加，以抵抗寒冷的刺激。反之，在炎热的条件下，机体在中枢神经系统的指挥下，皮肤血管舒张，大量出汗以加强散热。又如，在高山上的缺氧地区，人体必须加快呼吸，肺通气量也随之增加，使机体能够获得更多的氧气。

自然环境中的病菌、病毒侵入人体后，中枢神经系统将动员体内的各种防御机能，使白细胞的吞噬作用增强，抗体产生加快，以尽快排除和杀灭病菌、病毒，以使身体免于受到侵害。由于自然环境的变化是客观存在的，要达到人体与外界的平衡，必须依靠自身的不断调节来增强适应能力。所以，身体对外界环境适应能力的强弱，也是人体健康状况好坏的一个重要标志。身体的适应能力，也是通过条件反射形成的，经常参加体育锻炼，可使人体对外界刺激的反应快而准确，有利于增强人体的适应能力和对疾病的抵抗能力。

第四节　现代文明病的防治

中国特色社会主义进入了新时代，我国经济发展也进入了新时代。“十三五”时期，我国建成世界上规模最大的社会保障体系，根据统计数据，2020 年全国居民人均可支配收入超过 3.2 万元，脱贫攻坚工作取得了全面胜利，中国人民对美好生活的向往也更加强烈。在感慨社会快速发展的同时，一些不良的生活、饮食习惯和精神压力增加所带来的现代文明病也是亟待解决的难题。

一、现代文明病的概念

现代文明病又称为生活方式病、运动不足病、富贵病或慢性病等，现代人的文明病并非由细菌或病毒引起的，而是一种由于生活上的压力与紧张、不良生活习惯、营养的失调以及缺乏运动长期积累而引起的代谢病。通俗地讲，就是人们进入现代社会以后，吃得好、吃得精导致的营养过剩，长期用电脑、玩手机导致的运动量减少，学习、工作压力大导致的精神高度紧张、疲劳，从而产生的非传染性、流行性疾病。尤其是在青少年学生群体中，这些问题更是层出不穷，值得每一个人深思和正视。

二、常见现代文明病的分类

现代文明病可以分为很多种，涉及的职业不同，分类也不同。但是通常可以把现代文明病分为以下几类。

（一）结构病

结构病是指人的身体结构（骨骼、肌肉、韧带、关节）由于长期缺乏力的刺激或者受到的力的刺激不合理而引发的一类疾病。这类疾病又可分为 3 种。

1. 人类脊柱疾病　主要有青少年脊柱弯曲异常、颈椎病、腰椎间盘突出症。

2. 人类关节疾病　主要有髌骨软化、股骨头疾病、肩周炎。

3. 人类骨骼疾病　主要有骨质疏松。

近几年的跟踪研究发现，青少年由错误坐姿、卧姿导致的脊柱弯曲异常现象越来越严重，教育部也高度重视青少年学生的身心健康，加强青少年学生预防脊柱弯曲教育、落实相关的健康促进行动。而颈椎病、腰椎间盘突出症、髌骨软化、骨质疏松这些常见于老年人身上的疾病，也越来越年轻化，在青少年中并不少见。

（二）能量过剩病

能量过剩病是人体长期能量摄入相对过剩所引发的一类疾病。这类疾病又可分为以下几种。

1. 心脑血管疾病　具体可以细化为高血压、高血糖、高血脂、高胆固醇。心脑血管疾病已成为人类死亡病因最高的“头号杀手”，也是人们健康的“无声凶煞”。心脑血管疾病具有“四高一多”的特点，即“发病率高、致残率高、死亡率高、复发率高，并发症多”。相关的调查研究结果显示，我国目前的心脑血管疾病患者已经达到了 3.3 亿人次，而且心脑血管疾病在青少年群体中的增长速度也非常快。

2. 肥胖或超重　青少年肥胖和超重已成为世界性难题。全球肥胖儿童和青少年人数在过去 40 年中增加了 10 倍，成为全球性的健康危机。而随着经济发展，我国肥胖青少年普及率大大超过美国，成为最严重地区，教育部对 2016—2020 年学生体质健康抽测复核的数据显示，全国接近 1/4 的学生属于超重、肥胖，其中大学生所占比例最高，达到 24.7%。究其原因，在个人饮食和生活习惯上，热衷于高热量低营养食品、在互联网设备前久坐缺

乏运动等问题越来越严重，这使得越来越多的青少年肥胖或者超重，这都是能量过剩导致的。

当前常用的肥胖判定标准为体重指数（BMI），用体重除以身高的平方计算，计算公式为

$$\mathrm{BMI}=\frac{体重}{身高^2}$$

根据《国家学生体质健康标准》大学生男性 BMI 正常值是 17.9～23.9，低体重是≤17.8，超重是 24.0～27.9，肥胖是≥28.0。女性 BMI 标准基本相同。如身高为 1.8m，体重为 75kg，那么 BMI 指数就是 75/（1.8×1.8）＝23.14，属于正常体重。

3. 糖尿病　糖尿病是由于遗传或环境的因素造成的胰岛功能的损伤使胰岛素分泌绝对不足或相对地缺乏，导致身体中的糖就不能变成能量，血液中的糖含量增高，蛋白质、脂肪代谢异常，从而各种急慢性的并发症，影响人体健康和生活质量。糖尿病的典型症状是“三多一少”，即多饮、多食、多尿、消瘦。在青少年群体中，需要依靠日常注射胰岛素来维持血糖水平的个体越来越多。

（三）神经和精神疾病

神经和精神疾病是由精神压力过重、人际关系障碍、适应能力不良、遭遇挫折而无法处理、缺乏必要的身体运动来调节而引发的神经或精神疾病，例如神经衰弱症、焦虑症、抑郁症等。这些疾病的危害程度更高，因此要格外注意。

（四）新发展疾病

信息化社会的高速发展，手机、电脑、网络的普及，大量的网络游戏及现代自媒体的发展，使得青少年对网络及电子产品的依赖越来越严重，社会上多次出现了沉溺于手机、电脑等导致的悲剧事件，也衍生了当前新的发展疾病，如“信息焦虑综合征”“网络综合征”“电脑综合征”“家电综合征”“手机综合征”等。这些新的发展疾病虽然不算是真正意义上的疾病，但是对青少年的危害却不得不引起政府、学校、家庭的重视。

三、现代文明病的防治

现代文明病的防治关键在于养成良好的生活习惯。当前青少年吃得多、动得少，学业重、压力大，如何解决这些现实问题是防治现代文明病的重中之重。我国自古就有“治未病”的中医传统，意思就是在疾病未发生之时，采取相应的预防措施，核心是预防。

（一）远离不良嗜好

吸烟、喝酒、沉溺于网络和游戏已经成为当前青少年的主要不良嗜好，这些问题对青少年身体造成了很大的伤害，也是产生现代文明病的重要原因。在日常生活中，要养成良好的起居习惯，合理地安排作息时间，科学利用网络和电子产品，可以有效预防现代文明病。

（二）养成良好的饮食习惯

饮食习惯与身体健康息息相关，要想具备强健的身体，习惯必不可少。要做到每日吃早餐，保证一天的充足营养；按时吃三餐，多吃低盐、低糖、低脂肪食物，多吃新鲜蔬菜和水果，每天饮水不少于 1 000mL；不偏食、不挑食，少吃油炸食品，不暴饮暴食，吃饭时细嚼慢咽。

（三）舒缓心情，减缓压力

长期精神压力过大会对人体的免疫系统和内分泌系统造成伤害，久而久之会使身体的免疫力降低，使人容易生病，也容易导致焦虑和抑郁等精神疾病的发生。面对各种原因带来的精神压力，要学会释放压力，主要是通过调整生活、学习、工作方式，做到张弛有度，学会劳逸结合；要掌握释放压力的方法，如听一些舒缓的音乐、看一场愉快的电影、走进大自然呼吸享受大自然、选择一项体育运动等，都可以有效地缓解压力。

（四）加强体育锻炼

18 世纪法国名医蒂索说过："运动就其作用来说，可以代替任何药物，而任何药物都无法代替运动的良好作用"。适度的体育锻炼是提高身体免疫力最有效的方法，也是防治现代文明病最合理的方式。积极参加体育锻炼，尤其是有氧运动，可以有效提高身体素质，抵抗疾病侵袭。但是在锻炼的过程中，要学会科学锻炼，持续时间不宜太短，更不宜太长。时间太短，热量消耗不够。锻炼应该定期、定时，而且不能过度，要持之以恒。

保持健康的关键，绝不是依赖药物，也不是依赖某种营养，而是需要我们对生命的热爱和尊重。在生活中，一旦发现现代文明病的征兆一定要给予重视，及时治疗，才能避免病情的恶化，保持身体的健康。

第二章

科学的锻炼方法和体质测试

第一节　掌握运动量的原则

一、运动量的含义

运动量也称运动负荷，指人体在体育活动中所承受的生理、心理负荷，由完成练习的数量、强度、密度、时间以及动作的准确性和运动项目特点等因素所决定。人人都知道生命在于运动，但并不是只要运动就一定有益于健康。无论是体育锻炼还是运动训练，都存在一个合理安排运动量的问题，体育锻炼效果的好坏取决于运动量。由此可见，科学锻炼的运动量对人的健康是非常重要的。

二、如何评定运动量的大小

运动量大固然会增加热量消耗，减轻体重。可是运动量过大，同样也会增加机体代谢调整负担，损害健康，甚至危及生命。当然，运动量不足也不会获得满意的效果，一般认为：运动后感到轻度疲劳、微微出汗、心情舒畅、睡眠良好是比较合理的运动量。如果运动后感觉疲劳、肌肉酸痛、食欲减退、睡眠不好，则表示运动量过大。倘若运动中或运动后出现胸闷、上腹痛、胸痛、呼吸困难，或头痛、头晕、恶心、出冷汗等症状要立即停止运动，到医疗单位做必要的检查与治疗。如果运动时无发热感，脉搏无变化或变化不大，说明运动量小，应该适当增加。

（一）客观生理指标的评定

目前常用指标包括脉搏、血压、体重、肺活量、心电图、尿蛋白、血红蛋白等。在此就脉搏、血压、体重3个简便易行的指标做介绍。

1. 脉搏（心率）　脉搏是最能反映机体情况的指标之一，在运动实践中常用。如基础脉搏、运动前脉搏、运动中脉搏、运动后即刻脉搏、恢复期脉搏等。

（1）基础脉搏。基础脉搏指早晨清醒后起床前静卧时所测得的脉搏，又称晨脉搏。基础脉搏较稳定，能敏感反映心脏机能。

（2）运动前脉搏。运动前脉博指在运动场上，处于相对安静状态时所测得的脉搏。常作为运动中、运动后脉搏的对照标准。

（3）运动中脉搏。运动中脉搏指在运动的整个过程中任一时刻所测得的脉搏。

（4）运动后即刻脉搏。运动后即刻脉搏指在运动终止即刻所测得的脉搏。

（5）恢复期脉搏。恢复期脉搏指在运动终止后一定时间内所测得的脉搏。可连续测量运动后第3～10min的脉搏。

运动中脉搏、运动后即刻脉搏和恢复期脉搏常与运动前脉搏对照。

2. 血压 运动实践中常用的血压包括安静血压、运动中血压和恢复期血压等。

（1）安静血压。正常的安静血压的变动范围应在 10mmHg* 以内，若血压明显升高或突然比平时高出 20%以上，表示机能不良。

（2）根据运动中血压以及恢复期血压的变化，可评定运动强度。强度越大，脉压差越大，恢复时间越长（表 2-1）。

表 2-1 运动强度评定

收缩压（mmHg）	舒张压（mmHg）	恢复时间	运动强度评定
上升 20～30	下降 5～10	3～5min	小强度
上升 30～40	下降 10～20	20～30min	中强度
上升 40～60	下降 20～40	24h 内	大强度

3. 体重 每日早晨起床排净大小便后称体重，初参加系统锻炼者 1～4 周体重下降，5～6 周稳定，6 周后稳中有升，每天运动后体重可有 1～4kg 的变化。

（二）主观感觉的评定

主观感觉包括自我感觉、睡眠、食欲、锻炼、欲望等方面。主观感觉评定法主要依据运动过程中或运动结束后的各种主观感觉，主要有以下 3 种情况。

（1）若感到全身舒展，精神焕发，有再运动一会儿的欲望，或稍有疲劳感，肌肉略有酸胀，但不影响学习、工作、食欲和睡眠，且肌肉酸胀在 1～3h 内自然消除，说明运动量适度。

（2）若 4～12h（甚至 24h）内，有吃不香、睡不实、对再运动持冷漠态度或运动后次日早晨自感很疲劳、全身乏力、萎靡不振甚至头晕等，说明运动量过大，需要适当调整运动量。

（3）若肌肉有不同程度发紧、僵硬或麻木感，甚至局部肌肉有酸痛，痛点（区）扩大并加剧，可能是肌肉或肌腱有隐性炎症，也可能是练习手段安排不当所致，应适当减量或降低强度，甚至停止练习。

综上所述，评定运动量大小，最好采用客观生理指标的评定及主观感觉评定相结合的方法进行综合评定，这样既有助于准确、客观地掌握身体机能变化，又便于及时地调控运动量。另外，运动锻炼效果的优劣还与每次运动持续时间、运动频率、运动时机、运动环境等其他运动的构成要素紧密相关。

运动持续时间：每次锻炼持续时间应该在 30min 以上，才会收到比较理想的锻炼效果。

运动频率：运动的频率可因人而异，但至少每周要运动 3 次，最好渐渐达到每周 5 次，这样可使运动效果更佳，继续增加运动次数意义不大。

运动时机：夏季应选择早晚气温较低时进行，冬季应避开早晚气温较低时进行。饭后休息半小时后再进行运动，运动后也应该休息半小时后再进餐。

运动环境：最好选择空气清新、空旷、安静的场所进行运动锻炼。若因故中途停顿或中断，则已经获得的锻炼效果会很快消失，重新开始锻炼时，又要一切从头开始，绝不可冒

* mmHg 为非法定计量单位，1mmHg=133.322 Pa。

进。如果运动后有明显的、持续的疲劳，说明运动时间过长，就应该适当减少运动时间或次数。运动时若出现胸痛、心律不齐、憋气、心慌、不想练习等情况，应停止运动并请医师检查。只有当运动强度、运动量、每次运动持续时间、运动频率、运动时机、运动环境等一系列运动的构成要素均适合于运动者自身状况的时候，运动的效果才会最佳，才会事半功倍，否则，只能事倍功半，甚至适得其反，还可能有损健康。

第二节 控制运动量的方法

无论是体育锻炼还是运动训练，都存在一个合理安排运动量的问题，锻炼效果的好坏也常常取决于运动量的大小。因为运动量过小，不用动员内脏器官的潜力就可以轻而易举地担负下来，这样就达不到提高内脏器官功能的目的，因而锻炼的效果甚微。相反，如果运动量过大，在安排时又缺乏必要的节奏，长此下去就会超过人体生理负荷的极限，这样，不仅达不到增强体质的锻炼目的，往往还会对锻炼者的健康有不利影响，并对学习或工作造成影响。所以，每位体育锻炼爱好者在开始体育锻炼前就应学会监测运动量的方法。

1. 每天运动量是否适宜的检测方法 清晨醒来，测 1min 脉搏，然后记下每天所测的脉搏跳动次数。如果脉搏跳动次数比昨天多 3 次以内，说明运动量适宜，锻炼可持续进行，一旦发现增加过多，则需找出原因，进行调整。

2. 小强度运动后的检测 一般运动后每分钟脉搏跳动的次数在 120 次以下为小强度运动。运动前测 1 次，运动后再测 1 次，运动后 5～10min 能恢复到运动前的脉搏数为适宜。脉搏增快 10 次以上，则需调整。

3. 中强度运动后的检测 一般运动后每分钟脉搏跳动的次数在 120～150 次为中强度运动。运动前测 1 次，运动后再测 1 次，运动 5～10min 后比运动前的脉搏次数快 10～20 次为适宜。

4. 大强度运动后的检测 一般运动后每分钟脉搏跳动的次数在 150～180 次为中强度运动。运动前测 1 次，运动后再测 1 次，运动 5～10min 后比运动前的脉搏次数快 30～50 次为适宜。如果增加次数在 50 次以上，出现头晕、心慌、呼吸不畅等现象，则说明身体已不适应，应立即停止锻炼，去医院检查，找出原因，再进行锻炼。

5. 主观感觉 体育锻炼与运动员的训练不同，其基本原则为：锻炼时要轻松自如，并有一种满足感，这也是锻炼者进行运动量监测的一项主要指标。运动过程中或运动结束后，如果有以下情况之一发生，必须要控制运动量：①感觉疲软无力，精神不振。②不想参加原本非常喜欢的运动项目。③头痛、头晕、心痛、呕吐。④失眠。⑤食欲减退，容易口渴。⑥运动时排汗量异常增加，而且出现夜间出汗的现象。

第三节 常见运动损伤的预防与处理

一、运动损伤的原因

1. 思想认识不足 对预防运动损伤的意义认识不足，思想上麻痹大意及缺乏预防知识是运动损伤产生的主要原因。

2. 准备活动不充分 准备活动的目的是进一步提高中枢神经系统的兴奋性，增强各器官系统的功能能力，使人体从相对的静止状态过渡到紧张的活动状态。

3. 技术动作错误 技术动作违反了人体结构功能的特点及运动时的力学原理而造成损伤，这是初参加运动训练的人或学习新动作时发生损伤的主要原因。

4. 运动负荷过大 安排运动负荷时，没有充分考虑到锻炼者的生理特点，运动负荷超过了锻炼者可以承受的生理负担量，尤其是局部负担过大，引起微细损伤的积累而发生劳损，这是专项训练中造成运动损伤的主要原因。

5. 身体功能和心理状态不良 在睡眠或休息不好、患病受伤或伤病初愈阶段以及疲劳时，肌肉力量、动作的准确性和身体的协调性显著下降，警觉性和注意力减退，反应较迟钝。此时参加剧烈运动或练习较难的动作，就可能发生损伤。

6. 不良环境影响 场地不平、有杂物、场地太硬太滑、运动器械破损不牢固、运动鞋和服装不合适等都容易引起损伤。恶劣的气候、光线不足易影响人体正常的发挥，也容易引起运动损伤。

二、常见运动损伤的处理

（一）软组织损伤的处理

软组织损伤是指皮肤、皮下组织（如脂肪）、关节韧带、肌肉、肌腱等软组织的损伤，是体育运动中常见的损伤，也是日常工作和生活中常见的损伤。根据损伤组织是否有创口与外界相通，可分为开放性软组织损伤和闭合性软组织损伤。

1. 开放性软组织损伤 在体育锻炼中，常见的开放性软组织损伤有擦伤、撕裂伤、刺伤和切伤，其特点是有伤口、出血或组织液渗出，容易引起感染。处理开放性软组织损伤的基本原则是先止血后处理伤口。

（1）擦伤。擦伤是指皮肤受到外力急剧摩擦所引起的表面被擦破出血或有组织液的渗出。小面积、伤口较浅的皮肤擦伤可用红药水或紫药水涂抹局部，无须包扎。面部擦伤不要用紫药水，以免愈后留下痕迹。关节周围的擦伤，一般不采用暴露疗法，否则容易干裂而影响活动，一旦发生感染容易损伤关节，处理时可在伤口上涂抹消炎软膏。大面积、伤口较深且留有异物的擦伤，需要较严格的医务处理，应请医生治疗。

（2）撕裂伤、刺伤和切伤。撕裂伤是由钝物撞击所引起的皮肤和软组织裂开的损伤，伤口边缘不整齐，组织损害广泛，严重者还可导致组织坏死。刺伤和切伤是由锐利器物刺入人体所造成的损伤。在撕裂伤中，以头、面部皮肤撕裂较为常见，若撕裂伤口较小，用创可贴黏合即可。若伤口较大则需止血，缝合伤口。凡被不洁物致伤，且创口小而深时，还应注射破伤风抗毒素。

2. 闭合性软组织损伤 闭合性软组织损伤是指关节、韧带、肌肉、肌腱滑囊等软组织的损伤。由于这些损伤无裂口与外界相通，故称为闭合性软组织损伤。根据其发病的缓急，分为急性闭合性软组织损伤和慢性闭合性软组织损伤两类。

（1）挫伤。挫伤是钝性暴力直接作用于人体某部而引起的急性闭合性软组织损伤。如在足球、篮球运动中运动员相互碰撞或被踢伤，体操、武术运动中人体与器械撞击或被器械击伤等，都可发生局部和深层组织的挫伤。最常见的挫伤部位是大腿和小腿前部，头和躯干部挫伤可合并脑和内脏器官的损伤。

（2）肌肉拉伤。除由直接外力作用引起的挫伤外，肌肉拉伤也非常多见，最多见于大腿

后侧、内侧和腰背部肌肉。肌肉拉伤也可分为急性肌肉拉伤和慢性肌肉拉伤（也称为劳损）两类。急性肌肉拉伤又分为主动用力拉伤和被动用力拉伤。肌肉拉伤后，伤处疼痛、肿胀、压痛、痉挛发硬，做动作或受牵拉时疼痛加重。

(3) 关节韧带损伤。关节韧带损伤是常见的闭合性软组织损伤，由间接外力使关节发生超常范围的活动造成。关节韧带损伤的表现主要是受伤部位疼痛、肿胀、有淤血、关节活动受限，严重者关节不稳或松动。

闭合性软组织损伤的处理方法：

(1) 急性闭合性软组织损伤。处置大致分为早、中、后 3 个时期。

早期是指伤后 24～48h 之内。应在伤后立刻制动、止血、止痛，及时冷敷、加压包扎并抬高伤肢以防止或减轻肿胀。损伤早期禁止用热敷和按摩的方法，以免加重肿胀和出血。

中期是指受伤 24～48h 以后。治疗方法有理疗、按摩、针灸、药物痛点注射、外贴活血膏或外敷活血、化瘀、生新的中草药等，可选用几种方法进行综合治疗。热疗和按摩在此期的治疗中极为重要，但是，按摩手法应从轻到重，从损伤周围到损伤局部，损伤局部的前几次按摩必须较轻。

后期一般是指受伤 1～2 周后，此时的处理原则是恢复和增强肌肉、关节的功能。治疗方法以按摩、理疗和功能锻炼为主，配合绷带固定及中草药的熏洗治疗。

(2) 慢性闭合性软组织损伤。慢性闭合性软组织损伤可由急性闭合性软组织损伤处理不当或运动过早转变而来，或因长期局部负荷过度，由微细损伤的积累引起劳损。处理原则主要是减轻患部肢体负担，改善伤部的血液循环和新陈代谢。处理方法与急性闭合性软组织损伤的中、后期基本相同。

（二）其他常见急性损伤的处理

1. 关节脱位 由于暴力的作用使关节面失去正常的联系，称为关节脱位（脱臼）。关节脱位可分为完全脱位和半脱位，前者是关节面完全脱离原来的位置，后者是关节面部分错位。完全脱位时常伴有关节囊撕裂和关节周围韧带和肌腱的损伤。

(1) 原因。运动中发生的关节脱位大多是由间接外力所致。如摔倒时手撑地，则可引起肘关节脱位或肩关节脱位。

(2) 症状。受伤关节剧烈疼痛，并有明显压痛，关节功能丧失，受伤关节不能活动，关节的正常位置发生改变。

(3) 处理。伤后应立即用夹板和绷带在脱臼所形成的姿势下固定伤肢，保持伤员安静，尽快送医院处理。关节脱位的整复，应由有整复技术的医生进行，没有整复技术和经验的人不可随意做整复手术，否则会引起严重损伤，并影响以后的功能恢复。

2. 骨折 骨折是骨的完整性受到破坏。骨折是体育运动中比较严重的一种损伤。依据骨是否完全断裂，骨折分为不完全骨折（如裂缝骨折、柳枝骨折等）和完全骨折（骨完全断裂为几块）。

(1) 原因。直接暴力，如踢足球时小腿胫骨被踢发生骨折。间接暴力，如从高处摔下时用手撑地，可发生锁骨骨折。肌肉强烈快速收缩造成肱骨内上髁撕脱骨折。

(2) 症状。骨折时伤员偶尔可听到骨碎声，骨折后会发生剧烈疼痛、肿胀和皮下瘀血，受伤肢体功能障碍。完全骨折，骨折端会发生移位，重叠而变形，有明显的压痛和震痛感，移动时可产生骨摩擦音。

（3）处理。骨折发生后要尽量限制受伤部位的活动，千万不能牵、拉、扯。伴有休克时，应先进行处理，即点按人中穴，并进行对口人工呼吸或心脏胸外按摩。伴有伤口出血，应同时实施止血和包扎。骨折后暂勿移动患肢，应用夹板或其他代用品固定伤肢，及时送至医院检查和治疗。待伤势好转后，骨折部位要进行功能性锻炼。

3. 急性腰扭伤 急性腰扭伤主要指腰部肌肉、韧带、筋膜、关节的扭伤。

（1）原因。在搬、拉、举重物时，负荷超过了人体组织的承受能力；突然用力；腰部活动超越了正常的生理范围；突然用力过猛或举重负荷过大，使身体重心不稳；肌肉发生不协调的用力。

（2）症状。腰部有剧烈的疼痛，咳嗽、打喷嚏和活动时疼痛加重，腰部不能活动。

（3）处理。伤后需卧硬板床休息，腰后垫一小枕头，使肌肉、韧带处于松弛状态。同时配合按摩、针灸、封闭和药物治疗。

4. 肩袖损伤 肩袖损伤是指肩袖肌腱和肩峰下滑囊的创伤性炎症病变。

（1）原因。肩关节反复旋转或超常范围的活动，引起肩袖肌腱和滑囊受到反复牵扯、摩擦和挤压，引起创伤性炎症。在体育运动中，单杠、吊环和高低杠中的“转肩”，投掷标枪、手榴弹和垒球时的出手动作，排球扣杀和发大力球动作，乒乓球的扣杀和提拉动作，蝶泳和自由泳的划水动作，举重抓举时肩的突然背伸动作等，都是引起肩袖损伤的典型机制。

（2）症状。损伤后肩部疼痛，有时可向上臂或颈部放射，有的夜间疼痛加重。肩关节活动受限，动作幅度稍大，疼痛就会加重。

（3）处理。应将上臂外展30°固定并休息，配以针灸、理疗、中药外敷和封闭治疗。

5. 脑震荡 脑震荡是指头部受外力作用后，脑的神经细胞和神经纤维因被震荡而引起大脑暂时的机能障碍。

（1）原因。头部受外力打击，如被重球或球棒击打、两名队员头部相撞或摔倒时头部撞击地面，或从高处摔下臀部着地，其反作用力亦可传递到头部引起脑震荡。

（2）症状。伤后意识即刻丧失（即昏迷），轻者仅数秒钟，重者可达几分钟或更长时间。昏迷时，肌肉松弛，瞳孔稍大但能对称，神经反射减弱或消失，呼吸表浅，脉搏缓慢。清醒后多有逆行性健忘症，忘记当时受伤情景，并伴有头晕、头痛、恶心和呕吐等症状。

（3）处理。立即让伤员安静平卧，注意保暖。若有昏迷，可指压人中、内关、合谷穴，促其苏醒；呼吸停止者，立即施行人工呼吸。清醒后必须停止训练，进行严密观察。若出现昏迷时间过长或二次昏迷，两瞳孔不对称或变形，耳、鼻、口出血或呕吐剧烈等症状，表明病情严重，应立即护送至医院治疗。

（三）常见慢性损伤的处理

1. 网球肘（肱骨外上髁炎） 因网球运动员易患该症故称网球肘。经常打羽毛球、乒乓球等也易患此症。

（1）原因。运动时经常反复伸、屈腕关节，使肌肉附着的肘部肱骨外上髁受到反复牵扯而引起的慢性创伤性炎症。该症没有明显外伤史，而症状因动作的频度和强度在几个月至几年中逐步加重。

（2）症状。肘外侧部逐渐出现疼痛的症状并加重，运动停止后疼痛缓解。病情严重时持续疼痛。腕关节、肘关节活动受限，在拧毛巾、反手击球、提拿重物时疼痛加重，手的力量减弱。

（3）处理。症状较轻者可进行局部按摩、理疗、针灸、中药外敷等治疗，并适当减少、限制手腕的用力活动。严重者除上述治疗外，还可进行局部封闭疗法。

2. 髌骨劳损　髌骨劳损是指髌骨周缘腱止装置慢性损伤性病变及髌骨软骨病。此伤在篮球、排球、铁饼运动员中的发病率较高。

（1）原因。主要是由膝关节长期负担过重或反复微细损伤的积累所致，尤其是膝关节处于半蹲位时，此时起跳“发力”或屈伸扭转，髌骨周围腱止点所承受的牵拉张力更大，髌骨关节面间会产生错动、拧扭、撞击和摩擦。

（2）症状。早期或轻型病例，在大运动量训练后感到膝痛和膝软，但休息后症状多可消失。随着病变的进展，疼痛逐渐加重，主要表现为半蹲痛和上下楼梯、骑自行车出现膝关节疼痛。

（3）处理。关节软骨损伤后其本身的再生修复能力极低，至今都是对症处理而无特效的治疗方法。因此，更应重视预防。增强股四头肌的力量是防治髌骨劳损的积极手段。若方法得当，负荷量合适，常可收到一定的治疗效果。理疗、中药外敷、针灸、局部封闭、直流电导入、按摩等方法均可采用。

三、运动损伤的预防

（1）树立安全观念，克服麻痹思想，做好体育安全防范。

（2）针对个体特点，合理安排运动量。

（3）做好准备活动。

（4）加强相互帮助及自我保护能力的培养。

（5）加强医务监督。

（6）注意调整和控制不良情绪。

（7）注意环境和场地设备卫生。

第四节　运动处方的内容和制订

一、运动处方的内容

1. 运动目的　每个人参加体育锻炼的目的各不相同，有的是为了减肥，有的是为了健身，有的是为了增强肌肉，还有的是为了放松情绪。所以，大学生应根据自己的运动目的来制订相应的运动处方，才能够做到有的放矢。

2. 运动项目　在选择运动项目的时候，应该考虑以下条件：①运动方式、运动强度、运动负荷符合本人的体力。②为本人喜欢的项目并具有运动经验。③场地、器材设备许可。④有同伴与指导者。

运动项目可分为许多类型，现代运动处方应包括以下3种主要的运动项目，选择时应有所侧重。

（1）有氧耐力性运动：如步行、慢跑、走跑交替、有氧舞蹈、健美操和不剧烈的球类运动等。

（2）抗阻力性力量运动：如利用哑铃、杠铃、弹簧和橡皮筋等负重法或阻抗法进行的力量练习。

（3）伸展柔韧性运动：如慢节奏健美操、医疗体操和瑜伽等。

3. 运动强度　运动强度是指运动时的剧烈程度。它是衡量运动量的重要指标之一，可用每分钟的心率次数来表示。一般认为，学生心率在 120 次/min 以下为小强度，120～150 次/min 为中强度，150～180 次/min 或 180 次/min 以上为大强度。测量运动强度的简单办法是：测量运动后 10s 的脉搏再乘以 6，就是每分钟的运动强度。

合适的运动强度范围可用靶心率来控制，即以本人最高心率的 70%～85%的强度作为标准。一个健康成人的最大心率可以由（220－年龄）次/min 计算得来。因此，我们可以通过下列公式来计算靶心率的范围：

靶心率＝（220－年龄）×（70%～85%）

例如，某大学生 20 岁，则他的最大心率为 220－20＝200 次/min，最大心率的 70%＝200×70%＝140 次/min，最大心率的 85%＝200×85%＝170 次/min，由此可知，其运动靶心率的范围应该是 140～170 次/min。如果该学生参加完体育锻炼后的心率在 140～170 次/min，则说明他的运动强度是合理的。

4. 运动时间　运动时间是指一次锻炼的持续时间。它与运动强度紧密相关，强度大时间应稍短；强度小，时间应稍长。有氧锻炼一般 30min 左右就可以达到较好的效果。

5. 运动频度　运动频度是指每周的锻炼次数。研究表明，每周运动 3 次以上，效果才明显。

6. 注意事项　大学生在制订运动处方时，要根据自己的身体状况等因素提出有针对性的注意事项，以确保运动处方的有效性。

二、运动处方的制订

制订运动处方的一般步骤如下。

1. 健康检查　这是制订运动处方最基础的依据，要了解锻炼者的身体发育、伤病情况和健康状况，以确定是否是健身运动的适应者，有无禁忌证。

2. 运动负荷测定　这是对锻炼者身体机能和运动承受能力的检测和评定。测定时以心肺功能为主，进行安静和运动状态下的生理功能检测，主要指标有心率、血压和肺活量等。

3. 体能测定　是指对锻炼者的身体素质状况进行检测和评定。测定的内容包括身体各部分的力量、速度、耐力、灵敏性、柔韧性等，从而判定锻炼者的运动能力和生理机能。

4. 制订运动处方　在完成上述检查、测定及结果评价后，可依据自身实际情况制订包括运动目的、运动项目、运动强度、运动时间、运动频度等内容的运动处方。

第五节　大学生体质健康测试

为建立健全国家学生体质健康监测评价机制，激励学生积极参加身体锻炼，引导学校深化体育教学改革，推动各地加强学校体育工作，促进青少年身心健康、体魄强健、全面发展，结合新时期青少年体质健康状况和学校体育工作实际，教育部对原《国家学生体质健康标准》进行了修订，印发了《国家学生体质健康标准（2014 年修订）》（以下简称《标准》）。

一、《标准》的评价指标与方法

大学生体质健康标准评价指标有体重指数、肺活量、50m 跑、1 000m 跑（男）、800m 跑（女）、坐位体前屈、立定跳远、引体向上（男）、1min 仰卧起坐（女）。

1. 体重指数　全国学生体质健康监测结果表明，目前我国学生的体重还有进一步增加的趋势，城市超重和肥胖学生的比例明显增大，肥胖将会成为影响学生体质的主要因素之一，所以广大学生在此方面加强锻炼已刻不容缓。体重指数将身高和体重综合起来，以确定学生的体形匀称度，可反映学生的营养状况、体重是否正常，它用 BMI 表示。

（1）身高测试方法。受试者赤足，呈立正姿势站在身高计的底板上（上肢自然下垂，两足跟并拢，两足尖分开约成 60°角）。足跟、骶骨部及两肩胛区与立柱接触，躯干自然挺直，头部正直，耳屏上缘与眼眶下缘呈水平位。测试人员站在受试者右侧，将水平压板轻轻沿立柱下滑，轻压于受试者头顶。测试人员读数时双眼应与压板水平面等高进行读数。记录员复述后进行记录。以厘米（cm）为单位，精确到小数点后 1 位。测试误差不得超过 0.5cm。

（2）体重测试方法。测试时，秤应放在平坦地面上，调整好 0 点。受试者赤足，男性受试者身着短裤；女性受试者身着短裤、短袖衫，站在秤台中央。读数以千克（kg）为单位，精确到小数点后 1 位。

2. 肺活量　肺活量是指在不限时间的情况下，一次最大吸气后再尽最大力量所呼出的气体量，是反映人体生长发育水平的重要机能指标之一。肺活量因性别和年龄而异，男性明显高于女性。在 20 岁前，肺活量随着年龄的增长而逐渐增大，20 岁后增加量就不明显了。体育锻炼可以明显地提高肺活量，如中长跑运动员和游泳运动员的肺活量可达 6 000mL。测试时保留 1 位小数，计算出指数后，舍去小数，用整数查表评分。

测试方法：房间通风良好；使用干燥的一次性口嘴（非一次性口嘴，则每换一次测试对象需消毒一次。每测一人时将口嘴朝下倒出唾液，并注意消毒后必须使其干燥）。将肺活量计主机放置于平稳桌面上，检查电源线及接口是否牢固，按工作键液晶屏显示“0”表示机器进入工作状态，以预热 5min 后测试为佳。

被测者不必紧张，并且要尽全力、以中等速度和力度吹气。被测试者面对仪器站立、手持吹气嘴，试嘴或鼻处是否漏气，调整嘴和用鼻夹防止漏气；深吸气后屏住气再对准嘴尽力深呼气，直至不能呼气，液晶屏上最终显示的数字即肺活量。每位受试者测 3 次，每次间隔 15s，记录 3 次数值，选取最大值作为测试结果。以毫升（mL）为单位，不保留小数。

3. 50m 跑　50m 跑是国际上通用的测试项目，通过较短距离的高强度跑测试速度素质。速度素质的测试可以反映人体中枢神经系统的机能状态和神经与肌肉的调节机能，也可以综合地反映人体的爆发力、灵敏、反应、柔韧性等素质。速度素质有明显的性别和年龄差异。男性在 20 岁前、女性在 18 岁前一般是随着年龄增长而提高的。体重过大或肥胖都会影响速度。

《标准》中 50m 跑的测试和评价以秒（s）为单位，保留 1 位小数，小数点后第 2 位数非“0”时则进 1，例如 10.11s，按 10.2s 查表评分。

4. 1 000m 跑（男）、**800m 跑**（女）　全国大学生体质与健康调研结果表明：目前我国大学生的耐力素质持续下降，这已引起中共中央、国务院的高度重视。过去多发生在老年期的心、脑血管疾病，现在正在向低年龄的青壮年蔓延，有的青少年已患上心脑血管疾病。运动不足是重要原因之一。低强度、长时间的运动（如长跑），能充分地动员体内脂肪分解供能，有效提高机体分解和利用脂类物质的能力，促进身体健康。而且长跑测试既可以反映肌肉耐力，又可以反映呼吸系统和心血管系统的机能水平，测试方法简单易行，有其他测验项目不可替代的作用。

《标准》中 1 000m 跑（男）、800m 跑（女）的测试和评价以分（′）、秒（″）为单位记录成绩，不计小数，然后进行查表评分，例如 3′29″33，按 3′29″查表评分。

5. 立定跳远　立定跳远是测试爆发力的项目，爆发力是指在最短时间内发挥最大的力量。爆发力的大小不仅取决于力量，还取决于力量和速度的结合。它在人们的日常生活、劳动中有重要的意义和作用。

《标准》中立定跳远的测试和评价以厘米（cm）为单位，保留整数，小数点后四舍五入。

6. 坐位体前屈　坐位体前屈是反映人体柔韧性的测试项目。柔韧性是指人体完成动作时，关节、肌肉、肌腱和韧带的伸展能力。柔韧素质与健康的关系极为密切，柔韧性的提高，对增强身体的协调能力，更好地发挥力量、速度等素质，提高技能和技术，防止运动创伤等都有积极的作用。

测试方法：受试者两腿伸直，两脚蹬测试纵板坐在平地上，两脚分开 10～15cm，上体前屈，两臂伸直向前，用两手中指尖逐渐向前推动游标，直到不能前推为止（图 2-1）。测试计的脚蹬纵板内沿平面为 0 点，向内为负值，向前为正值。记录以厘米（cm）为单位，保留 1 位小数。测试两次，取最好成绩。

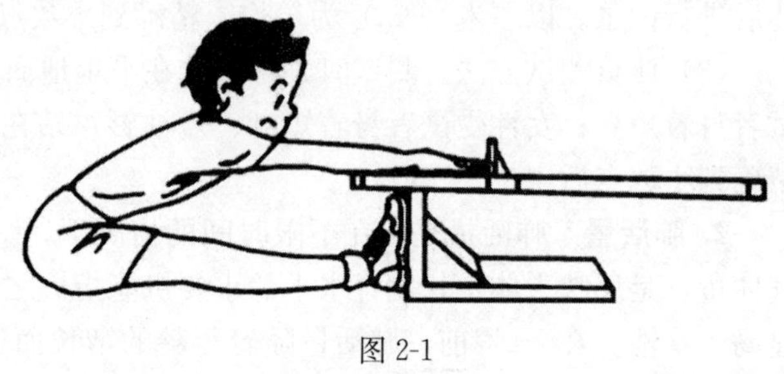
图 2-1

7. 引体向上（男）　引体向上是测试上肢肌肉力量发展水平的项目。

测试方法：受试者跳起双手正握杠，两手与肩同宽成直臂垂悬。静止后，两臂同时用力引体（身体不能有附加动作），上拉到下颌超过横杠上缘为完成 1 次。记录引体次数。

8. 仰卧起坐（女）　仰卧起坐是测试肌腹力量和耐力的一个项目。女生的腰腹力量对其将来的生育等方面有着十分重要的作用。

测试方法：受测者全身仰卧于垫上，两腿稍分开，屈膝呈 90°左右，两手指交叉贴于脑后。另一同伴压住其踝关节，以便固定下肢。受试者起坐时两肘触及或超过双膝为完成一次。仰卧时两肩胛必须触垫。测试人员发出“开始”口令的同时开始计时，记录 1min 内完成次数。1min 到时，受测者虽已坐起，但肘关节未达到双膝者不计该次数，精确到个位。

二、大学生体质健康评价标准

（一）单项指标与权重（表 2-2）

表 2-2　单项指标与权重

测试对象	单项指标	权重（%）
初中、高中、大学各年级	体重指数（BMI）	15
	肺活量	15
	50m 跑	20

（续）

测试对象	单项指标	权重（%）
初中、高中、大学各年级	坐位体前屈	10
	立定跳远	10
	引体向上（男）/1min 仰卧起坐（女）	10
	1 000m 跑（男）/800m 跑（女）	20

（二）单项指标评分标准

1. 体重指数评分标准 体重指数（BMI）标准见表 2-3。

表 2-3 体重指数（BMI）标准

单位：kg/m²

等级	单项得分	大学男生 BMI	大学女生 BMI
正常	100	17.9～23.9	17.2～23.9
低体重	80	≤17.8	≤17.1
超重	80	24.0～27.9	24.0～27.9
肥胖	60	≥28.0	≥28.0

2. 大学男生评分标准 大学男生评分标准见表 2-4。

表 2-4 大学男生评分标准

等级	单项得分	肺活量（mL）		50m 跑（s）		坐位体前屈（cm）		立定跳远（cm）		引体向上（次）		1 000m 跑	
		大一大二	大三大四	大一大二	大三大四	大一大二	大三大四	大一大二	大三大四	大一大二	大三大四	大一大二	大三大四
优秀	100	5 040	5 140	6.7	6.6	24.9	25.1	273	275	19	20	3′17″	3′15″
	95	4 920	5 020	6.8	6.7	23.1	23.3	268	270	18	19	3′22″	3′20″
	90	4 800	4 900	6.9	6.8	21.3	21.5	263	265	17	18	3′27″	3′25″
良好	85	4 550	4 650	7.0	6.9	19.5	19.9	256	258	16	17	3′34″	3′32″
	80	4 300	4 400	7.1	7.0	17.7	18.2	248	250	15	16	3′42″	3′40″
及格	78	4 180	4 280	7.3	7.2	16.3	16.8	244	246			3′47″	3′45″
	76	4 060	4 160	7.5	7.4	14.9	15.4	240	242	14	15	3′52″	3′50″
	74	3 940	4 040	7.7	7.6	13.5	14.0	236	238			3′57″	3′55″
	72	3 820	3 920	7.9	7.8	12.1	12.6	232	234	13	14	4′02″	4′00″
	70	3 700	3 800	8.1	8.0	10.7	11.2	228	230			4′07″	4′05″
	68	3 580	3 680	8.3	8.2	9.3	9.8	224	226	12	13	4′12″	4′10″
	66	3 460	3 560	8.5	8.4	7.9	8.4	220	222			4′17″	4′15″
	64	3 340	3 440	8.7	8.6	6.5	7.0	216	218	11	12	4′22″	4′20″
	62	3 220	3 320	8.9	8.8	5.1	5.6	212	214			4′27″	4′25″
	60	3 100	3 200	9.1	9.0	3.7	4.2	208	210	10	11	4′32″	4′30″

（续）

等级	单项得分	肺活量（mL）		50m跑（s）		坐位体前屈（cm）		立定跳远（cm）		引体向上（次）		1 000m跑	
		大一大二	大三大四	大一大二	大三大四	大一大二	大三大四	大一大二	大三大四	大一大二	大三大四	大一大二	大三大四
不及格	50	2 940	3 030	9.3	9.2	2.7	3.2	203	205	9	10	4′52″	4′50″
	40	2 780	2 860	9.5	9.4	1.7	2.2	198	200	8	9	5′12″	5′10″
	30	2 620	2 690	9.7	9.6	0.7	1.2	193	195	7	8	5′32″	5′30″
	20	2 460	2 520	9.9	9.8	−0.3	0.2	188	190	6	7	5′52″	5′50″
	10	2 300	2 350	10.1	10.0	−1.3	−0.8	183	185	5	6	6′12″	6′10″

3. 大学女生评分标准　大学女生评分标准见表2-5。

表2-5　大学女生评分标准

等级	单项得分	肺活量（mL）		50m跑（s）		坐位体前屈（cm）		立定跳远（cm）		一分钟仰卧起坐（次）		800m跑	
		大一大二	大三大四	大一大二	大三大四	大一大二	大三大四	大一大二	大三大四	大一大二	大三大四	大一大二	大三大四
优秀	100	3 400	3 450	7.5	7.4	25.8	26.3	207	208	56	57	3′18″	3′16″
	95	3 350	3 400	7.6	7.5	24.0	24.4	201	202	54	55	3′24″	3′22″
	90	3 300	3 350	7.7	7.6	22.2	22.4	195	196	52	53	3′30″	3′28″
良好	85	3 150	3 200	8.0	7.9	20.6	21.0	188	189	49	50	3′37″	3′35″
	80	3 000	3 050	8.3	8.2	19.0	19.5	181	182	46	47	3′44″	3′42″
及格	78	2 900	2 950	8.5	8.4	17.7	18.2	178	179	44	45	3′49″	3′47″
	76	2 800	2 850	8.7	8.6	16.4	16.9	175	176	42	43	3′54″	3′52″
	74	2 700	2 750	8.9	8.8	15.1	15.6	172	173	40	41	3′59″	3′57″
	72	2 600	2 650	9.1	9.0	13.8	14.3	169	170	38	39	4′04″	4′02″
	70	2 500	2 550	9.3	9.2	12.5	13.0	166	167	36	37	4′09″	4′07″
	68	2 400	2 450	9.5	9.4	11.2	11.7	163	164	34	35	4′14″	4′12″
	66	2 300	2 350	9.7	9.6	9.9	10.4	160	161	32	33	4′19″	4′17″
	64	2 200	2 250	9.9	9.8	8.6	9.1	157	158	30	31	4′24″	4′22″
	62	2 100	2 150	10.1	10.0	7.3	7.8	154	155	28	29	4′29″	4′27″
	60	2 000	2 050	10.3	10.2	6.0	6.5	151	152	26	27	4′34″	4′32″
不及格	50	1 960	2 010	10.5	10.4	5.2	5.7	146	147	24	25	4′44″	4′42″
	40	1 920	1 970	10.7	10.6	4.4	4.9	141	142	22	23	4′54″	4′52″
	30	1 880	1 930	10.9	10.8	3.6	4.1	136	137	20	21	5′04″	5′02″
	20	1 840	1 890	11.1	11.0	2.8	3.3	131	132	18	19	5′14″	5′12″
	10	1 800	1 850	11.3	11.2	2.0	2.5	126	127	16	17	5′24″	5′22″

4. 等级评价与登记　等级评价是将各单项的得分相加，用总分进行等级评价，共分为4个等级。总分≥90.0分为优秀；总分为80.0～89.9分为良好；总分为60.0～79.9分为及格；总分≤59.9分为不及格。

学生体质健康标准成绩每学年评定一次，按评定等级记入《〈国家学生体质健康标准〉登记卡》。学生毕业时体质健康标准的成绩和等级，按毕业当年学年总分的50%与其他学年总分平均得分的50%之和进行评定。

第三章

体育锻炼与营养

第一节　营养对人体健康的作用

营养是人体从外界摄取食物，经过消化、吸收和代谢，利用食物中身体所需要的物质以维持生命活动的整个过程。世界卫生组织近年对影响人类健康的众多因素进行评估，结果表明：遗传因素对人类健康的影响居于首位，为15%，而膳食营养因素的影响仅次于遗传因素，为13%，远远高于医疗因素8%。人类的遗传是相对稳定的因素，因此，经常对人的健康起决定作用的往往是膳食营养因素。合理的膳食营养，对人一生的健康都起着重要的作用。

一、促进生长发育

生长是指细胞的繁殖、增大和细胞间质的增加，表现为全身组织、器官和系统的大小、长短及质量的增加。发育是指身体各组织、器官和系统功能的完善过程。营养是影响生长发育的主要因素。蛋白质是构成人体细胞的主要成分，细胞的繁殖和增大都离不开蛋白质。蛋白质是儿童少年生长发育的重要物质。此外，糖类、脂类、维生素、矿物质和水等营养素也在生长发育中扮演着重要角色。1992 年第三次全国营养调查结果表明，全国 6 岁男童平均身高比 1982 年第二次全国营养调查时提高了 4cm。其中，生活水平的提高，特别是营养状况的改善，起了决定性作用。

二、提高智力

婴幼儿时期和儿童时期是大脑发育最快的时期，需要足够的营养物质，如蛋白质、二十二碳六烯酸、卵磷脂等。特别是二十二碳六烯酸，如摄入不足，就会影响大脑发育，阻碍大脑智力的开发。1980 年联合国粮食及农业组织报告指出，由于遭受饥荒，非洲许多地方的孕妇营养不良，其子女的学习能力明显受到不利的影响。

三、促进优生

在影响优生的因素中，营养是一个重要的因素。在怀孕期，如果孕妇营养不良，可能造成胎儿畸形、流产或早产。如孕妇膳食中长期缺乏锌可能会引起胎儿中枢神经系统出现畸形；膳食中长期缺乏维生素 B_{12}，可能会导致胎儿的骨骼先天畸形。

四、提高机体的免疫能力

免疫是机体的一种保护性机制，如果免疫力低下，则易受各种病菌的侵害。营养不良的机制免疫系统的反应能力降低。许多食物中的营养素如维生素 C、维生素 E、维生素 A 等可以提高机体的免疫力。

五、延缓衰老

人体的衰老是一种必然的自然现象。但如果注意合理膳食，则完全可以达到延缓衰老、健康长寿的目的。如果根据人体衰老时的生理特点，有针对性地补充营养，多吃蔬菜、水果和清淡食物，避免高盐、高脂肪饮食，可防止心脑血管病、糖尿病的发生或复发。

六、预防疾病

不良的膳食习惯，如营养不足和营养过剩都可引起疾病。营养不足可以引起缺铁性贫血、佝偻病、夜盲症等；营养过剩可引起糖尿病、心脑血管疾病等。通过改善膳食营养状况，实施合理膳食营养计划就可以达到预防疾病、促进健康的目的。

第二节　大学生健康与营养

大学生作为青年中的一个特殊群体，正处于生长发育终末期，活泼好动，活动量大，加上繁重的脑力劳动、学习紧张等，是一生中各种营养素的需要量最大的时期。在这个时期，新陈代谢旺盛，消化吸收能力强，热能消耗较大，其对热量的需要较一般成人要多 25%～50%，生长发育额外需要的营养也比一般成人多 13%～15%，所以要特别注意供给充足的热能和营养，以保障身体的健康。

一、合理的膳食结构

合理的膳食结构，是大学生获取必需的营养素、增进健康、顺利完成学业的重要保证。在每天的膳食中，各种食物的摄取量要有一个合适的比例，才能满足身体对各种营养素的需要。食物量过多或过少，或是各类食物间的比例不适当，都可能造成能量和营养素摄入不合理，影响体质和健康。

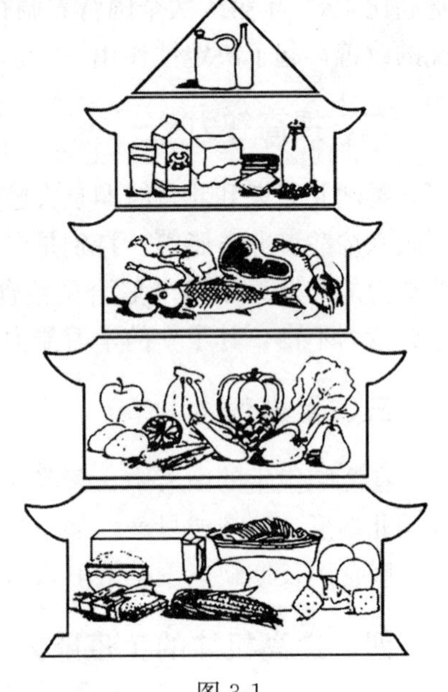
图 3-1

《中国营养改善行动计划》中包含了中国营养学会在 1997 年 4 月公布的《中国居民膳食指南》，共有 8 条：①食物多样，谷类为主。②多吃蔬菜、水果和薯类。③每天吃乳类、豆类或其制品。④经常吃适量鱼、禽、蛋、瘦肉，少吃肥肉和荤油。⑤食量与体力活动要平衡，保持适宜体重。⑥吃清淡少盐的膳食。⑦如饮酒应限量。⑧吃清洁卫生、不变质的食物。

根据我国居民营养需要和膳食中存在的主要缺陷，中国居民膳食指南专家委员会又设计了一个“平衡膳食宝塔”，在一定程度上反映了类食物在日常膳食中的地位和应占的比重（图 3-1）。

在此“宝塔”中，谷类食物位居底层，是能量的主

要来源。蔬菜和水果居第二层，是矿物质、维生素和膳食纤维的重要来源。鱼、肉、禽、蛋等动物性食物居第三层，主要提供动物性蛋白质和一些重要的矿物质、维生素，如铁和维生素A等。第四层是豆类及豆制品、乳类及乳制品，豆类除提供优质蛋白质和矿物质外，还含有其他对健康有益的成分，乳类含丰富的优质蛋白和钙质，是首选的补钙食物，很难用其他物质替代。第五层是食油，食油是纯热量食物，因此对食油的消耗量应控制在每日25g以下。

“宝塔”建议的各类食物摄入量是一个平均值和比例，每日膳食中应当包含“宝塔”中的各类食物，且比例也基本一致，才能获得合理的营养。

二、良好的饮食习惯

合理的平衡膳食要靠良好的饮食习惯来保证，现代大学生中出现的营养过剩或营养缺乏现象，除了没有合理的营养方式外，还与大学生的不良饮食习惯有关。如：进食不规律，经常或长期不吃早餐；进食量不固定，喜欢吃的就多吃，不喜欢吃的就少吃或不吃；吃饭时狼吞虎咽，不是细嚼慢咽；偏食，造成营养结构不合理；吃零食等。因此，必须要建立良好的饮食习惯。

（一）合理安排三餐

1. 合理安排一日的餐饮　按照我国人民的进餐习惯，一般每日三餐，两餐之间的间隔一般以混合性食物在胃内停留4～5h为依据，所以两餐间隔时间以4～6h为宜。

2. 三餐的热能分配　各餐的数量和能量分配要适应学习、劳动和生理的需要。一般安排为：早餐占全天总热量的30%左右，午餐占全天总热量的40%～45%，晚餐占全天总热量的25%～30%。

（二）合理营养配餐

为满足身体的各种营养需要，有足够的热能维持正常的机体活动，增强抵抗力，保证身体健康，保证学习、工作，大学生要养成良好的饮食习惯和生活习惯，三餐要定时、定量，勿暴饮暴食。提倡均衡饮食，纠正偏食，合理配餐，保证营养。

一般来说，每天热量结构为：糖类占总热能的60%～70%，蛋白质占总热能的10%～15%，脂肪占总热能的20%～25%。

在饮食上要注意营养卫生，不要太咸、太油腻，不要过多地吃油炸和烟熏食物。不饮酒、不吃变质变味食物。用餐环境应安静舒适，清洁卫生，不吃街头无食品卫生许可证摊贩的食品。

大学生脑力劳动时间较长，能量消耗大，因此可考虑增加课间餐和夜宵，以利于学习和生活。但课间餐摄入的食物不宜太多，应以糖类为主，以利于消化吸收，迅速提高血糖浓度，且不影响午间正常进餐。由于在校学生晚餐进食一般较早，几小时夜自习后，能量消耗较大，又会产生饥饿感，因此适当增加夜宵亦有利于身体健康。

第三节　体育锻炼前后的营养

糖类、蛋白质、脂肪是人体进行生理活动需要的三大营养素。在体育锻炼时人体最需要的是糖类，需要脂肪相对较少，需要蛋白质的量依情况而定。此外，从事一般体育锻炼的人群只需从日常饮食中获取所需的营养素即可，但要注意运动前后的营养的摄取。

一、运动前的营养

（1）运动前应以高糖类、低脂肪的食物为主。例如，米饭、面包等食物容易消化又能提供运动所需的糖类。

（2）如果运动时间少于60min，运动前宜选择富含糖类的食物，如面包。

（3）高纤维的食物（如全麦面包、高纤维饼干等）不容易消化，易造成腹部不适，因此应避免在运动前食用。

二、运动后的营养

运动后的恢复是体育锻炼中非常重要的环节，恢复得好坏不仅直接影响锻炼的效果，还关系到第二天的运动能力。越来越多的研究表明，锻炼后的简单休息仅是恢复手段之一，如果能适当地补充营养，将对体能的恢复有很大帮助。

1. 水分的补充　剧烈的运动会导致机体大量失水，失水会影响运动能力，即使失水只占体重的1%，也容易引起疲劳和不适；失水占体重的3%，不适感加重，运动能力可下降20%～30%。即使在运动中已经补水，但通常都少于丢失量。因此，运动后机体还是处于不同程度的缺水状态，需要积极地加以补充。

想要知道到底在运动中流失了多少水分，最直接的方法就是计算运动前和运动后的体重变化，每减少1kg体重，就表示至少需要补充1L水，甚至更多，因为在运动后仍然会持续流汗和排尿。若是不方便测量体重，也可以根据口渴的感觉喝水。一般来说，即使已经不觉得口渴，至少还需要再喝2～3杯水，才能补充足够的水分。另一个明显的指标是排尿，如果在运动后的1～2h中，排尿量很少或是完全没有，且尿液的颜色很深，表示身体处于缺水状态，仍需补水，直到排尿量恢复正常，而且尿液颜色变得很淡或者无色。

2. 电解质的补充　汗液中主要的电解质是钠和氯离子，还有少量的钾和钙。进行长时间的运动，例如长跑或是在酷热的天气下连续剧烈运动数小时后，可在运动后以淡盐水或运动饮料补充水分和电解质。一般情况下，运动后损失的电解质在正常的饮食中可得以补充。

3. 糖类的补充　肝糖是运动时的主要能量来源之一，存在于肝脏中。肌肉中的肌糖只能供给肌肉细胞使用，而肝糖可以以葡萄糖的形式释放到血液中，供给肌肉及身体其他器官。体内肝糖存量不足以满足运动后所需，是造成疲劳、运动能力下降的原因之一。如果没有补充肝糖，下次运动会因肝糖不足而受到影响。因此，运动后的补糖就显得格外重要。

一般情况下，在运动后15～30min应补充50～100g糖类（大约是每千克体重补充1g），每两小时再补充50～100g糖类，直到进餐为止。正餐及其他运动期间的饮食也应该以富含糖类的食物为主。

第四章

体育竞赛组织编排与欣赏

随着社会物质水平的日益提高，人们在精神层面对体育赛事和体育类表演的要求也日益增多。各类体育活动蓬勃开展，各项体育竞赛活动也日益频繁。体育竞赛的组织、编排方法，是体育基本知识之一，学习并掌握其方法，在组织群众体育竞赛时，才能发挥自己的能力，得心应手地编排竞赛内容。

第一节　体育竞赛的组织与编排

一、组织委员会和办事机构职责

各种大、中型的体育竞赛都需要建立相应的组织和机构。这些组织和机构一般有以下几个方面。

（一）大会组织委员会

大会组织委员会一般由单位党政负责人、承办单位负责人、有关办事机构的负责人、各参赛队的领队和大会总裁判长等人员组成。

（二）大会办事机构

大会工作人员（不含裁判员、司机和场馆服务人员）的人数，不要超过运动员人数的1/10。大会办事机构一般可设：

1. 办公室或秘书组　其职责如下：

（1）主要做好大会宣传工作。

（2）安排大会工作日程，包括比赛、休息、会议、文娱活动等。

（3）安排好大会工作人员和运动员的生活、交通、医疗及会务等工作。

2. 竞赛组　其职责如下：

（1）编排竞赛规程。

（2）召开参赛单位领队的会议。

（3）组织裁判队伍。

（4）编印秩序册。秩序册的主要内容包括：大会组织委员会名单、大会办事机构人员名单、仲裁委员会成员名单、大会活动日程表、各代表队名单、比赛日程表、成绩记录表以及比赛场地平面图等。

（5）与秘书处联合召开领队、教练员会议，讨论研究有关问题。

（6）检查场地、器材和设备的准备情况。

3. 保卫组　其主要任务是维持好比赛场地的秩序和搞好安全工作，确保大会工作顺利进行，与有关部门配合处理赛区发生的安全事故。

二、竞赛规程的内容

竞赛规程是比赛的法规性文件，是竞赛工作进行的依据。规程的主要内容包括竞赛名称、竞赛日期和地点、主办单位、竞赛项目、参加单位、各单位参赛人数、运动员资格、报名及报到日期、竞赛办法、竞赛规则、录取名次和奖励办法等。

三、体育竞赛的编排原则

编排工作由竞赛组具体负责，重大问题要请示大会组织委员会决定，编排工作要按规程和规则的有关规定进行，在运动员分组、场次的安排等问题上要本着公正的原则，尽量做到机会均等。

通常采用的比赛制度有淘汰制、循环制。选择和确定比赛制度时，应考虑举办比赛的目的任务、比赛的期限、参加队数的多少以及场地和运动员的学习、工作等情况。

四、球类竞赛的编排方法

（一）淘汰法

淘汰法一般是在参赛队数或人数较多，而举行比赛期限较短时所采用的比赛力法。其优点是节省时间，其不足是比赛机会较少，不能合理地确定各队（人）的实际水平和名次。

淘汰法有单淘汰和双淘汰两种。单淘汰就是在比赛中失败一次即被淘汰，双淘汰就是比赛失败两次即被淘汰，获胜者继续比赛，直到最后决出冠、亚军。

1. 单淘汰

（1）比赛场数。单淘汰比赛总场数等于参赛队（人）数－1，例如有 8 个队（人）参赛比赛，比赛场数是 8－1＝7 场。

（2）比赛轮数。如果参赛的队（人）数是 2 的乘方数，则比赛轮次正好是以 2 为底的幂的指数。例如：参赛的 8 个队（人）是 2^3，即比赛为 3 轮。如果参赛的队（人）数不是 2 的乘方数，则略大于队数的 2 的乘方数为比赛轮数。

（3）第一轮比赛的队（人）数。如果参加比赛的队（人）数是 2 的乘方数（如 4，8，16，32，64，……），则第一轮都参加比赛。如果参加比赛的队（人）数不是 2 的乘方数（如 5，7，9，13，……），则第一轮就有轮空队（人）。

计算第一轮比赛轮空的队（人）数的公式是：略大于队（人）数的 2 的乘方数减去队（人）数。如 13 个队（人）参加比赛，略大于 13 的乘方是 2^4 即 16，16－13＝3，可得出第一轮有 3 个队（人）轮空，再根据表 4-1 查出轮空位置号码。

表 4-1　轮空位置

2	255	130	127	66	191	194	63
34	223	162	95	98	159	226	31
18	239	146	111	82	175	210	47
50	207	178	79	114	143	242	15
10	147	138	119	74	183	202	55
42	215	170	87	106	151	234	28
26	231	154	103	90	167	218	39
58	199	186	71	122	135	250	7

（续）

6	251	134	123	70	187	198	59
38	219	166	91	102	155	230	27
22	235	150	107	86	171	214	43
54	203	182	75	118	139	246	11
14	243	142	115	78	179	206	51
46	211	174	83	110	147	238	19
30	227	158	99	94	163	222	35
62	195	190	67	126	131	254	3

查表 4-1 方法：按轮空数目依次（逐行由左向右）摘出小于比赛号码位置数的号码即轮空位置号码。例如 13 个队（人）参加比赛，应选用 16 个号码的位置数，有 3 个轮空，依次摘出小于 16 的 3 个号码 2、15、10 即轮空位置号码。13 个队（人）参加单淘汰赛的排法，见图 4-1。

如果参加比赛的队（人）数稍大于 2 的某个乘方数，采用以上办法就会带来很大麻烦。如果 10 个队（人）参加比赛，$2^4=16$，用 16 个号码位置，$16-10=6$，就要安排 6 个队（人）轮空。在这种情况下，可采取一种抢号的办法，就是选用最接近的、较小的 2 的乘方数作为号码位置数，即 $2^3=8$，这样就可用 8 个号码位置数来查最前面的两个轮空位置 2、7，这两个位置就是应安排的 2 个抢号位置。10 个队（人）参加比赛的排法见图 4-2。

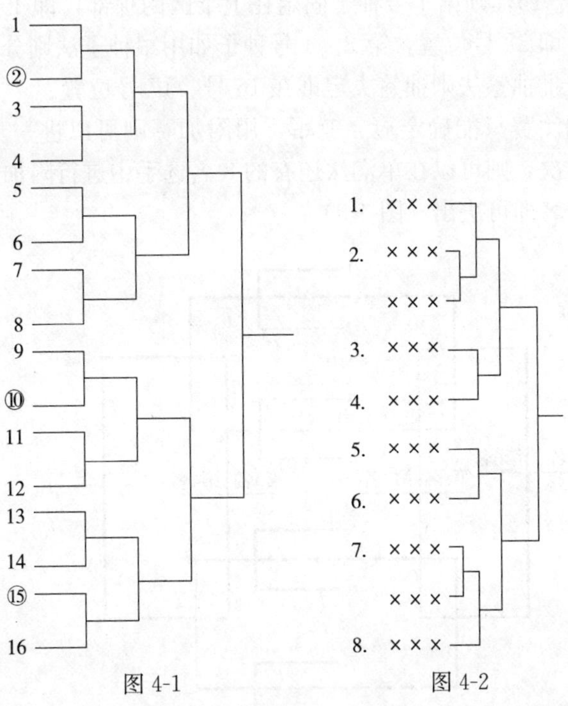

图 4-1　　图 4-2

（4）确定种子。为了避免强手之间过早相遇而被淘汰，可把一些强队或强手确定为种子。抽签时将它们合理分开，使他们最后相遇，从而产生较合理的名次。其确定种子的原则是根据运动员实际技术水平而定，并应参考他们在近期内各种比赛中的成绩。每次竞赛种子数目的多少主要根据参加比赛队（人）数的多少来确定。单淘汰赛如果不到 25 名运动员，应不少于 2 名种子；25～48 名运动员，应不少于 4 名种子；49～96 名运动员，应不少于 8 名种子；96 名以上运动员，应不少于 16 名种子，种子的数目应为 2 的乘方数。

种子的位置，在单淘汰赛中，种子应均匀地分布在根据比赛所用号码位置而划分的若干相等的区内。如设 4 名种子，每个种子应分别进入不同的 1/4 区，如设 8 名种子，每个种子应分别进入不同的 1/8 区……

种子的位置号码可根据比赛所选用的号码位置数和设立的种子数查表 4-2。

表 4-2 种子位置表

1	256	129	128	65	192	193	64
33	224	161	96	97	160	225	32
17	240	145	112	81	176	209	48
49	208	177	80	113	144	241	16
9	248	137	120	73	184	201	56
41	216	169	88	105	152	233	24
25	232	153	104	89	168	217	40
57	200	185	72	121	136	249	8

查表 4-2 方法同查表 4-1：以 32 人参加比赛为例，应用 32 个号码位置，如设 4 名种子，位置号码应是 1、32、17、16，则第 1 号种子固定在上半区的顶部，即 1 号位置，第 2 号种子固定在下半区的底部，即 32 号位置，第 3、4 号种子如用跟种子法则分别安排在下半区顶部和上半区底部，如用分批抽签法则抽签决定谁在 16 号、17 号位置。

单淘汰附加赛：单淘汰赛只能确定冠、亚军，用附加赛则可以进一步排出前几名的顺序，如要确定前 8 名的名次，则可以在单淘汰还有的 8 名选手中进行附加赛，即每轮胜者对胜者，负者对负者，前 8 名即可决出（图 4-3）。

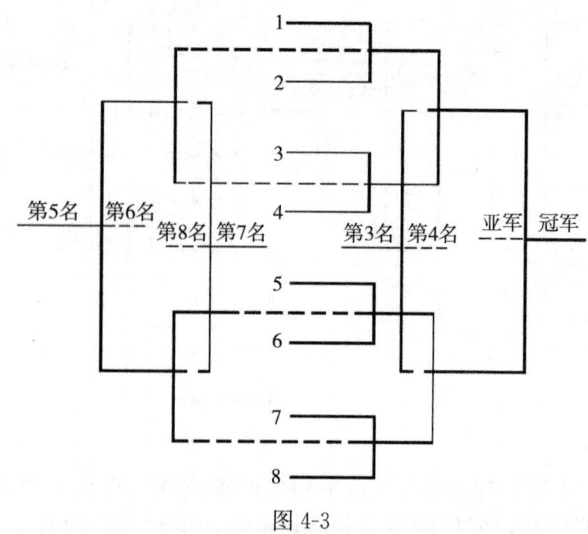

图 4-3

2. 双淘汰 双淘汰就是在比赛中失败两次才被淘汰。它可以弥补单淘汰的不足，为初次失败者增加一次比赛机会。

（1）比赛场数。比赛场数＝（参加比赛队或人数－1）＋（参加比赛队或人数－2）。例如 8 个队参加比赛，则：（8－1）＋（8－2）＝13（场）。

（2）比赛轮数。比赛轮数＝参加比赛队（人）数的 2 的乘方数×2＋1。如 8（2^3）个队参加双淘汰赛则为 3×2＋1＝7（轮）。

（3）编排比赛秩序的方法。如果参赛的队（人）数是 2 的乘方数，每两队（人）编排一组逐步进行双淘汰即可。例如 8 个队参加双淘汰赛，其比赛秩序的编排如图 4-4 所示。

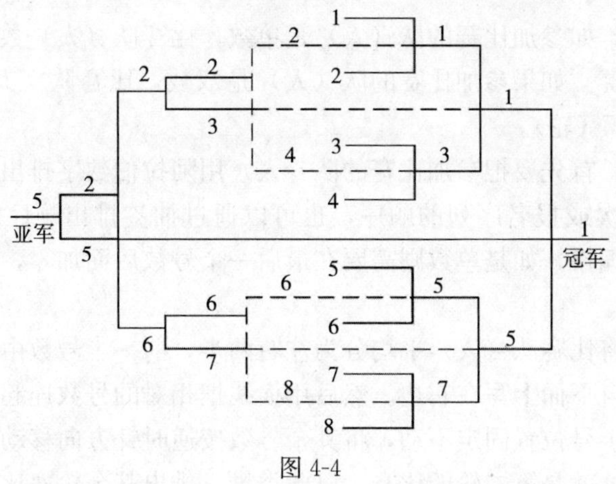

图 4-4

如果参加比赛的队（人）数不是 2 的乘方数，首先计算轮空数，然后从轮空位置（表 4-1）中，查出轮空的位置号码，即可排出比赛秩序。例如 7 个队参加双淘汰赛，有一个队轮空（即 2 号位置轮空），其比赛秩序的编排如图 4-5 所示。

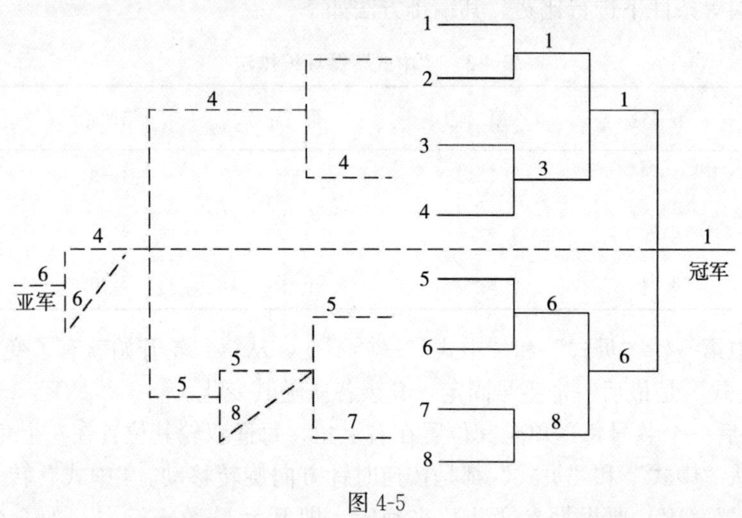

图 4-5

（二）循环法

循环法就是在一次竞赛过程中，参加比赛的队（人）互相都进行比赛的方法，比赛中相遇一次是单循环，相遇两次的是双循环。这种方法使各队（人）都能有互相比赛的机会，能较好地反映实际水平，其缺点是占用的时间较长。这种方法在球类和棋类比赛中采用较多。

循环法分为单循环、双循环和分组循环 3 种。

1. 单循环

（1）比赛的场数。其公式为：

$$比赛场数=\frac{队（人）数\times[队（人）数-1]}{2}$$

例如，8 个队参加比赛，比赛场数为：

$$\frac{8\times(8-1)}{2}=\frac{8\times 7}{2}=28（场）$$

（2）比赛的轮数。如参加比赛的队（人）是单数，比赛队（人）数即轮数。如 9 个队比赛，就要进行 9 轮比赛。如果参加比赛的队（人）是双数，比赛队（人）数减去 1 即轮数，如 8 个队比赛 8－1＝7（轮）。

（3）编排比赛表。首先要把参加比赛的队（人）用阿拉伯数字排出顺序。这个排列，可以按照上届比赛的名次或报名序列的顺序，也可以通过抽签排出顺序。如队（人）数是双数，即可用双轮转法编排，如是单数则需要在最后一个号数后面加零，在轮转编排时遇到零的号数即为轮空。

具体排表时，是将比赛队（人）平均分为左右两半，前一半号数由 1 号开始自上而下写在左边，后一半号数自下而上写在右边。然后用横线把相对的号数连起来，这就是第一轮的比赛。从第二轮起使 1 号位置固定不动，将其余号数按逆时针方向移动一个位置，再用横线把相对号数连起来，这就是第二轮的比赛。以此类推，排出其余轮次比赛表。

例如：6 个队参加比赛，其循环方法见表 4-3。如果是单数则需要在最后一个号数后面加零，在轮转编排时遇到零的号数即轮空。表 4-3 中是“中国式”（以下简称“中式”）编排方法，但有它的不足之处，现在一般采用“贝格尔式”（以下简称“贝式”）编排方法，使各队更能在同等条件下进行比赛。其编排方法如下：

表 4-3 “中式”循环编排法

轮次	第一轮	第二轮	第三轮	第四轮	第五轮
比赛队	1－6	1－5	1－4	1－3	1－2
	2－5	6－4	5－3	4－2	3－6
	3－4	2－3	6－2	5－6	4－5

编排方法中第一轮“贝式”和“中式”一样不变，从第二轮开始就有了变化，中式是以 1 固定，而“贝式”是最后一个签号固定，其余各队随其变化。

“贝式”最后一个签号每逢单轮其位置在右上角，每逢双轮其位置在左上角。

每轮比赛队“中式”和“贝式”都是按逆时针方向旋转移动。“中式”转一个位置，而“贝式”转的位置（W）要根据参赛队数来确定，即 W＝队数÷2－1。如 6 个队参赛，则 $W=6\div 2-1=2$，即每轮每个队转动两个位置。

队数为奇数时，可用加零成偶数队的方法来计算。排出轮次表后，将顺序号代表的各队名称填入轮次表，就可排出比赛表。表 4-4 为 6 个队单循环用“贝式”编排的方法。

表 4-4　6 个队"贝式"单循环编排法

轮次	第一轮	第二轮	第三轮	第四轮	第五轮
比赛队	1—6	6—4	2—6	6—5	3—6
	2—5	5—3	3—1	1—4	4—2
	3—4	1—2	4—5	2—3	5—1

(4) 单循环赛确定名次的办法。单循环比赛，一个队（人）的名次不仅取决于该队（人）与其他队（人）的比赛结果，还要受其他队（人）之间比赛结果的影响。因此，名次的确定较为复杂，在实践中，各种球类项目的计算方法亦不同，现分别介绍如下。

①足球比赛确定名次的办法。循环赛以积分的多少来决定名次，胜一场得 2 分，平一场得 1 分，负一场得 0 分，积分多者名次列前。如果每场球必须决出胜负，可以胜一场得 2 分，负一场得 0 分，积分多者名次列前。如两队或两队以上积分相等，按全部比赛的净胜球(进球数减失球数，每场只计算 90min 内的进球）的多少决定名次。如净胜球总和仍相等，则按全部比赛的进球总和（每场只计算 90min 内的进球）的多少决定名次，如进球总和仍相等，则可以采用加赛或抽签的方法决定名次。

②篮球比赛确定名次的办法。循环赛确定名次时，按照积分的多少来计算，即胜一场得 2 分，负一场得 1 分，弃权得 0 分。积分多者名次列前，如两队积分相等，则以两队之间的比赛胜负确定名次，胜者名次列前。如两个以上的队积分相等，则以这几个积分相等队之间的比赛成绩排列名次。如仍相等，则按它们之间比赛时的得失分率（总得分/总失分）排列名次，得分率高者名次列前。如仍相等，则按它们在全组内所有比赛的得失分率排列名次。

③排球比赛确定名次的办法。循环赛确定名次时，按照积分的多少来计算，胜一场得 2 分，负一场得 1 分，弃权得 0 分，积分多者名次列前。如两队或两队以上积分相等，则采用下列办法决定名次：

$$\frac{A\text{（胜局总数）}}{B\text{（负局总数）}}=C$$

C 值高者名次列前，如 C 值仍相等则采用：

$$\frac{X\text{（总得分数）}}{Y\text{（总失分数）}}=Z$$

Z 值高者名次列前。

2. 双循环　如时间充裕，参加比赛的队（人）又较少，可采用双循环法进行比赛，它比单循环增加一倍的比赛机会，双循环比赛秩序的编排与单循环相同，在编排第二循环时，可将第一循环秩序重复比赛一遍，或重新抽签编排。

3. 分组循环　参加比赛的队（人）较多而竞赛时间较短时，为了较合理地确定各队（人）名次，可采用分组循环的比赛方法，把参加的队（人）平均分成若干小组，在各组内进行单循环比赛，为了较合理地确定各队（人）的名次，避免较强的队（人）集中在一个小组，可根据分组情况，选出相应的几个种子队（种子选手），然后可再用抽签的办法确定其他各队（人）所在组的位置，种子队（种子选手）每个小组设 1～2 个（名）为宜。

分组循环的编排，一般有两个阶段：第一阶段是所分的小组分别进行单循环比赛，决定每组名次。第二阶段有以下几种比赛方法：

（1）将预赛的各小组同名次的队（人）划为一组，进行决赛。例如：第一阶段分 4 组，将预赛各小组第 1 名划为一组，确定 1～4 名；将预赛各小组第 2 名划为一组，确定 5～8 名；将预赛各小组第 3 名划为一组，确定 9～12 名；将预赛各小组第 4 名划为一组，确定 13～16 名。

（2）如预赛分 4 组，将预赛各小组第 1、2 名划为一组，确定第 1～8 名，将预赛各小组第 3、4 名划为一组，确定第 9～16 名。或者只进行第 1～8 名的决赛，其他各队不再继续比赛。

（3）采用交叉法，如 12 个队参加比赛，第一阶段分为 2 个小组，每组 6 个队采用单循环法，第二阶段则采用交叉法。即第 1 组的第 1 名与第 2 组的第 2 名，第 1 组的第 2 名和第 2 组的第 1 名进行比赛，然后两个胜队进行比赛确定第 1、2 名，两个负队进行比赛，确定第 3、4 名，两组的第 3、4 名和第 5、6 名分别采用同样的方法确定第 5～8 名和第 9～12 名。

第二节　体育竞赛的欣赏

随着体育逐渐成为人们生活中的必需项目，越来越多的人喜欢亲临体育竞赛场或通过电视直播来欣赏体育竞赛。为了帮助大家更好地欣赏体育竞赛，现对欣赏体育竞赛的意义与内容进行简要的介绍。

一、体育竞赛欣赏的意义

1. 享受生活乐趣　在人类进入现代文明的背景下，体育文化本身也发生了质的变化。体育逐渐从一种实用功利的状态变成一种非功利的状态，成为人们生活的一部分。在生活余暇观赏体育竞赛或表演，除可以欣赏各种运动美，还可被生动活泼的文化氛围感染。例如，奥林匹克运动会（简称奥运会）前的火炬传递，奥运会上点燃圣火、交接会旗等一系列具有浓厚文化色彩的仪式，构成了一幕幕最庄严、最激动人心的场景。当你喜欢的运动队或运动员获胜时，会给你带来无限快乐。你会为运动员的优美、惊险的造型所陶醉，你会为某项运动所表现出的道德、传统与习俗等文化理念所折服，这一切都给你带来了乐趣。四年一届的世界杯足球赛为什么能够吸引亿万球迷？人们除了关心本国的球队外，更多的是在欣赏比赛的同时，享受着生活的乐趣。人们因期盼的心理状态与运动场上发生的一切同步而快乐，因兴奋的情绪得到满足而快乐。

2. 感受体育文化　千姿百态的体育竞赛发展至今，都有其深远的历史背景。不同地域的体育竞赛有着不同的风格，就文化内涵而言，它们作为人类智慧的结晶，又集中反映了不同国家、民族的风俗民情和意识观念。例如，在现代足球发展中，南美人讲究细腻的脚法、熟练的配合与张扬的个性融合为一体；欧洲人则讲究整体的配合、务实的打法与强悍的作风结合在一起。实际上，这是两种风格迥异的体育文化形式，是由它们不同的文化理念、不同的运动价值观念形成的。体育文化的外在表现，则反映在围绕体育竞赛而进行的诸多文化艺术活动中。它包括竞赛期间的文艺演出、绘画展览、火炬接力、新闻报道、电视转播、邮票和纪念币发行等内容。这些活动的开展使形式各异的体育文化得以在全世界传播。因此，通过观赏体育比赛，人们可以真正感受到风采各异的体育文化。

3. 领悟人生真谛 在体育竞赛中，多数运动员都会遭遇失败，但这些失败却是运动员不断超越自我、战胜自我的一个个里程碑。在激烈的竞争中，运动员所表现出的坚定不移、临危不惧和顽强拼搏等优秀品质，正是在逆境中不断磨炼出来的。尤其是残疾人运动员在运动场上震撼人心的表演，展现出了自强不息、超越自我的精神品质。领悟人生真谛，是我们欣赏体育的又一重要意义。

4. 陶冶道德情操 良好道德情操的形成，受内在和外部两方面的影响。作为外部影响因素，体育竞赛所创造的文化环境是以其特有的价值观念、道德意识和审美情趣，在健康、进取、意志、信念等方面，对人的行为施加影响，并为协调人际关系和化解社会矛盾创造有利条件。因此，人们通过观赏体育竞赛，不仅可以体验奥林匹克原则，包括懂得持何种态度与采取何种方式去为比赛优胜者喝彩，给落后者加油，以及遵守比赛场区的要求与规定，使自己的行为与社会保持一致，而且还能从运动员遵循竞赛法则、恪守运动道德、服从裁判、公平竞赛等行为表现中，接受道德情操的教育，为树立良好的社会风尚奠定思想基础。从内在因素来看，欣赏者通过对比赛的理解来约束自己的行为，如对对方失败者的尊重、对自己拥护方失败事实的接受，从而不断提高自己的道德水准，陶冶道德情操。

5. 振奋民族精神 凡重大国际比赛，为了表达对优胜者的崇敬，均有升国旗、奏国歌、颁奖杯、授奖牌等仪式。即使以个人名义参加的大型比赛，运动员也总是代表自己的国家。这表明，尽管世界各地的政治观点和生活方式不同，但是世界性的体育竞赛都关系到国家与民族的尊严与荣誉，它必然会对观众的思想、情感、精神和意志产生巨大的影响。本国运动员的胜利，使民族的自尊心得到满足，自信心不断增强，爱国主义情感更加浓厚。但体育竞赛场上的胜负，毕竟不能等同于国家的盛衰，如果过于宣传狭隘的民族主义精神，就容易使观众不能正确认识胜负的意义，造成行为上的越轨。因此，我们对振奋民族精神的认识，要从体育竞赛的精神内涵中寻求动力，而绝不能单纯以胜负论英雄。

二、体育竞赛欣赏的内容

（一）身体美的欣赏

欣赏竞赛，首先欣赏的是运动员的身体形态。通过对身体美的欣赏，可使人产生一种特殊的美感，同时会产生一种生机勃勃的感受。古希腊的“维纳斯”和“掷铁饼的人”的雕塑的形象之所以经历几千年而不衰，除其造型的艺术价值外，还有身体形态给人的美的享受。

身体美的内容是十分丰富的。它不仅包含着人体的体态美、体型美、强壮美等这些外形的美，同时还包含着一些潜在美的因素，如风度美等。

1. 体态美 体态美是指人的形体和姿势，表现在身体比例匀称、和谐、线条美等方面，给人以端庄、高雅的感觉。

2. 体型美 篮球运动员的体型是身材高大、躯干健壮、四肢较长、匀称协调，而游泳运动员的体型则是肌肉丰满、肩宽臂长、胸厚臀薄。匀称的体型和发达的肌肉有助于形成曲线美。

3. 强壮美 强壮美表现为肌肉发达，身体魁伟、强壮，给人以力量、充满生命活力的感觉。

4. 风度美 风度美是指有高尚气质和美的举止。一些运动员不仅运动技术高超，而且仪表端正、风度翩翩，往往给人以高尚、典雅的感觉。

5. 力量美　力量美多体现在高强度的运动竞赛中，如凶猛的拳击比赛，勇猛的冰球比赛等，都显示了男性阳刚之美。

6. 速度美　速度美表现在一些高速度的运动竞赛中，如自行车在赛场上飞驰的团体追逐赛，田径场上的短跑比赛等，都带给人们昂扬、振奋的感受。

7. 耐力美　耐力美表现在长时间的运动过程中，如在长跑比赛中，脚着地柔和、动作轻快、重心平稳，往往给观众留下轻快、潇洒和飘逸的印象。

（二）运动美的欣赏

在体育竞赛中，对运动美的欣赏，是整个欣赏过程的核心。运动美一般包括动作美、技术美和战术美。

1. 动作美的欣赏　在运动过程中，人的形体或部位的造型所展现的美称动作美。在体育竞赛中，运动员的动作都是在“动”中进行的，所以在欣赏时，应把动作美放在首要地位。但是，任何运动都是动与静的对立统一，这就要求在欣赏过程中对具体的动作做动与静的考察。

在体育竞赛中，任何动作的动、静态是相互交替、相互转化的，构成了生动、鲜明、起伏跌宕、引人入胜的场面。

对任何一项运动的动作评价，都是在动和静的比较中进行的。例如，在欣赏竞技体操的跳马时，运动员要完成站立、预备姿势、助跑、起跑、踏跳、第一腾空、推撑、第二腾空、落地等几个阶段，要求运动员开始稳健自信、从容，助跑轻盈、快速，踏跳充分有力，第一腾空飘逸、潇洒，推撑准确强劲，第二腾空协调舒展惊险，落地如楔，稳如泰山。整个过程是动静结合。再如，中华武术动作动与静的安排，更是丰富多彩，被人们描述为动如涛、静如岳、起如猿、落如鹊、立如鸡、站如松、转如轮、折如弓、轻如叶、缓如鹰、快如风。真是节奏分明，变化万千。

2. 技术美的欣赏　运动员的技术动作是经过长期科学、艰苦地训练和多次临场比赛磨炼而形成的，有的已达到超人预料或接近完美的程度。对技术美的欣赏往往是和对动作美的欣赏联系在一起的，即不仅欣赏运动技术的高、难、美、新，还应结合技术动作的平衡性、协调性和节奏感等方面来观赏。平衡能给观众以稳定、安全、庄严之感，协调而有节奏能给观众以融洽、合理、圆满、明快之感。

当你看到优美的高、难、美、新的运动技术时，会获得赏心悦目的美的感觉和精神享受。例如，三次获奥运会跳水金牌的伏明霞在10m跳台上的跳水技术，轻盈地一跳，空中造型、翻腾、旋转，从容干净利落地压花入水，使人眼花缭乱；李宁在自由体操中高而飘的跟头，在鞍马上轻松自如的“托马斯”全旋；童非在单杠上刚健有力的单臂大回环；吴佳妮在高低杠上高而准的“佳妮腾越”；江嘉良的乒乓球发球抢攻；郎平的3号位超手重扣；郝致华刚柔相济的八卦掌等，无不给人以美的享受。

3. 战术美的欣赏　战术美，是在复杂多变的体育竞赛中，充分发挥运动员的素质和技术特点，在争取胜利中体现出来的一种美。

战术在体育竞赛的激烈对抗中，被称为发挥技术的先导，驾驭比赛的灵魂，是夺取胜利的法宝，也是反映运动员的知识、技术、心理和智力因素的综合指标。因此，在观赏体育竞赛的过程中，要注意运动员如何根据各自的情况，正确地调配力量，扬己之长，克敌制胜。譬如，在观看篮球比赛时，一方人高马大，而另一方个小灵活。一般来说，高大队员一方多

采用稳扎稳打、以高制胜的战术，而个小一方则多采用快速灵活的方针，以小制大，夺取胜利。我们知道，在体育比赛中有个人战术、全队战术等，协调一致的战术配合是运动员经过一定时间的共同训练和比赛逐渐形成的。在高水平的比赛中，有些战术配合达到了珠联璧合、天衣无缝的娴熟程度，令人观后拍案叫绝、赞叹不已。

（三）风格美的欣赏

风格美，一般包括两个方面的内容，即思想风格美和技术风格美。

1. 思想风格美 思想风格美是指运动员在体育竞赛中所体现的思想品质、道德修养、行为作风等综合的社会意识美。人们在观赏体育竞赛时，感受到运动员良好的思想风格，也是一种美的享受。例如，中国女子排球队在一次世界排球锦标赛的关键性比赛中，出现了这样一个局面：场上比分13平，这时中国队掌握发球权。对方接发球后组织进攻，扣球不死，中国队接球一传到位，二传3号位直线扣杀，球压线开花，本应得分，但裁判员误判为球出界，换发球，全场一片愕然。重放电视录像，仍证实球压线。这时，只见女排队长孙晋芳举手示意，很有礼貌地向裁判员提出申诉，裁判员却固执己见，维持原判。此时，孙晋芳不急不躁，微然一笑，全场观众随之报以热烈掌声，全队情绪不但未受影响，反而得到莫大鼓舞，再接再厉，取得了这场比赛的胜利。孙晋芳这一稳健的举止，落落大方的行动，给人们以高尚思想风格美的享受。

体育竞赛，实质上是一种复杂的社会活动。因此，在体育竞赛中所表现出的各种思想、道德、行为都不是虚构的，而是一种真实的社会行为表现。在体育竞赛中，常常也看到一些畏强欺弱、投机取巧、蛮横粗野等拙劣行为，这与思想风格美形成了鲜明的对比。

2. 技术风格美 技术风格美包括运动员在技术、战术上所表现出的特长与特点之美，亦即技术、战术风貌和格调上的个性之美。每个运动员根据各自的特点和条件，创造出与众不同的风格，构成了自己独特的技术风格之美。例如，我国乒乓球运动员，自20世纪50年代初开始步入世界乒坛以来，逐步形成了我国运动员直拍握法的“快、狠、准、多变”的技术风格；我国的篮球运动员则根据我国运动员身体较为矮小，但具有灵活性的特点，逐步形成了“快速灵活、以小制大”的技术风格；我国的体操运动员，在自由体操的编排上，吸取了武术运动的精华，形成了我国体操的独特技术风格，从而呈现了多种多样的运动技术风格美。

（四）对运动员运动行为、心理素质的欣赏

高水平的体育比赛，不仅仅体现在运动员精湛的技艺上，而且更重要的是体现在运动员良好的体育道德行为和心理素质上。这主要表现在尊重裁判、尊重对方、尊重观众、胜不骄、败不馁等方面。运动员良好的心理素质是发挥好技术、战术和取得比赛胜利的重要保证。越是高水平、对抗激烈的比赛，对运动员的心理素质要求就越高。这种良好的心理素质主要体现在：能否承受住赛场内、外各种因素的干扰与比赛胜负的考验，能否表现出团结协作、顽强拼搏的精神等。优秀运动员所表现的文明向上的竞争态度，正是良好心理素质和运动行为的综合体现。

（五）不同类别体育项目的欣赏

目前，世界上竞技运动、娱乐体育、民间体育、游戏等共有2万多项。其中，2020年东京奥林匹克运动会共设有33个大的运动项目，339个小项。要对这些运动项目进行全面介绍是很难的，这里仅对主要运动项目竞赛的欣赏进行一般性的介绍。

1. 测速和测距类项目　此类项目是奥运会比赛中金牌最多的运动项目。欣赏这类运动项目的比赛，主要是看运动员的运动能力发挥得如何。以田径项目为例，欣赏的内容有：运动员的速度、力量和耐力等身体素质是否达到很高水平；运动员的动作是否有节奏，技术是否合理，是否符合生物力学原理；运动员的动作是否具有美的韵味和风格；运动员的意志品质是否坚强。

2. 举重、射击和射箭类项目　欣赏举重比赛的内容有：运动员如何根据自身的体重举起最大重量；运动员的动作是否连贯、协调；运动员的用力是否经济、省力、合理。欣赏射击和射箭这两项比赛，主要看运动员是否在复杂的条件下沉着、镇静，是否具有承受和抵抗各种干扰的心理素质。

3. 球类项目　球类项目的欣赏内容有：运动员之间或运动员自身是否能巧妙地组织配合；全队或运动员自身的整场战术思想；运动员个人的精湛技艺和战术意识；运动队或运动员自身的赛风是否具有胜不骄、败不馁的风格；运动队中“灵魂”组织者（即控球的后卫）的作用；球星的“绝招”，他们在极其复杂的对抗中，会表现出高超的技艺，显示出超群的能力。

（六）对体育场馆建筑艺术及运动着装的欣赏

现代大型体育运动场馆的整体造型，设计奇异、千姿百态、各具特色。这些场馆都是根据经济实用、美观的原则和当地的气候、地理环境条件而设计建造的，有着很高的使用和观赏价值。

不同比赛项目的运动服装，除了具有运动的实用性特点外，还能使运动员身体美、动作美得到充分的体现。近年来运动服装的推陈出新，不仅给体育比赛的观赏带来新的视觉享受和艺术启迪，还推动了体育竞赛水平的提高。各种款式新颖的运动服装，引起了人们对展现自己形体美和精神美的追求，已逐步成为人们现代生活的一种时尚。

第五章

奥林匹克运动与体育精神

第一节　奥林匹克运动概述

一、国际奥林匹克委员会

国际奥林匹克委员会（简称国际奥委会）是世界上最有影响力的国际体育组织。按照国际法，国际奥委会是一个具有法律地位和永久继承权的法人团体，总部设在瑞士洛桑。国际奥委会对奥林匹克运动拥有一切权力，只有国际奥委会有权选择和决定举办奥运会的城市。

国际奥委会挑选它认为有资格的人为委员。委员必须懂英语或法语，其居住国应有被国际奥委会承认的国家奥委会，委员应是该国公民。国际奥委会委员是国际奥委会在委员所在国家的代表，而不是这些国家派往国际奥委会的代表。委员不得接受居住所在国政府或任何组织的指示和影响。国际奥委会现行章程规定，1965 年以后当选的委员年满 72 岁时必须退休。

国际奥委会与各国国家奥委会间仅有相互承认的关系。只有获得国际奥委会承认的国家奥委会才有权派队参加冬季和夏季奥运会的比赛。中国奥林匹克委员会是国际奥委会承认的国家奥委会。

二、现代奥林匹克运动会

现代奥林匹克运动会（简称现代奥运会）的创始人是法国教育家皮埃尔·德·顾拜旦（1863—1937）。经他倡导于 1894 年 6 月 23 日在法国巴黎召开了有 12 个国家和地区的 79 名代表参加的恢复奥运会的代表大会。会上决定成立国际奥林匹克委员会，选举了希腊诗人维克拉斯为第一任主席，顾拜旦为秘书长，还决定 1896 年 4 月在希腊雅典举行第 1 届现代奥林匹克运动会，之后每 4 年举行一次，一直延续至今。

现代奥运会包括夏季奥运会和冬季奥运会两种形式。

1. 夏季奥运会　自 1896 年举行的第 1 届夏季奥运会到 2021 年，已举行了 32 届。但实际上只举行过 29 届，因为两次世界大战，第 6 届（1916 年）、第 12 届（1940 年）和第 13 届（1944 年）奥运会停开。而原定于 2020 年在日本东京举行的第 32 届奥运会，受新型冠状病毒肺炎疫情影响，延期至 2021 年 7 月 23 日至 8 月 8 日举行。

根据国际奥委会的规定，得到国际奥委会承认的各国家单项体育组织及其所管辖的运动项目才能列入奥运会比赛项目。同时还规定，列入夏季奥运会比赛的男子项目，至少要在三大洲 40 个国家和地区广泛开展。女子项目至少要在两大洲 25 个国家和地区广泛开展。

2. 冬季奥运会 冬季奥运会每隔 4 年举行一届，该赛事的主要项目是在冰上和雪地举行的冬季运动，如滑冰、滑雪等适合在冬季举行的项目。与夏季奥运会在同年和同一国家举行。从 1928 年的第二届冬奥会开始，冬季奥运会与夏季奥运会的举办地点改在不同的国家举行。1994 年起，冬季奥运会与夏季奥运会以 2 年为间隔交叉举行。正式的冬季奥林匹克运动会始于 1924 年。当时，法国的夏蒙尼市承办了当时被称为“冬季运动周”的运动会，两年后国际奥委会正式将其更名为第 1 届冬季奥林匹克运动会。

冬季奥运会的比赛项目目前有：现代冬季两项（滑雪和射击）、冰球（速度滑冰、花样滑冰、短道速滑）、滑雪（高山滑雪、越野滑雪、跳台滑雪、自由式滑雪）、现代冬季两项（滑雪＋射击）、雪橇（有舵雪橇和无舵雪橇）、雪板和冰壶等。2002 年美国盐湖城冬季奥运会中，我国短道速滑选手（杨扬）为中国实现了中国冬奥会金牌零的突破。根据国际奥委会规定，要列入奥运会比赛的男子项目，至少要在两大洲 25 个国家和地区广泛开展。女子项目至少要在两大洲 20 个国家和地区广泛开展。

现代奥运会已有百年历史，中间也经历了风风雨雨。例如：直到 1924 年才正式决定允许女性运动员参加奥运会，同年在法国举行首届冬季奥运会。至此，从 1896 年的第 1 届至第 8 届，历时长达 28 年，才使现代奥运会的形式臻于完善，并沿袭至今。由此“更快、更高、更强、更团结”的奥林匹克格言成为百年来人们为之奋斗的共同目标，成为奥运会冠军是竞技运动员们梦寐以求的理想。现代奥林匹克运动会成为在和平条件下世界各国人民比试体能、显示国力、塑造民族形象、增进友谊、促进和平的重要舞台。奥林匹克运动作为竞技体育的象征和代表，已经在全世界人民心中点燃了不熄的圣火。

三、奥林匹克运动会的宗旨与原则

1. 宗旨

（1）以竞技运动为基础，促进人类身心的健全发展。

（2）通过运动竞赛方式教育青年，建立彼此的友谊和增进了解，借以创造更幸福与和平的世界。

（3）在世界各地推广奥林匹克原则，以增进各国间的友谊。

（4）集合全世界的运动员，参加四年一度的奥林匹克运动会。

2. 原则

（1）届次及会期。每 4 年举行 1 次，自 1896 年首次在雅典举行第 1 届开始计算，如不能如期举办，届次照算，并不得延至另一年计算，这也是为了纪念古代奥运会遵守规律的循环及传统。

（2）个人的竞赛。奥运会是个人及团队间的运动竞赛，而不是国家与国家间的竞赛，故国际奥委会仅公布运动员个人的名次及成绩，并不承认各国奥委会所得的团体积分或奖牌的累计等统计数字。

（3）公平竞争。奥运会的竞赛应公正与平等，更不容许因种族、宗教或政治等因素而对任何国家奥委会或个人有歧视。

（4）因举办奥运会所得的任何盈余，均应用于提倡奥林匹克活动或发展体育。

（5）国际奥委会对于优胜运动员，着重于荣誉的表扬及精神鼓励，颁发前 3 名个人的金、银、铜奖牌，不再发给任何物质的奖励，以符合奥林匹克精神。

第二节 奥林匹克精神象征

一、奥林匹克精神

《奥林匹克宪章》指出，奥林匹克精神就是相互了解、友谊、团结和公平竞争的精神。

奥林匹克精神强调竞技运动的公平与公正。奥林匹克运动以表演体育技艺和运动对抗为主要活动形式，通过比赛不仅可以看到运动员的意志品质、拼搏精神和道德风尚，还能够使观众得到健康的娱乐享受。

二、奥林匹克象征

奥林匹克运动作为人类团结、进步与友谊的象征，其文化内涵反映在它的主体思想、精神文化与认识变化中，还可以通过奥林匹克标志、会旗、格言、会徽、会歌、圣火和火炬等形式，显示奥林匹克运动的特殊意义与专有性质。

1. 奥林匹克标志 由 5 个奥林匹克环套接组成，其颜色为蓝、黄、黑、绿、红（也可是单色）。象征五大洲的团结，全世界运动员以公正、坦率的比赛和友好的精神，在奥林匹克运动会上相见。

2. 奥林匹克会旗 白底、无边，中间是五色的奥林匹克标志。

3. 奥林匹克会徽 是每一届奥林匹克运动会的奥林匹克徽记，亦称奥运会会标。历届奥运会会徽的图案虽然千差万别，但都有一个共同的标志，即相互套连的奥林匹克五环标志，同时衬以表现奥运城和东道国历史、地理、民族文化传统等特点的主体图案，使人一眼就可以看出奥运会举办的时间和地点。

4. 奥林匹克会歌 歌名为《奥林匹克圣歌》，由希腊人帕拉玛斯作词，萨玛拉斯作曲。1896 年在第 1 届现代奥运会上开幕式上被演唱，1958 年在东京国际奥委会第 55 次全会上被通过作为会歌。

5. 奥林匹克格言 亦称奥林匹克口号。1920 年国际奥委会将“更快、更高、更强”确定为奥林匹克格言。2021 年 7 月，在东京举行的国际奥委会第 138 次全会正式通过决议，将“更团结”加入到奥林匹克格言中，新奥运口号为：“更快、更高、更强、更团结”。奥林匹克格言充分表达了奥林匹克运动所倡导的不断进取、永不满足的奋斗精神。

6. 奥林匹克圣火和奥林匹克火炬 在奥林匹克运动发源地奥林匹亚用凹面镜聚焦日光点燃的火焰称为圣火。用由圣火点燃或由它复燃的火炬进行接力，运送至奥运会开幕式，进入主会场，点燃塔上焰火，直至闭幕时熄灭，象征着光明、团结、友谊、和平和正义。

第三节 中国与奥林匹克运动

一、中国早期的奥林匹克组织

1. 中国早期的竞赛活动 中国人最初是通过奥运会来认识奥林匹克运动的。1904 年中国许多报刊报道了第 3 届奥运会在美国圣路易斯举办的消息，但当时并未能在社会上引起反响。1907 年 10 月 24 日，著名的教育家、体育家张伯苓先生在天津青年会第 5 届学校运动会的演说中提出：虽然许多欧洲国家获奖机会甚微，但仍然派出选手参加奥运会。他建议中国加紧准备，争取早日参加奥运会。1908 年，《天津青年》在一篇题为《竞技运动》的文章里提出了争取在中国举办奥运会的建议。在“争取早日参加奥运会”和“争取在中国举办奥运会”的口号的鼓舞下，1910 年 10 月 18—22 日在南京举行了“全国学校区分队第一次体育同盟会”，即第一届全国运动会。

1913 年开始举办的远东运动会（最初名为“远东奥林匹克运动会”），是奥林匹克运动在亚洲的先驱，中国是发起者之一。

从此，以举办全运会、参加远东运动会和奥运会为中心的竞赛制度逐步确立，现代体育加速从学校走向社会。这是奥林匹克运动在中国结出的第一个硕果。

2. 中国早期的奥林匹克组织

（1）中国基督教青年会。在全国性奥林匹克组织出现前，中国的体育运动竞赛主要由该组织发起与组织，其中贡献最大的是来中国的第一位美国体育干事埃克斯纳。

（2）中华全国体育协进会。1924 年 8 月成立。该会的成立，标志着中国体育的发展和中国奥林匹克运动的开展，都已进入一个新的阶段。1949 年，中华人民共和国成立，同年 10 月，中华全国体育协进会改名为中华全国体育总会。

二、中国与国际奥委会

1. 中国应邀参加国际奥委会　在中华体育协进会成立前，中国积极筹办和参加远东运动会，从而与国际奥委会产生了联系。1915 年国际奥委会曾致电邀请中国参加第 6 届奥运会和奥委会会议，但由于第一次世界大战而未能实现。1922 年王正廷担任国际奥委会委员后，中国便与国际奥委会建立了直接的联系。

2. 中国参加奥运会　1928 年中国获准派代表团参加在荷兰阿姆斯特丹举行的第 9 届奥运会，但由于准备不足，只派了宋如海一人作为观察员出席而未参加比赛。1932 年，国际奥委会正式承认“中华全国体育协进会”为中国的奥委会后，中国参加了第 10 届、第 11 届和第 14 届奥运会。

第 10 届奥运会，1932 年在美国洛杉矶举行。在张学良将军的热心资助下，派出了一个 3 人代表团：代表沈嗣良，选手刘长春，教练宋君复。这是中国运动员第一次正式进入奥运会赛场。

第 11 届奥运会，1936 年在德国柏林举行。中国参加了田径、篮球、足球、游泳、举重、拳击、自行车比赛以及武术表演。除符保卢撑竿跳高进入复赛外，其他各项在初赛中即被淘汰，但武术表演却引起了各国体育界人士的极大兴趣。

第 14 届奥运会，1948 年在英国伦敦举行。中国参加了田径、足球、篮球、游泳、自行车等项比赛，各项均未进入决赛。

3. 中国退出奥委会　1952 年，中华全国体育总会（中国奥委会）宣布中国将派运动员参加第 15 届奥运会。然而，当时国际奥委会中的一些人却违背《奥林匹克宪章》的规定，拒不邀请中国参加。经过斗争虽得到邀请，但国际奥委会同时也邀请了中国台湾的体育组织参加。在此后的几次国际奥委会上，都对中国奥委会代表权问题进行了激烈的讨论。1954 年 5 月，在雅典举行的国际奥委会第 49 次会议上，终于以 23 票对 21 票通过决议，承认中华全国体育总会为中国国家奥委会。但是，国际奥委会主席布伦戴奇却将中国台湾的体育组织以“中华民国”的名义列入国际奥委会名单中，制造“两个中国”。

在这种情况下，1958 年 8 月，中国宣布中断与国际奥委会以及有关的 9 个国际单项协会的联系。

4. 中国重返奥运会　1979 年 4 月，在国际奥林匹克委员会全体会议上，中国奥委会代表何振梁明确表示：根据《奥林匹克宪章》，只应承认一个中国奥委会，即设在北京的中国奥委会。考虑到让中国台湾的运动员亦应有参加国际比赛的机会，可允许中国台湾的体育组织作为一个地方机构，以中国台北奥委会的名义留在奥林匹克运动内，但它的旗、歌和章程等应作相应的变动。1979 年 11 月，中国的意见，由国际奥委会全体委员以通信表决的方式通过，中国在国际奥委会的合法席位最终得到了恢复，促进了国际奥林匹克运动的健康发展，海峡两岸的运动员也恢复了体育交往。

1984 年 7 月 29 日，在美国洛杉矶举行的第 23 届奥运会的第一天，中国射击运动员许海峰为中国取得了第一枚金牌，打破了中国在奥运奖牌史上“零”的纪录，掀开了中国体育史上的崭新一页。这届奥运会中国共取得 15 块金牌。第 24～32 届夏季奥运会，中国派出了一支强大的队伍参加奥运会，并在各届奥运会上都取得了优异成绩（表 5-1）。

表 5-1　中国参加夏季奥运会获奖牌情况

年份（届）	名次	金牌	银牌	铜牌	总数
1984（23）	4	15	8	9	32
1988（24）	11	5	11	12	28
1992（25）	4	16	22	16	54
1996（26）	4	16	22	12	50
2000（27）	3	28	16	15	59
2004（28）	2	32	17	14	63
2008（29）	1	51	21	28	100
2012（30）	2	38	27	23	88
2016（31）	3	26	18	26	70
2020（32）	2	38	32	18	88

5. 中国申办奥运会　中国人早就有申办奥运会的想法，但在相当长的时间内，中国都不具备举办奥运会的能力和条件。改革开放以来，中国经济的持续发展、政治和社会的稳定、人民生活水平的不断提高、中国体育事业的巨大发展以及北京亚运会的成功，大大地提高了中国在国际上的地位和在国际奥林匹克运动中的影响。中国已具备了承办重大国际比赛和奥运会的能力。1991 年 2 月 26 日，中国奥委会和北京市决定向国际奥委会申请在北京举办 2000 年第 27 届奥林匹克运动会，并于同年 12 月 4 日递交了承办申请书，1993 年 9 月在决定承办城市的奥委会投票中，中国以两票之差（43：45）输给了澳大利亚悉尼。1998 年中国再次申办 2008 年第 29 届奥运会，2001 年 7 月 13 日在莫斯科召开的国际奥委会第 112 次全会上，中国北京以 56 票赢得了 2008 年第 29 届奥运会的主办权，全国 13 亿人民欢欣鼓舞，全世界华人一片欢腾。

6. 第 29 届奥运会会徽——中国印·舞动的北京

图 5-1

会徽作为一个整体，包括三个部分：一是印形部分，二是“Beijing2008”字样，三是奥林匹克五环。印形极富中国文化特色，“Beijing2008”字样也与之相配，采用了中国书法艺术、汉字简化体的笔意，风格独特（图 5-1）。

“中国印·舞动的北京”有四个含义。

（1）中国特点、北京特点与奥林匹克运动元素的巧妙结合。以印章为主体表现形式，将中国传统的印章和书法等艺术形式手法夸张变形，巧妙地幻化成一个向前奔跑、舞动着迎接胜利的运动人形。人的造型同时有现代“京”字的神韵，蕴含浓重的中国韵味。

主体图案基准颜色选择红色，具有代表国家、喜庆、文化传统的特点。印章早在四五千年前就已在中国出现，至今仍是一种广泛使用的表现社会诚信形式，寓意北京将实现“举办历史上最出色的一届奥运会的庄严承诺”。这个标志生动地表达出北京张开双臂、欢迎八方宾客的热情与真诚，传递着奥林匹克的热情与精神。印章中的运动人形刚柔相济，形象友善，充满了动感，体现了“更快、更高、更强”的奥林匹克精神，以及以运动员为核心的奥林匹克运动原则。

（2）总体结构与独立结构比例协调。“中国印·舞动的北京”中的中国印、“Beijing2008”和奥运五环三部分之间在布局及比例关系方面近乎完美。每一部分独立使用时比例合理，不失调。

（3）城市加年份的标准字体设计别出心裁、独树一帜。“中国印·舞动的北京”字体部分采用了汉字竹简文字的风格，将这一字体的笔画和韵味有机地融入“Beijing2008”字体之中，自然、简洁、流畅，与会徽图形和奥运五环浑然一体。

（4）有利于形象景观应用与市场开发。国际奥委会知识产权注册机构认为，“中国印·舞动的北京”之主体图案具有作为独立商标注册的条件，在城市景观布置、场馆环境布置等方面蕴含着巨大的潜力。

第四节　中华体育精神

中华民族是一个历史悠久的民族，5 000 多年的发展史造就了独特的中华文化。作为中华文化重要组成部分的中华体育精神，以中华传统体育项目为基础，在人们日常的生产生活中逐渐形成，有机融合了崇德精神、自强精神、爱国精神与欢愉健身精神，蕴涵着丰厚的文化底蕴，是中国体育文化的核心和灵魂。

随着中国全面小康社会的建成，中国人民生活水平日益提高，人们的追求也从物质追求慢慢转变为精神追求，对健康生活的需求也愈发迫切。为促进社会发展、满足人们对美好生活的需求，传统体育项目的表现形式也在与时俱进发生变化，形成了“百花齐放，百家争鸣”的繁荣景象。中西方体育文化在全球化浪潮的发展中碰撞，中华民族传统体育精神与西

方体育精神有效融合，形成了独具中国特色的中华体育精神。

一、中华体育精神的概念

随着西方竞技体育在世界范围的推广流行，现在世界各国所接受的体育精神主要是指西方体育精神即人们在体育实践活动中形成的，以健康快乐、挑战征服、公平竞争、团结协作为主要价值标准的意识、思维活动的一般心理状态。

中华体育精神以中华民族传统体育文化中所蕴含的“儒、释、道”的哲学精神为基础，融合近现代西方体育精神，形成了符合中国发展需要的中华体育精神，是体育精神在中国的具体化表现，是中华民族精神和体育精神共同作用的结晶。中华体育精神是指中国人在体育实践活动中形成的，以爱国奉献、团结协作、公平竞争、拼搏自强、快乐健康为主要价值标准的意识、思维活动和一般心理状态。2013 年 8 月 31 日，习近平会见全国体育先进单位和先进个人代表等时强调，广大体育工作者在长期实践中总结出的以“为国争光、无私奉献、科学求实、遵纪守法、团结协作、顽强拼搏”为主要内容的中华体育精神来之不易，弥足珍贵，要继承创新、发扬光大。

二、中华体育精神的内容

中华体育精神内容丰富，彰显了一个民族的精气神。从近百年前刘长春漂洋过海“一个人的奥运”的孤勇，到改革开放初期“铁榔头”带领中国女排“五连冠”引起的爱国共鸣，到刘翔 110m 跨栏实现黄种人短跨领域突破的骄傲，再到傅园慧用尽“洪荒之力”全力以赴的拼搏精神。一代代体育健儿在赛场上奋勇争先，向世界证明着中国力量。由此锻造出以为国争光、自强不息为核心的中华体育精神，成为亿万中国人共同的信仰，化作全民族的精神财富，无不彰显着体育健儿的爱国主义体育精神、自强不息的英雄主义体育精神、超越自我的乐观主义体育精神、规范有序的公平竞争体育精神、信任宽容的团队体育精神、辩证实用的理性体育精神。

三、中华体育精神的价值

体育强则中国强，国运兴则体育兴。中华体育精神历久弥新，弘扬新时代体育精神既要不忘初心，更要与时俱进。今天的中国迎来从站起来、富起来到强起来的飞跃，加快体育强国建设关系到中华民族伟大复兴梦的实现，关系到人民生活的幸福。

（一）增强民族认同、历史认同、国家认同

中国体育的历史作为中国历史的一部分，有其相对的独立性与完整性。对中国体育的历史认同，有助于对中国整个历史的接受和认可，从而对我们民族在历史进程中的得失利弊有深刻认识和准确把握。由“历史认同”产生“民族认同”，进而产生“国家认同”。中华体育精神中的公正平等精神和团队精神对促进民族平等与团结，维护国家整体稳定，保持民族关系健康发展有着重要作用。

（二）增强人的体质健康，强化心理锻炼

体育精神内化人的品质，中华体育精神为人们参与体育提供精神力量支持。体育能增强国民抵抗疾病、适应环境的身体素质以及承受挫折的心理素质。体育给人的影响，外在表现为对人的体格、体形、仪态的改造，明显提高人的基本素质，增强人的机体免疫力；内在体

现在对人的心理素质的锤炼，运动员在艰苦的训练和比赛中，保持良好的心理状态，善于处理突发事件、应对预想不到的各种复杂情况，通过不断调整心理状态，培养不怕挫折、坚强果断、冷静应战、克服困难的强大的心理素质。

（三）利于社会稳定，有助于社会主义精神文明建设

中华体育精神具有增强社会耐挫力与聚合力的作用。20 世纪 60 年代，在中国外交关系困顿的艰苦条件下，“问鼎珠峰”的大无畏英雄主义精神鼓舞了国民团结一心，攻坚克难。改革开放初期，外来文化冲击带来的不稳定性、难预测性，造成了复杂多变的局面，中华体育精神对社会稳定的作用彰显出来。1990 年北京亚运会的成功举办，成功改变了社会动荡引起的人心不稳定的局面，同时激发了人们对生活的热情和热爱祖国的激情，2003 年人们通过体育运动增强体质，预防重症急性呼吸综合征（SARS）冠状病毒，促进了社会的稳定。2020 年，突然而来的新型冠状病毒肺炎疫情，再次证明了增强体质的重要性。强身健体、提高身体免疫力是抗击新型冠状病毒的重要法宝。

新时代，习近平总书记提出“实现中华民族伟大复兴就是中华民族近代以来最伟大的梦想”。体育是提高人民健康水平的重要手段，也是实现中国梦的重要内容，能为中华民族伟大复兴提供凝心聚气的强大精神力量。建设体育强国上升到国家战略高度，新时代体育的社会稳定作用、社会主义精神文明建设作用愈发显著。

四、中华体育精神在职业教育中的作用

教育的目的是为党育人、为国育才。随着中国进入新的发展阶段，产业升级和经济结构调整不断加快，各行各业对技术技能人才的需求越来越紧迫，职业教育的重要地位和作用越来越凸显。职业教育是应用型人才的重要培养基地，中华体育精神的教育功能在职业教育中占有重要的地位。

中华体育精神中爱国主义、英雄主义、团队精神的培养，有助于引领学生践行社会主义核心价值观，培养学生高尚的道德情操和良好的职业道德。中华体育精神中坚忍的意志和超越自我、辩证实用的理性精神，能更好地培养学生爱岗敬业的优秀品质，精益求精、专注执着的工匠精神以及积极探索勇于突破的创新精神。

随着科技的发展，5G 通信技术的广泛应用，更加便利的沟通方式更利于世界各民族之间的经济文化交流。优秀的文化也必将在全球一体化进程中有着更加广泛和深远的影响。优秀的中华体育精神在中华文化输出中，也会不断对各民族产生影响，世界上将会有更多的民族感受到中华体育精神，从而实现中华体育精神更大的价值。

党的二十大报告精彩赏析：青年强，则国家强。当代中国青年生逢其时，施展才干的舞台无比广阔，实现梦想的前景无比光明。全党要把青年工作作为战略性工作来抓，用党的科学理论武装青年，用党的初心使命感召青年，做青年朋友的知心人、青年工作的热心人、青年群众的引路人。广大青年要坚定不移听党话、跟党走，怀抱梦想又脚踏实地，敢想敢为又善作善成，立志做有理想、敢担当、能吃苦、肯奋斗的新时代好青年，让青春在全面建设社会主义现代化国家的火热实践中绽放绚丽之花。

中 篇

现代体育运动

在党的二十大精神指引下，将会呈现出“全民健身广、竞技体育高、体育产业强、体育文化旺”的全面发展态势。体育是社会主义事业不可分割的组成部分，中国社会现代化的全面实现，毫无疑问应该包括中国式体育现代化的实现。新时期，在党的二十大精神指引下，体育在社会主义现代化强国的建设中将承担着更多的责任与担当。

第六章

田径运动

第一节　田径运动概述

田径运动是用高度或远度来计算成绩的田赛和用时间来计算成绩的径赛的合称。现代田径运动包括走、跑、跳跃、投掷等40多个单项以及由跑、跳跃、投掷的部分项目组成的全能运动。

一、田径运动的起源与发展

田径运动起源于人类的生产劳动，是人类在长期的社会生活实践中发展起来的。公元前776年在古希腊奥林匹亚举行的第1届古代奥运会上，跑步运动是唯一的比赛项目。在1896年的首届奥林匹克运动会上，田径项目就占了全部比赛项目的27.9%。田径运动在19世纪末传入中国，首先是在一些基督教青年会和教会学校中开展，深受人们的喜爱。

田径运动是发展人体基本活动能力和提高人体基本素质的手段之一，它在各级学校体育课和《国家体育锻炼标准》中都占有很大比重，经常利用田径项目锻炼身体，能提高人体走、跑、跳跃、投掷等基本活动的能力，促进人体正常的生长发育和各器官的新陈代谢，改善神经系统的调节功能和内脏器官的机能，提高人体健康水平与工作能力。田径运动可以培养人们勇敢、顽强、坚忍、果断的意志品质。

在现代竞技体育大家庭中，田径项目比赛是全球影响力最大的竞技活动之一。这不仅因为田径运动是各项运动的基础，赛事规模大、项目多、运动水平高、竞争激烈，更重要的是它可以让观众真实地感受到运动场上人类生命的无限激情与无尽的活力，让观众现场体验“更快、更高、更强”的体育运动的瞬间精彩与永恒魅力。作为金牌大户的田径比赛因其特有的欣赏价值及轰动效应，将会永远吸引世人的目光。

二、田径运动的特征

1. 田径运动与生活密切相关　田径运动项目中最基本的运动形式走、跑、跳、掷是基本技能。这些自然动作和技能与学习掌握田径运动各项技术有着十分密切的关系，这些自然动作标准规范，有助于正确并且较快地掌握田径运动技术。

2. 田径运动简单易行　参加田径运动基本不受条件限制。男女老少都可以在户外或者室内等宽敞、安全的地带进行。“任何坚固、均质、可以承受运动跑鞋或者钉鞋的地面均可用于田径竞赛”。使用简易的场地器材和设备也可举行基础田径运动会。

3. 田径运动可促进身心健康　田径运动中各单项和全能项目，如果不是大型比赛要求，平时锻炼可促进身体健康。

4. 田径运动具有广泛性 田径运动是所有体育运动项目中最大的一个项目，是任何大型运动会中比赛项目最多、参赛运动员最多的项目。日常生活中，经常参加田径运动的人也最多。因此，田径运动具有广泛的群众基础。

第二节 短 跑

短跑是体育史上最古老的竞赛项目，是田径运动的基础，也是其他运动项目的基础。比赛项目有 60m 跑、100m 跑、200m 跑、400m 跑。短跑是人体运动器官和内脏器官在大量缺氧的条件下完成的大强度的工作，属于极限强度运动，全程技术一般可分为起跑、起跑后的加速跑、途中跑和终点跑 4 个部分。

一、100m 跑的技术特点

1. 起跑 它的目的是使两脚有牢固的支撑，形成良好的预备姿势，便于获得较快的起跑速度。田径规则规定，400m 及 400m 以下项目，包括接力跑第一棒运动员必须使用起跑器，起跑器的安装角度应根据身高、腿长、力量及习惯而定，应便于用力、使身体不过分拘束和紧张。

蹲踞式起跑包括“各就位”“预备”“鸣枪”或“跑”3 个连贯动作。

（1）听到“各就位”口令后，走或慢跑到起跑器前，俯身用两手撑地，两脚依次踏在前后起跑器抵足板上，有力腿放在前面，后膝跪地，两手四指并拢与拇指呈“人”字形撑在起跑线后沿，两臂伸直与肩同宽或稍宽于肩，身体重心前移，肩约与起跑线平齐或稍后，整个躯干微弓而不紧张，颈部自然放松，两眼看前下方。

（2）听到“预备”口令后，吸一口气，抬起臀部，高度稍高于肩，同时身体重心适当前移，使两肩超出起跑线。这时身体的重量主要落在两臂和前腿上，两脚要压紧抵足板。做好“预备”姿势后，注意听枪声。

（3）听到“鸣枪”或“跑”的口令时，两手迅速推离地面，两臂屈肘有力地前后大幅度摆动，两腿迅速蹬起跑器以很大的前倾姿势把身体推向前方。后腿蹬离起跑器后，很快地以膝领先向前摆出，同时前腿快速有力地蹬伸髋、膝、踝 3 个关节。当前腿蹬离起跑器时，后腿已积极前摆下压着地，完成第一步动作（图 6-1）。

图 6-1

2. 起跑后的加速跑 起跑后立即转入加速跑。加速跑时，应充分利用起跑时获得的初速度，在较短的距离内尽快获得较高的速度。加速跑的距离一般在 20～25m，用 11～13 步完成。起跑出发后的第一步不宜过大，一般为脚长的 3.5～4 倍，以后逐渐增大。随着跑速的加快，两脚的着地点逐渐靠拢人体中线，形成一条直线。在加速跑时，上下肢协调配合，

以迅速获得速度。在开始阶段，上体前倾很大，随着步长和速度的增加，上体逐渐抬起，直到以正常姿势转入途中跑（图 6-2）。

图 6-2

3. 途中跑　途中跑是全程中最长的一段距离，在途中跑时，头部正直，微收下颌，上体基本正直或稍前倾，含胸收腹，两臂以肩关节为轴前后用力摆动。前摆时手稍向内收，手的高度稍超过下颌，并伴随同侧肩前送和异侧肩后引的动作。后摆时，肘关节稍向外。正确的摆臂动作，不仅能保持身体平衡，还有助于加快两腿动作的频率和增大步幅。在整个途中跑过程中用力与放松协调配合，动作轻松自然，充分发挥肌肉力量（图 6-3）。

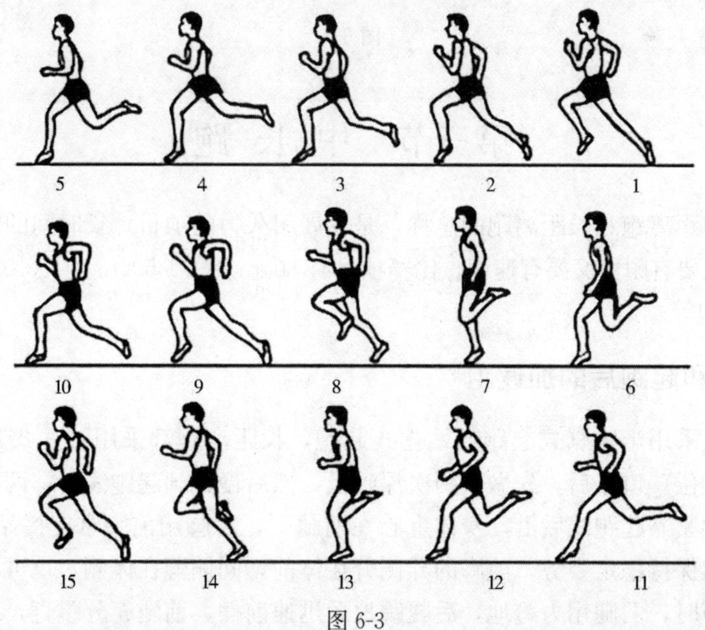

图 6-3

4. 终点跑　终点跑是全程的最后一段，包括终点冲刺和撞线两个部分，技术和途中跑基本相同。终点跑应力求在疲劳情况下保持途中跑的正确技术，以最快的速度跑过终点，运动员躯干触及终点线的垂直面时即跑完全程。到终点最后一步时，上体迅速前倾，用胸部或肩部撞终点线，跑过终点线后才逐渐减慢跑的速度，不要突然停止，以防跌倒受伤。

二、200m 跑和 400m 跑的技术特点

200m 跑和 400m 跑，有一半以上的距离是在弯道上跑进的，为了适应弯道跑，必须改变跑的身体姿势和后蹬与摆动的方向。弯道跑技术的正确与否，对全程跑的成绩有一定的影响。为了便于在弯道起跑之后，能有一段直线距离进行加速跑，起跑器应安装在跑道的右侧，正对弯道的切点方向。起跑时，左手撑在起跑线后 5～10cm 处。从直道进入弯道，身体应有意识地向内倾斜，运动员必须改变身体姿势及后蹬和摆动的方向以产生向心力，使自己能沿着弯道跑进。后蹬时右脚用前脚掌内侧、左脚用前脚掌的外侧着地。两臂摆动时，右臂摆动的幅度和力量应大于左臂。弯道跑的蹬地与摆动方向都应与身体向圆心方向的倾斜相适应（图 6-4）。从弯道跑进直道，为了消除弯道跑带来的紧张感，应有几步放松的自然跑进，身体逐渐减小内倾角度进入直道跑。

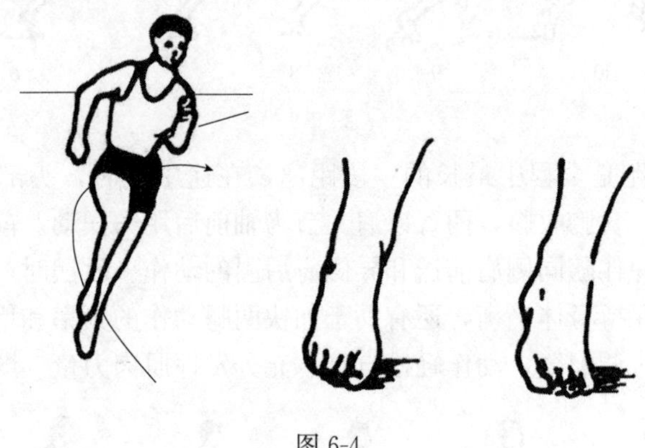

图 6-4

第三节　中 长 跑

中长跑是中距离跑和长距离跑的总称，是发展耐久力的项目。长时间的肌肉活动是这个项目的特点，既要有耐力又要有速度。比赛项目有 800m 跑、1 500m 跑、3 000m 跑、5 000m 跑和 10 000m 跑等。

一、起跑和起跑后的加速跑

中长跑一般采用半蹲踞式起跑或站立式起跑，长距离跑都采用站立式起跑。站立式起跑：听到“各就位”口令后，先做一两次深呼吸，然后慢跑到起跑线后，两脚前后开立，有力脚在前，脚尖紧靠起跑线后沿，身体重心在前腿上，后脚用前脚掌支撑站立。两腿弯曲，上体前倾，身体保持稳定姿势。前脚的异侧臂在体前，同侧臂在体侧，也可两臂在体前自然下垂。听到枪声时，两腿用力蹬地，后腿蹬地后迅速前摆，前腿充分蹬直，两臂快速用力摆动配合两腿动作，使身体向前冲出，在短时间内获得较快的速度。

起跑后的加速跑是指从起跑第一步落地到发挥出预计的速度或跑到战术位置的阶段。加速跑时上体逐渐抬起，迅速有力地摆臂，起跑后要对准跑动方向与弯道的切点，跑成直线，迅速发展速度。当已经发挥个人的速度或进入战术需要的位置时，进入途中跑。

二、途中跑

1. 上体姿势和臂动作　中长跑在途中跑过程中，运动员上体保持稍前倾或正直姿势，身体前倾角度在5°左右。这种姿势可以更好地发挥蹬、摆效果。摆臂动作能保持身体的平衡，能增加腿部蹬的效果，起到调节步长和步频的作用，摆动时，要以肩关节为轴，屈肘发力做前后自然摆动。臂向后摆动时肘关节稍向外，向前摆动时稍向内，不超过中轴线。两臂的摆动与两腿的动作要保持协调一致，摆臂要放松。

2. 途中跑的腿部动作　当摆动腿通过身体垂直部位向前摆动时，支撑腿的各个关节要迅速伸直。后蹬时各关节几乎是同时伸直的，从伸展髋关节开始，当身体重心离垂直面较远时，要迅速有力地伸直膝关节和踝关节，使后蹬的力量和运动方向相符合，推动身体更快地向前移动。蹬地时，腿部肌肉和脚掌的肌肉都要积极参加。

后蹬腿蹬离地面时，人体进入腾空阶段。蹬地腿的小腿应迅速向大腿折叠，形成以大腿为半径的摆动过程。这时应立即放松小腿和大腿后群肌肉，利用腾空时机正确地放松肌肉，节省能量消耗。还应注意跑的节奏性，跑的节奏好，也能推迟疲劳的出现。

3. 终点跑　终点跑是全程跑结束前一段的加速跑。进入最后的直道时，应用尽全力冲刺跑。终点跑的距离应根据比赛项目、个人特点和战术来确定。一般情况下，800m跑可在最后200～250m开始冲刺，1 500m跑可在最后300～400m进行冲刺，3 000m以上项目可在最后400～900m冲刺。在加速跑时，要选好时机，用尽全部力量，以顽强的意志跑向终点。

第四节　接 力 跑

接力跑项目的起跑都是在弯道开始的，第一棒运动员通常用右手的中指、无名指和小指握住棒的末端，用大拇指和食指分开撑地，接力棒不得触及起跑线和起跑线前的地面（图6-5）。第二、三、四棒运动员采用站立式或一手撑地的半蹲踞式起跑姿势（图6-6）。什么时间起动，依据自身的感觉和判断同伴能力确定。采用半蹲踞式起跑姿势，并转身目视自己同伴地跑进情况，决定自己的跑动时机，这就是接棒队员起跑的特点。传接棒的方法一般有上挑式、下压式和综合两种方法优点的混合式。上挑式接棒的手臂自然向后伸出，掌心向后，虎口张开朝下，传棒人将棒由下向前上方送入接棒人手中（图6-7）。下压式接棒的手臂后伸，掌心向上，虎口张开朝后，拇指向内，其余四指并拢向外，传棒人将棒的前端由上向前下方放入接棒人手中（图6-8）。混合式是第一棒队员传给第二棒时用上挑式，第二棒传给第三棒用下压式，第三棒队员传给第四棒用上挑式。

图6-5

图6-6

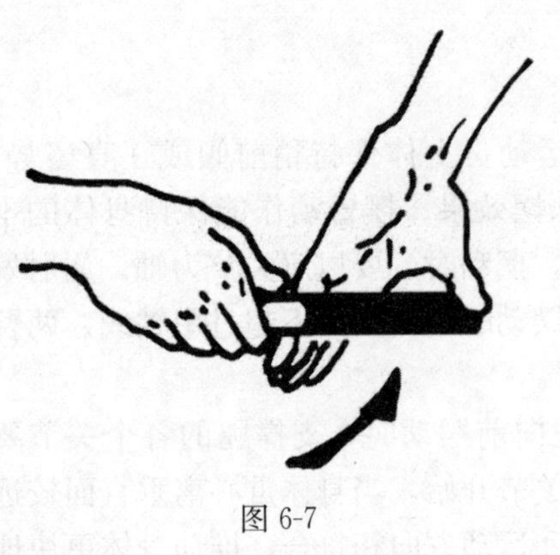
图 6-7

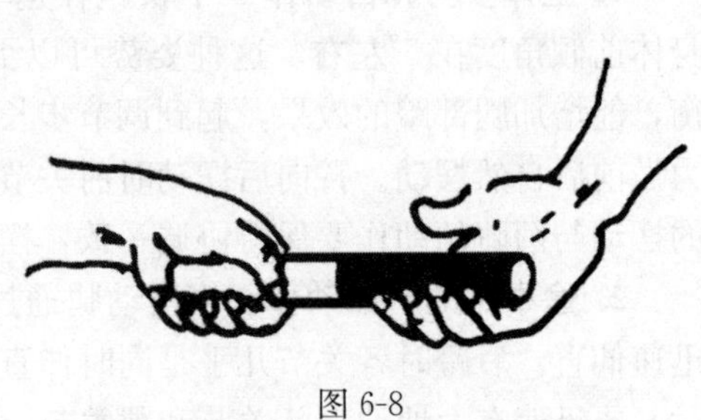
图 6-8

第五节　跨栏跑

一、过栏技术

通常把过栏技术称为"跨栏步"技术，是腾空过程的一步。从起跨脚着地起跨开始，到摆动脚过栏后为止，这是跨栏跑中最关键、最重要的技术，它由起跨、腾空过栏和下栏着地3个动作阶段组成。

1. 起跨　起跨是指起跨腿踏上起跨点到起跨腿蹬离地面的瞬间支撑过程。在起跨时保持较快的速度和较高的身体重心，这样有利于迅速、顺利地跨越栏架。当起跨脚踏上起跨点时，上体保持一定前倾，摆动腿的大小腿折叠以膝领先，大腿带动小腿向前摆动。同时，起跨腿积极蹬伸，躯干随之前倾，摆动腿一侧臂向前上方摆出，另一臂在体侧，使身体向栏架进攻（图 6-9）。

2. 腾空过栏　当起跨腿离地后，摆动腿的小腿迅速前伸，起跨腿膝关节外展，脚勾起积极向上方提拉过栏。

图 6-9

3. 下栏着地　摆动腿过栏后，大腿积极下压，以前脚掌着地，并积极蹬地。起跨腿随着身体重心前移，提拉到身体正前方上体前倾，紧接栏间跑。

二、栏间跑

摆动腿下栏着地，起跨腿提拉至胸前的瞬间，就进入了栏间跑。栏间跑的第一步主要是保持速度，调整身体姿势，把跨栏时下降的速度补回来。因此应依靠增加步长来提高速度，增加步长靠过栏的摆动腿的固定支撑和起跨腿高抬、前送，带动骨盆前移来实现。栏间跑的第二步是栏间三步中最长的一步，这是后蹬有力、摆腿迅速、跑的技术能合理发挥的结果。栏间跑的第三步根据过栏的需要，是上栏以前的一个“短步”，身体重心不能降低或后移。摆动腿积极前摆下压，放脚积极、迅速，保持较高的身体重心，快步向栏架进攻。

三、全程跑和终点跑

全程跑就是把合理的过栏技术与快速的栏间跑结合起来，保持动作的直线性、节奏性和协调性。总体上看，跨栏跑在途中设有 10 个栏架，每个栏间的距离相同这一特点，就决定了跨栏跑的途中跑技术关键就是通过提高过栏技术和提高栏间跑步频来提高途中跑的速度。在跨越最后一栏时，下栏动作要更加积极，摆动腿着地后起跨腿前抬与髋齐高即可，迅速转入终点跑。终点跑应加强腿的蹬摆，加大上体前倾，加强摆臂动作，奋力冲向终点，做好冲刺动作。

第六节　跳　跃

一、背越式跳高

1. 助跑　助跑的步点和助跑线是用走步丈量法丈量的。首先，确定起跳点，起跳点一般在离近侧跳高架的立柱 1m、离横杆投影点 50～80cm 处。其次，从起跳点向助跑一侧的方向，沿横杆平行线向前自然走 5 步，再垂直横杆向助跑方向走 6 步，画一个标记点。从这个标记点继续向前走 7 步，就是助跑的起跑点（图 6-10）。

画好助跑线后，要反复练习才能最后确定。练习时直线助跑 4 步，弧线助跑 4 步。助跑的前段是直线加速跑，转入弧线跑时，身体向圆心方向倾斜，重心不能起伏过大。应注意大腿高抬，以膝带动摆动腿同侧髋积极向前迈步。助跑过程要用前脚掌着地，这种助跑方法有利于起跳。

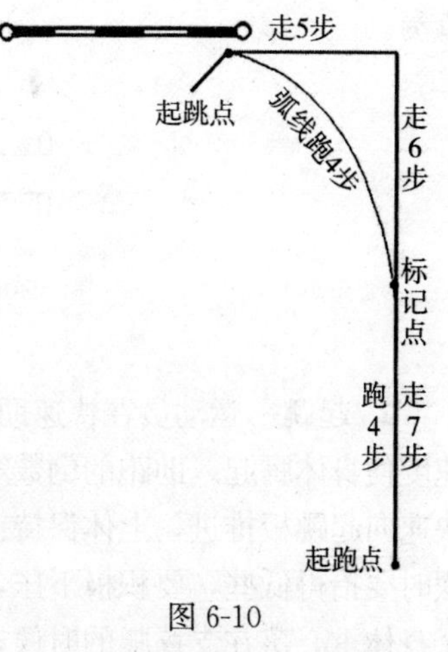

图 6-10

2. 起跳　起跳脚脚跟外侧先着地，然后迅速地过渡到全脚掌。起跳脚落地时摆动腿蹬离地面开始摆动，同时重心快跟，上体积极前移，使起跳腿缓冲。当身体重心移到支撑点上方时，身体由倾斜迅速转为正直，摆动腿和两臂快速有力地向上摆，同时起跳腿积极蹬伸，完成起跳动作（图 6-11）。

图 6-11

3. 过杆和落地　在起跳动作中，借助起跳腿蹬伸和摆动腿摆动的力量，在腾空中身体背向横杆。身体向上腾越，肩超过横杆时，仰头、倒肩，顺惯性沿横杆腾越，身体成弓形。待髋部超越横杆后，收腹含胸，用髋发力带动大腿向上，小腿甩动使身体超离横杆，顺势以背部落在海绵垫上（图 6-12）。

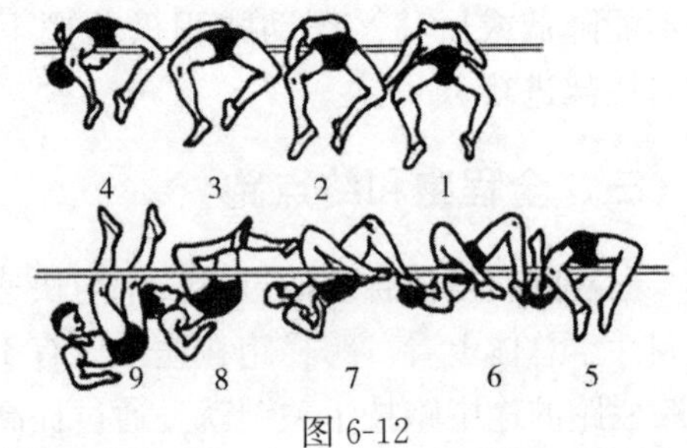

图 6-12

二、跳远

跳远的完整动作由助跑、起跳、腾空和落地 4 个部分组成。

1. 助跑　助跑是为了获得一定的水平速度和做好起跳的准备。助跑的距离根据运动员水平和技术特点确定，一般来说男子为 28～32m，女子稍短一些。助跑的动作与短跑的途中跑动作基本相同，用站立式起跑，助跑逐渐加速，节奏感要强，起跳时要达到最快速度。跑到起跳板前几步时，上体稍正直，最后一步要比倒数第二步短些，促进身体重心很快地跟上去，有利于完成快速有力的踏跳。为了使助跑步点准确，应该确定助跑距离和步数，并设标志。助跑时一般用两个标记，第一标记是助跑的起跑处，从第一标记到第二标记的步数一般为 8～12 步；第二标记在离起跳板 6～8 步处（图 6-13）。也就是助跑的查检线，从第二个标记到起跳板间的距离最好是跑偶数步。助跑应做到快速、准确、平稳、直线、轻松和有节奏。

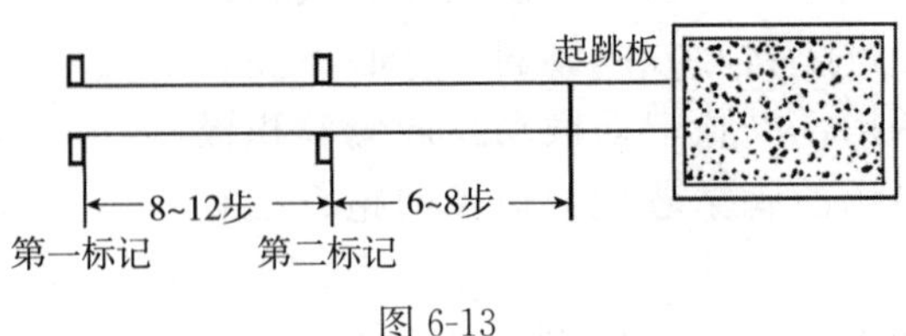

图 6-13

2. 起跳　运动员在快速助跑的情况下，通过起跳获得必要的垂直速度，并尽量保持水平速度使身体腾起。助跑的倒数第二步摆动腿着地时，膝关节迅速前移，加快蹬地速度，使身体快速向起跳板推进，上体保持正直，起跳腿自然地积极前摆。助跑最后一步，起跳腿的大腿前摆时要抬得低些，要积极下压，用全脚掌快速有力地踏板，起跳脚踏在跳板时腿是直的。当整个身体重心落在支撑腿的时候，起跳腿微屈，在身体重心刚移过支撑点上方的一刹那，迅速伸

直踝、膝、髋关节，摆动腿积极前摆，两肩带动两臂配合下肢动作向前上方摆动。

3. 腾空 腾空动作是为维持身体的平衡和落地创造有利的条件。起跳腾空后，摆动腿屈膝前摆，大腿高抬保持水平姿势，起跳腿自然放松在后面，成腾空姿势。腾空姿势一般有蹲踞式、挺身式、走步式3种。

蹲踞式跳远比较简单，容易掌握。起跳成腾空步姿势后，上体仍保持正直，摆动腿的大腿继续抬高，两臂向前挥摆，起跳腿开始向前上方提举，逐渐向摆动腿靠拢，形成空中蹲踞姿势。然后两腿向上收，上体前倾。将要落地时，两臂由前向下、向后摆动，同时向前伸出小腿落地（图6-14）。

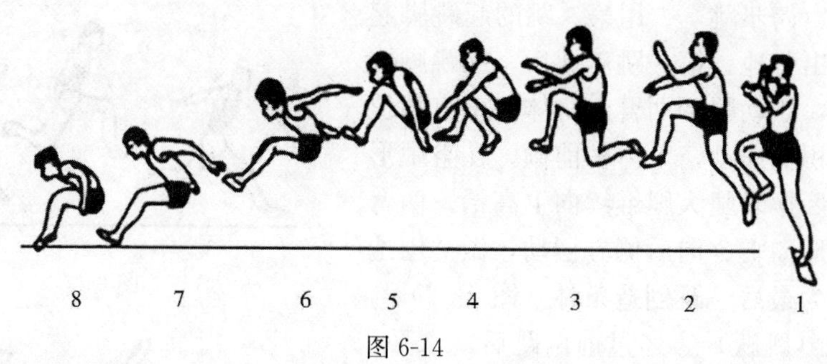

图6-14

挺身式跳远的空中挺身动作，能使体前肌拉长，有利于收腹举腿和收腿落地，效果比蹲踞式要好些。起跳后，身体保持腾空姿势，处在体前的摆动腿伸展弯曲的膝关节，摆动腿的小腿向前、向下、向后弧形摆动，使髋关节伸展，两臂向下、向后上方摆动，同时，处在身体后面的起跳腿与后摆的摆动腿靠拢，挺胸、伸髋、头稍后倾，充分拉开躯干前面的肌肉，整个身体展开形成充分的挺身姿势。落地前，两臂由后上方向前、向下、向后方摆动，两腿向前摆，收腹举大腿。小腿前伸，上体前倾准备落地（图6-15）。

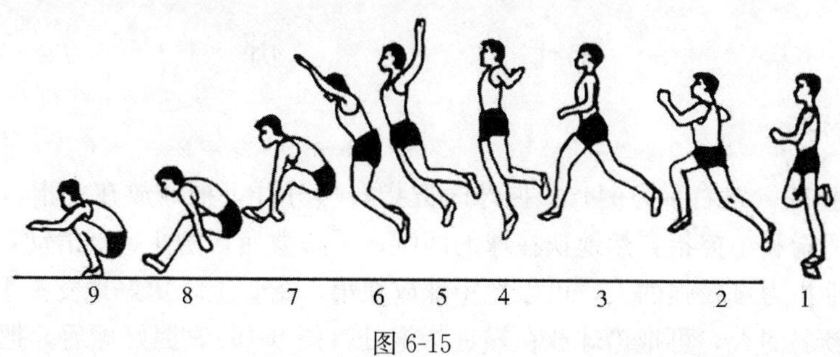

图6-15

走步式跳远动作比较自然，好像在空中继续走步一样，容易维持腾空时的身体平衡，落地动作的效果也较好，但动作较复杂，要求运动员有很好的身体素质和较高的运动水平。

4. 落地 正确的落地技术，有利于成绩的提高，并能防止伤害事故的发生。落地前，上体不要过于前倾，大腿要向前提举，小腿前伸，准备落地。落地时，膝关节伸直，脚尖勾起，同时两臂向后摆。脚接触沙面时，两腿迅速屈膝，髋部前移，两臂屈肘积极前摆，使身体迅速移过支撑点。

三、三级跳远

三级跳远由助跑、第一跳（单脚跳）、第二跳（跨步跳）、第三跳（跳跃）和落地5个部分组成。

1. 助跑　三级跳远的助跑与跳远的助跑基本相同。

2. 第一跳（单脚跳）　用有力的脚起跳，腾空后再用起跳脚落地，形成单脚跳。三级跳远的第一跳不能像跳远那样往上跳得过高，起跳的蹬地角和腾起角比跳远要小，要尽量加快起跳速度，保持水平速度，并使身体重心迅速向前移动（图 6-16）。

3. 第二跳（跨步跳）　用第一跳的起跳脚起跳，摆动腿跨出落地。第一跳落地后，起跳脚快速有力地蹬地，摆动腿和两臂由身体的垂直部位继续向前上方积极摆动，上体稍前倾，在空中形成腾空步，然后摆动腿大腿继续向上高抬，两臂由前上方成弧形向下、向后侧方摆动，做“刨地式”的落地，为最后一跳创造条件（图 6-17）。

4. 第三跳（跳跃）　经过前两跳后，水平速度已经下降，因此第三跳在充分利用所余的水平速度的同时，要尽量增加向上的起跳力量，以获得一个较大的腾空初速度，所以腾起角要大一些。第三跳的起跳动作同前两跳。

5. 落地　三级跳远的落地动作与跳远的腾空和落地一样（图 6-18）。

图 6-16

图 6-17

图 6-18

第七节　投　　掷

一、推铅球

1. 握球和持球（以右手为例）　握球时五指自然分开，把球放在食指、中指和无名指的指根上，大拇指和小拇指自然地扶在球的两侧，手腕微屈，防止铅球滑动，便于控制出球方向。手腕和手指力量较强的人，可以把铅球放在第一指骨上，更好地发挥手指推球时的力量。手指力量较弱的人，可把铅球放在靠近指根处（图 6-19）。握好球后，把球放在肩上锁骨窝处，并贴紧颈部，手稍外转，掌心向前，右臂屈肘并低于肩部，身体肌肉放松（图 6-20）。

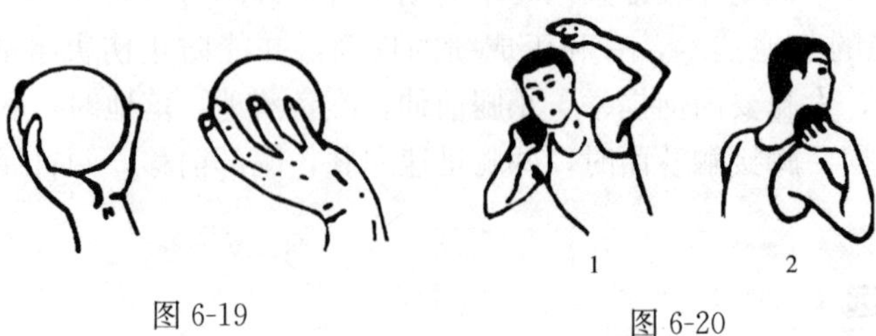

图 6-19　　图 6-20

2. 侧向滑步推铅球（以右手为例）

（1）准备姿势。身体应侧对投掷方向，右脚站在投掷圈后沿处，左脚与右脚平行稍后，以足尖或前脚掌着地，重心落在右腿上，准备滑步。

（2）滑步。滑步时左腿侧摆，同时右脚用力蹬地，左腿快收小腿，右脚沿地面滑行至投掷圈圆心附近，左脚掌落在抵趾板内侧。滑步结束进入最后用力阶段。

（3）最后用力。随着右腿蹬转，右髋向左前方挺出，带动躯干转向投掷方向，使重心向左腿移动，然后在左肩制动和左脚蹬伸形成的左侧支撑下，右臂快速用力，通过伸臂，屈腕和手指拨球等连贯动作将铅球从肩部推出（图 6-21）。

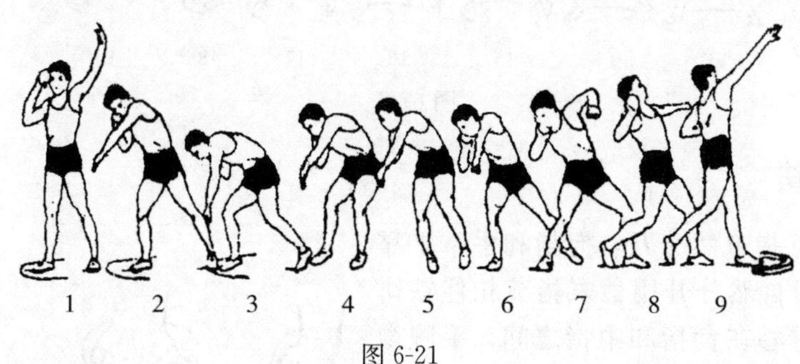

图 6-21

3. 背向滑步推铅球

（1）准备姿势。持球后，背对投掷方向，站在投掷圈内靠近后沿处。两脚前后开立相距约一脚半长。右脚尖靠近圈内沿，脚跟正对投掷方向。左腿在后并自然弯曲，前脚掌着地或脚尖着地，脚跟提起，持球臂的肘略低于肩或与肩齐平，左臂自然上举稍向内，上体直立放松，体重落在右腿上。

（2）滑步。滑步前先做一两次预摆，待身体平稳后，回收左腿，同时右腿逐渐弯曲。当左腿回收到接近右腿时，臀部稍向后移，使身体重心移离支撑点。当臀部后移时，左腿向投掷方向迅速而有力摆出，右腿用力蹬伸，右腿蹬离地面后，迅速拉收小腿，在拉收小腿的过程中，右脚向内转动，前脚掌着地，落在圆心附近。这时左脚要积极下落，将前脚掌内侧落在靠近抵趾板处。两脚依次落地的动作要连贯、加速地过渡到最后用力。

（3）最后用力。左脚积极着地的一刹那开始最后用力。在拉收小腿的过程中，右膝和右脚向投掷方向转动，右脚着地后还要不停地蹬转，推动右髋向投掷方向转动，推动上体迅速向投掷方向抬起。身体几乎是左侧对投掷方向，上体向右倾斜，左肩高于右肩，形成推铅球前最有利的姿势。头和胸部转至投掷方向，体重逐渐移至左腿，左臂从上摆至体侧制动，右臂迅速有力地将铅球推出。铅球出手时，手腕稍向内转，充分利用手指力量使铅球从手指离开。铅球出手后，两腿弯曲或交换，降低重心，维持身体平衡（图 6-22）。

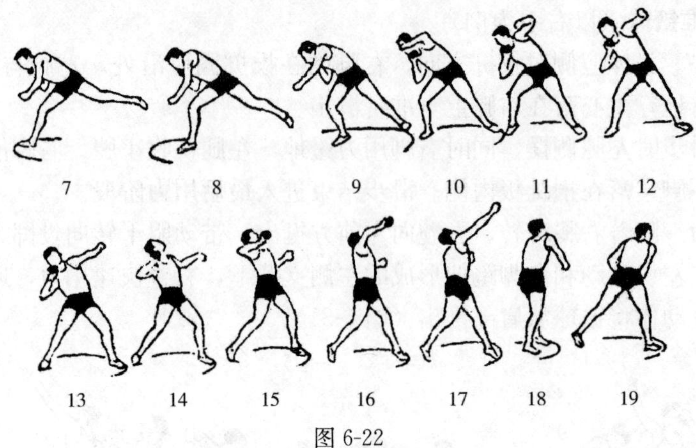

图 6-22

二、掷铁饼

1. 握法　五指自然分开，拇指和手掌平靠铁饼，其他四指自然分开用最末指节扣住铁饼边沿，铁饼的重心在食指和中指之间，手腕微屈，铁饼的上沿靠在前臂上，握好铁饼后投掷臂放松，下垂在体侧（图 6-23）。

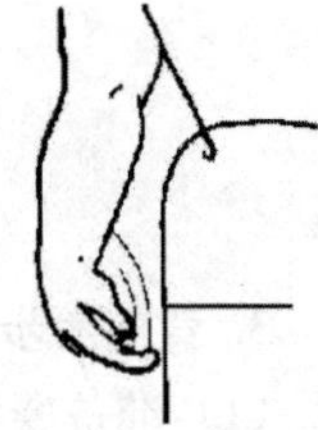

图 6-23

2. 预备姿势和预摆

（1）预备姿势。背对投掷方向，站在圈内靠后内沿处投掷中线的两侧，两脚左右开立稍宽于肩，两脚平行或左脚稍后，左脚尖与右脚弓齐平，持饼臂自然放松下垂于体侧，眼平视。

（2）预摆。预摆是为了摆脱身体和铁饼静止状态，以有利姿势进入旋转。常见预摆方法分为左向上右后摆饼法（图 6-24）和前后摆饼法（图 6-25）两种。这两种方法的预摆，最后都有一个制动动作，这个制动点就是旋转动作的开始。

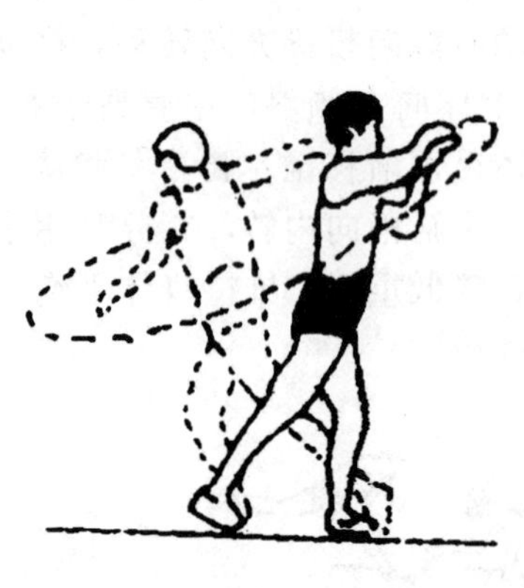
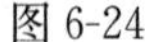

图 6-24

图 6-25

3. 原地投掷铁饼技术　左肩对准投掷方向，两脚开立，右手握饼，右臂下垂靠近右大腿。预摆1～3次，当铁饼摆到右后方时，左脚跟落地，右脚立刻用力蹬地，右膝向里转动使身体伸直，上体转向投掷方向，带动右臂向前摆出，当右臂摆至约成侧平举的姿势时，手腕稍向右屈，使铁饼开始旋转，最后使铁饼从食指左面离手向前飞出，饼在空中顺时针旋转。铁饼出手的角度为30°～35°（图6-26）。

图6-26

三、掷标枪

1. 标枪的握法与持枪

（1）握法。常见掷标枪的握法有两种，一种是现代式握法（图6-27A），另一种是普通式握法（图6-27B）。

（2）持枪。持枪于右肩上方，稍高于头，枪尖稍低于枪尾。这种方法应用得最广泛；持枪于右耳旁，枪身与地面平行，肘稍向外展开，肘关节和手腕弯曲的角度比较小；持枪于头上右侧，枪尖稍向上（图6-28）。

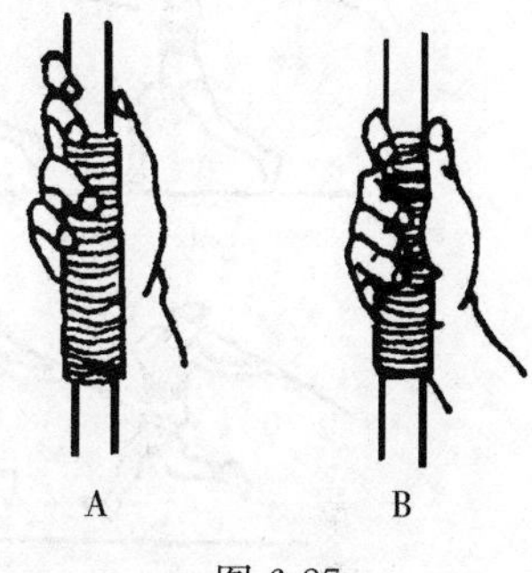

图6-27

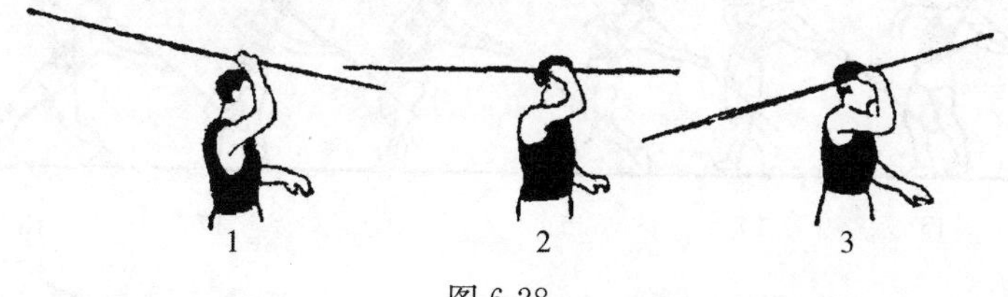

图6-28

2. 原地投掷标枪技术　左脚在前，右脚在后，面对投掷方向，身体重心在左脚上，右手持枪于右肩上方，枪尖稍向下。然后右手持枪向后引，身体向右转，身体重心后移，左臂侧对投掷方向，右腿弯曲，身体重心落在右腿上，上体向右倾倒，握枪手臂尽量伸直，左臂自然弯曲于胸前。开始投掷动作，投掷者急速伸直两腿，向前移动上体，转体挺胸，臀部向前挺出，右肘向前，右手握枪在肩上方，这时身体呈反弓形，上体前侧的肌肉拉紧，然后用力收腹，上体前屈，右臂很快前送，把枪掷出（图6-29）。将枪掷出后，右脚自然地向前跳出一步，维持平衡。

3. 五步交叉投掷标枪技术

（1）助跑。第一阶段为预跑阶段，15～20m，第二阶段为投掷步阶段（图6-30之1～15）。

图 6-29

（2）最后用力与缓冲（图 6-30 之 16～24）。标枪出手后，投掷者继续向前运动，为防止犯规及损伤，右脚及时向前跨出 1～2 步，同时身体稍向左转。降低重心，制动身体和维持身体平衡。

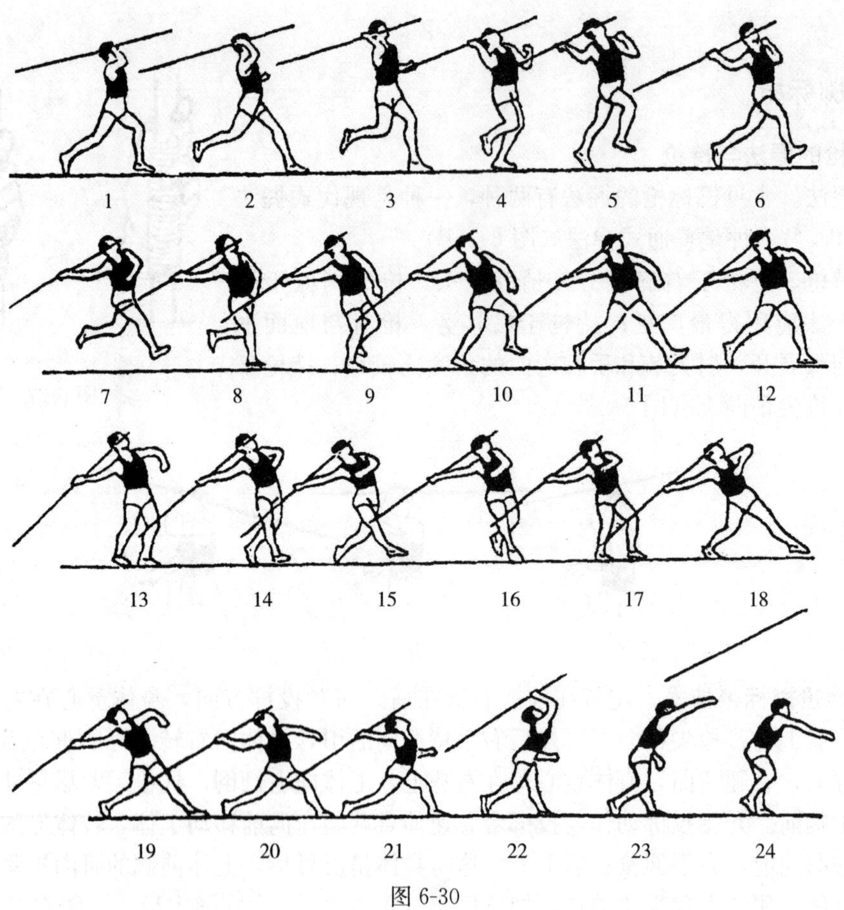

图 6-30

第七章

篮球运动

第一节　篮球运动概述

一、篮球运动的起源与发展

篮球运动是1891年由美国马萨诸塞州斯普林菲尔德市基督教青年会训练学校体育教师詹姆士·奈史密斯博士根据民间流传的儿童游戏发明的。以后广为流传，逐渐形成了现代的篮球运动。1896年篮球运动传入中国。世界最早的一次大型国际篮球比赛于1917年11月在法国巴黎举行。1932年国际业余篮球联合会（简称国际篮联）成立，1936年男子篮球被列为奥运会正式比赛项目，1976年女子篮球被列为奥运会正式比赛项目。1992年在西班牙举行的第25届奥运会向职业篮球球员敞开了大门，美国梦之队展现了高水平的篮球运动技艺，引起了国际篮球界的关注。世界篮球运动由此向科技化、竞技化、智谋化、职业化、记忆化、凶悍化、多变化、产业化的方向发展，掀起了篮球运动的发展高潮。同时，篮球运动技术动作不断创新，运动员内外攻守区域分位趋向模糊，高空争夺更趋凶悍，竞技艺术更显观赏性。篮球规则对比赛、高空争抢、场地区域及攻守技术、战术合理的运用乃至全场比赛时间、方式都进行了新的规定。

二、篮球运动的基本规律

1. 集体协同规律　篮球运动是集体协同作战的一项运动，要取得比赛的胜利，必须依靠集体的力量。

2. 凶悍对抗规律　篮球运动的高速对抗，体现在采用合乎规则的手段（身体与技术、战术）在地面与空间上制约对手。

3. 攻守平衡规律　篮球比赛是由两个队在规定的时间内不断地进行攻守转换完成的。在竞赛过程中，双方在同一时间段里非攻即守，交替进行，一次进攻的结束就是另一次防守的开始。

三、篮球运动的基本特点

1. 集体性　篮球运动比赛是以两队成员相互协同攻守对抗的形式进行的竞技过程。只有发挥集体的智慧和技能，发挥团队精神，协同配合，才能达到最佳效果。

2. 对抗性　篮球运动是一项高强度的激烈对抗的运动。攻与守，限制与反限制，均在凶悍近身的环境下完成，不仅要斗智，还要有充沛的体能和顽强的作风。

3. 综合性　篮球运动包含跑、跳、投等身体活动。篮球运动竞技本身涉及社会学、生物学、军事科学、管理学、体育学、教育学、竞技学等多个学科。

第二节　篮球运动基本技术

篮球技术是篮球比赛中为了达到一定目的的专门动作方法的总称，分为进攻技术与防守技术两部分。包括移动传球、接球、投篮、运球、持球突破、防守抢篮板球等技术。

一、移动技术

移动技术是篮球多项技术的基础，其关键是控制身体重心的平衡和变化。现将几种常用的移动方法简述如下。

（一）起动、急停

1. 起动　起动是球员改变静止状态的一种方法。在进攻中突然快速地起动，是摆脱防守的有效手段。防守时迅速地起动是抢占有利位置、防住对手的首要环节。

动作要领：起动前两脚开立，腿呈一定的弯曲，上体稍前倾。起动时以后脚或异侧脚的前脚掌短促有力蹬地，同时上体迅速前倾或侧转，向跑动方向移动重心，在最短的距离内把速度发挥出来（图 7-1）。

图 7-1

2. 急停　队员在移动中突然制动脚部动作称急停，可分为跨步急停与跳步急停两种。

跨步急停（两步急停）及动作要领：先向前跨出一大步，脚跟着地过渡到全脚掌抵住地面，迅速屈膝，上体后仰，第二步着地时，身体侧转，脚尖内旋，用前脚掌内侧蹬撑地面保持身体平衡，重心落在两脚之间。

跳步急停（一步急停）及动作要领：在跑动中，单脚或双脚起跳，上体后仰，两脚同时平行落地，用前脚掌内侧有力撑地，两膝微屈，降低重心，保持身体平衡。

（二）侧身跑

侧身跑是比赛中，队员在移动时为了更好地观察场上的情况而进行的一种跑动方法，多用在快攻和防守快攻时。

动作要领：向前快跑的同时，头部和上体自然地向有球的方向扭转，以便观察场上情况。

（三）变向跑

变向跑是球员在跑动中利用方向的变化完成攻守任务的一种方法。

动作要领（以从左向右变向跑为例）：顺步变向跑时，左脚落地制动，屈膝降低身体重心，用前脚掌内侧蹬地，同时扭腰转胯，右脚迅速向右跨步加速。交叉步变向跑时，左脚落

地制动，腰胯向右转动，同时，左脚前脚掌内侧蹬地向右跨步，继续加速跑动前进。

前滑步

（四）滑步

滑步是防守动作的一项重要移动方法。它易于保持身体平衡，可向任何方向移动。可分为侧滑步（横滑步）、前滑步和后滑步。

侧滑步

动作要领（以侧滑步为例）：滑步前，两脚左右开立，两膝微屈，上体稍前倾，手背向两侧张开。向左滑步时，右脚前脚掌内侧蹬地，左脚向左跨出一步，落地的同时，右脚迅速随同滑行，然后依次重复上述动作，眼要注视对手；向右滑步时，动作相反（图 7-2）。

图 7-2

（五）转身

前转身

转身是指队员以一脚为中轴脚进行旋转，另一脚蹬地向前（后）跨出，从而改变原来身体方向的一种动作方法。它与急停、跨步、持球突破结合使用，能有效摆脱防守，创造传球、投篮的机会。转身分为前转身和后转身。

动作要领：以前转身为例，移动脚向中轴脚脚尖方向跨出，从而改变身体方向的转身为前转身。转身时，中轴脚前掌用力碾地，移动脚蹬地并迅速跨步，同时转腰转肩并保持身体平衡。

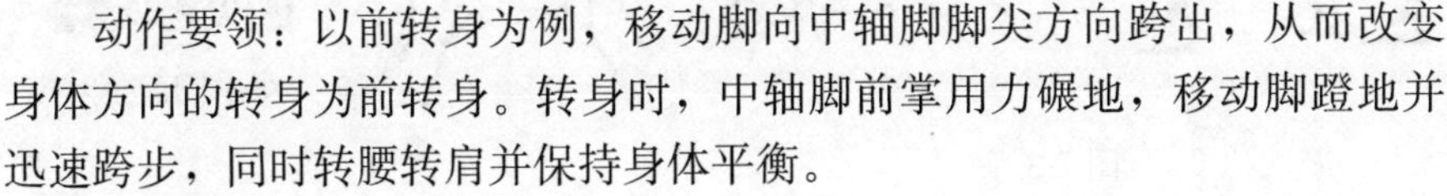

后转身

二、接、传球技术

接球技术是篮球比赛中，同队队员相互移动产生的配合，或个人移动创造出战机时，及时获得球和供给球的一种方法。接、传球技术最直接反映队员的观察与判断能力，是进攻队员在场上相互联系和组织进攻的纽带，也是实现战术配合的具体手段。

双手接低于腰部的球

（一）接球

接球是篮球运动中的主要技术之一，既是获得球的动作，也是抢篮板球和断球的基础。

1. 双手接球　有双手接胸部高度的球、双手接头部高度的球、双手接腰部高度的球、双手接反弹球、双手接地滚球几种。此处介绍最常用的双手接胸部高度的球的方法。

双手接头部高度的球

动作要领：接球前，手臂可自然前伸，手指自然分开，两拇指呈“八”字形，手指向前上方伸出，两手呈半圆形。手指触球的同时，随球后引，屈肘缓冲来球的力量，两手握球，保持身体平衡，做好传球、投篮或突破的准备。

2. 单手接球 以右手接球为例。

动作要领：两眼注视来球，右臂微屈，手掌呈勺形，手指自然分开，迎着来球的方向伸出，当手指触球时，手臂顺势向后下引球，另一手立即帮助将球握于胸腹之间。

单手接球

（二）传球

有双手胸前传球、双手低手传球、双手低手向后传球、双手头上传球、单手肩上传球、单手胸前传球、单手低手传球、单手低手向后传球、单手肩上向后传球、单手背后传球、单手体侧传球和勾手传球等。以下主要介绍两种最常用的传球方法。

单手体侧传球

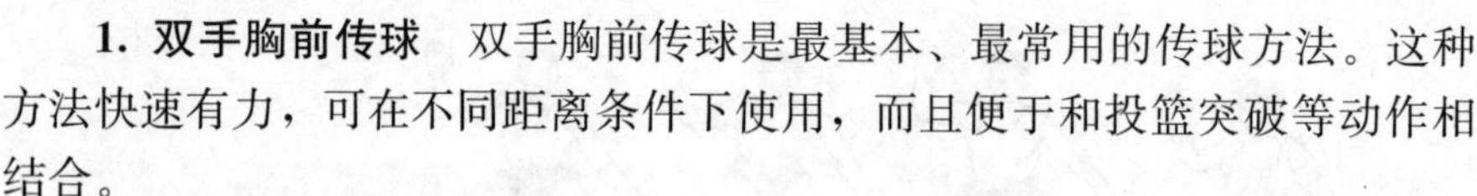

1. 双手胸前传球 双手胸前传球是最基本、最常用的传球方法。这种方法快速有力，可在不同距离条件下使用，而且便于和投篮突破等动作相结合。

动作要领：双手持球于胸前，两手五指自然分开，两拇指呈“八”字形（两拇指间的距离随手的大小可变远近），持球的侧后方，手指指根以上部位触球，手心空出，两肘自然下垂，上体稍前倾，两腿自然弯曲地前后站立。传球时，前臂急促地向传球方向伸出，拇指用力下压，食、中指外翻，抖腕拨球将球传出（图 7-3）。

单手胸前传球

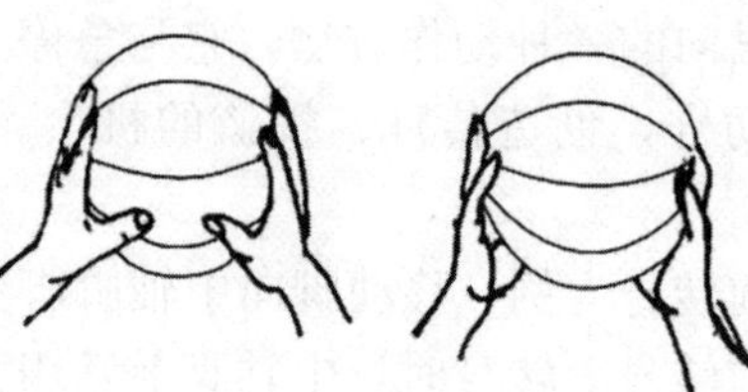

双手胸前传球

图 7-3

2. 单手肩上传球 这是一种常用的中、远距离传球方法。在抢到后场篮板球发动长传快攻时运用较多。

动作要领：持球方法与双手胸前传球相同，两脚平行开立，右手传球时，左脚向传球方向跨出，同时双手将球引到右肩侧上方，右手大臂充分后引，左肩对传球方向，重心落在右脚上。传球时，右脚蹬地，同时转体并迅速向前挥臂，手腕前扣，最后通过食指、中指、无名指的弹拨将球传出（图 7-4）。

图 7-4

单手肩上传球

三、投篮技术

投篮技术是进攻队员为将球投入篮筐而采用的各种专门动作的总称，也是篮球比赛中的主要进攻技术，是唯一的一种得分手段。

（一）单手肩上投篮

单手肩上投篮是篮球比赛中应用比较广泛的一种投篮球动作。有出手点高、球出手快、便于结合其他技术动作等优点。

单手肩上投篮

动作要领（以右手投篮为例）：左手扶球的左侧，右臂屈肘持球于头右侧上方，大臂与肩关节平行，大小臂约呈 90°，肘关节不要外展，两脚前后或左右开立，两膝微屈，重心落在两脚之间。投篮时，下肢蹬地发力，右臂向前上方举球，将要伸直时，手腕前屈，食指、中指用力拨球，通过指端将球投出，身体随之向前上方伸展（图 7-5）。

（二）双手胸前投篮

双手胸前投篮是较早的一种投篮方法，虽然出手点低，但易于保持投篮前持球的稳定性，便于和传球突破相结合。远距离投篮适合运用这种投篮方法。女生由于上肢力量较男生弱，比较适合学习这种投篮方法。

双手胸前投篮

动作要领：投篮的准备姿势与双手胸前传球的准备姿势基本一致，投篮前将球置于胸前，目视球篮，两肘关节自然下垂，两脚前后或左右开立，两膝微屈，重心落在两脚之间。投篮时，两脚蹬地，两臂向前上方伸出，两手腕同时外翻，拇指稍用力压球，使球通过拇指、食指、中指指端投出（图 7-6）。

图 7-5

图 7-6

（三）行进间投篮

行进间投篮是进攻或突破防守切入篮下时，最常用的投篮方式，俗称跑篮、“三大步”上篮。以下介绍较常用的两种行进间投篮技术。

行进间单手肩上投篮

1. 行进间单手肩上投篮动作要领 在运球行进或跑动行进中（以右手投篮为例），接球的同时右脚向前跨一大步，落地后，左脚向前跨一小步蹬地跳起，右腿提膝高抬，双手迅速举球于右肩上方。右手托球掌心向上，左手扶球，当身体腾空到最高点时，将球投出（图 7-7）。

图 7-7

2. 行进间单手低手投篮动作要领　在运球行进或跑动行进中（以右手投篮为例），接球的同时右脚向前跨一大步，落地后，左脚向前跨一小步蹬地跳起，右腿提膝高抬，右手掌心向上托球，并充分向球篮方向伸展，抖腕，食指、中指用力拨球，通过指端将球投出（图 7-8）。

行进间单手低手投篮

图 7-8

(四) 跳起投篮

跳起投篮简称跳投，它具有突然性强、出手点高和不易防守的优点，可在原地、行进中急停或结合转身一起使用。

原地跳起单手肩上投篮

原地跳起投篮（以右手投篮为例）动作要领：准备动作与单手投篮基本一样。起跳时，起跳和举球动作同时完成。垂直起跳时，用腰腹力量保持身体平衡。当身体跳起至最高点时或接近最高点时，迅速伸臂，用手腕和手指的合力将球投出（图 7-9）。

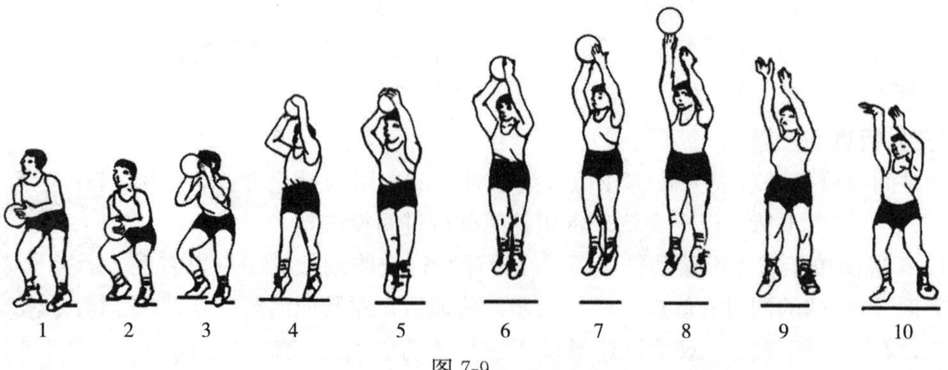

图 7-9

四、运球技术

运球是队员在比赛中携带球移动的唯一方法，也是控制球、支配球、组织战术配合及突破防守的重要手段。盲目地过多运球，则会贻误战机，影响集体作用的发挥，导致被动。

运球技术包括高运球、低运球、运球急停和急进、体前变向换手运球、体前变向运球、背后运球、运球转身、胯下运球等。

（一）高运球

这种运球方法身体重心较高，速度快，便于观察场上情况。

高运球

动作要领：运球时，两腿微屈，目平视，以肘关节为轴，前臂自然伸屈，用手腕、手指柔和而有力地按拍球的后上方。球的落点控制在运球手臂同侧脚的外侧前方，使球反弹的高度在腰腹之间，手脚协调配合，使球有节奏地向前运行（图 7-10）。

图 7-10

（二）低运球

当受到对手紧逼防守时，常采用这种运球方法。

低运球

动作要领：两腿弯曲，重心下降，上体前倾，用上体和腿保护球的同时用手短促地拍按球，使球从地面向上反弹的高度在膝部以下（图 7-11）。

图 7-11

（三）运球急停急进

运球急停急进

动作要领：在快速运球中突然急停时，采用两步急停，使身体重心降低，手按拍球的前上部，使球停止向前运行。运球急进时，两脚用力后蹬，上体急剧前倾，迅速起动，同时，按拍球的后上部，人、球同步快速前进（图 7-12）。

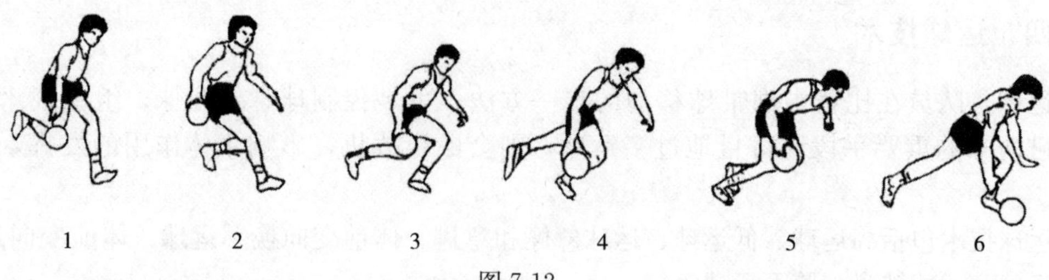

图 7-12

（四）体前变向换手运球（以右手运球为例）

动作要领：运球队员从对手右侧突破时，先向对手左侧做变向运球假动作，然后突然改变方向向右侧运球。变向时，右手拍按球的右后上部，把球从自己的右侧拍按到左侧前方，同时，右脚向左前方跨出，上体左转，用肩保护球，然后换手运球加速前进（图 7-13）。

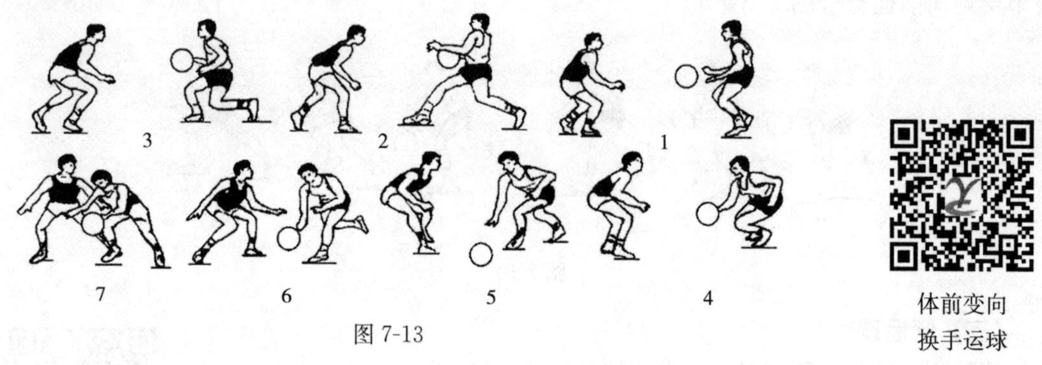

图 7-13

体前变向
换手运球

五、防守技术

防守技术是队员在防守时为了阻挠和破坏对手进攻，达到夺球反攻的目的所采取的各种专门动作方法的总称。

1. 防守无球队员　防守者应与球、被防守者内侧保持三角形站位。防守者到靠近球的区域，面对人侧对球；到远离球的区域，面对球侧对人。

防守姿势：防守者两脚开立，两腿弯曲，身体重心下降，上体稍前倾，积极移动脚步，手臂配合，阻挠对手接球和摆脱。

2. 防守有球队员　防守者应站在对手与球篮之间。根据持球队员的位置，落位时要截击对手，往边线逼防，阻止变向和超越。

防守动作与防守无球队员大体相同，只是注意与对手要保持适当有利距离。离球篮远时防突破和传球；离球篮近时，除防突破、传球外，还要防投篮，要两臂上举挥摆干扰。

3. 抢球技术　抢球是从进攻队员手中夺取球的方法。抢球时，防守者看准持球者的持球空隙部位，迅速用双手抓住球向后突然拉转，将球抢过来，也可以双手在抓住球的同时，向前下方转动，将球从持球者手中抢出。

4. 打球技术　打持球：防守者突然上步，用单手由上向下或由下向上以快速准确的动作将对方的球打掉。打运球：在进攻者运球时，当球刚从地面弹起时，防守者突然上步，用

靠近球的手将球迅速打掉。

抢球

打持球队员手中的球

打运球队员手中的球

六、抢篮板球技术

篮板球是获得控制球权的重要来源之一。抢进攻篮板球的优势，不仅可以增加进攻次数和篮下直接得分的机会，而且还可以增强本队投篮的信心，同时减少对方发动快攻的机会。

单手抢篮板球

抢防守篮板球，不仅能为发动快攻创造有利条件，而且还能给进攻队员投篮造成心理压力。因此，一个球队抢篮板球的能力，对争取比赛主动和比赛胜利都起着重要作用。下面讲述抢篮板球的技术分析及动作方法。

1. 抢占有利位置　抢占有利位置是抢篮板球技术的关键。无论是抢进攻篮板球还是抢防守篮板球，都应抢占对手与球篮之间的有利位置，力争把对手挡在身后。抢占位置时，应根据对手和投篮队员所处的位置，正确判断篮板球的反弹方向、距离，运用快速的脚步动作，抢占有利的位置。

双手抢篮板球

2. 转身挡人抢位　多用于抢防守篮板球，在防守者靠近对手时运用。对手投篮后，根据对手移动的方向决定转身的方法，转身后把双手挡在身后并贴、靠对手，挡住其移动路线。如果对手距离较远，则可先上一步，贴近对手再转身，把对手挡在身后。

第三节　篮球运动基本战术

基础配合是两三人之间有目的、有组织的攻守合作行动方法。它是组成全队战术的基础，也是培养运动员篮球意识的重要手段。

一、进攻基础配合

进攻基础配合是指两三名进攻队员，为了创造攻击机会，合理运用技术而组成的合作方法。

策应配合

进攻基础配合包括传切、突分、掩护和策应等多种配合方法，现将主要的配合方法介绍如下。

1. 传切配合　传切配合是进攻队员之间利用传球、切入等技术的简单配合。它包括一传一切和空切配合两种。

空切配合

2. 突分配合　突分配合是持球队员突破后，利用传球与同伴配合的方法。

3. 掩护配合　掩护配合是指进攻队员选择正确的位置，借用自己的身体，用合理的技术动作挡住同伴防守者的移动路线，使同伴借以摆脱防守，获得接球攻击或其他进攻机会的一种配合方法。

侧掩护配合

二、防守基础配合

防守基础配合是2～3个防守队员利用合理的技术、协调动作破坏进攻的一种方法。防守配合包括挤过、穿过、绕过、交换防守、“关门”、夹击和补防等配合。

1. 挤过配合　挤过配合是破坏掩护配合的方法之一。当对方掩护、防守队员在掩护队员接近自己时，要迅速向前跨出一步，靠近对手，从两个进攻队员之间侧身挤过，继续防守自己的对手。防守掩护的队员应及早提醒同伴并后撤一步，以备补防。

2. 穿过配合　穿过配合也是配合方法之一。当进攻队员掩护时，防掩护者的队员及时提醒同伴并主动撤后一步，让同伴及时从自己和掩护队员之间穿过，继续防守自己的对手。

3. 绕过配合　绕过配合是破坏掩护配合的一种方法。当对方掩护时，防掩护者的队员贴近对手，让同伴从自己的身后绕过，继续防守自己的对手。

4. 交换防守配合　交换防守配合是破坏掩护配合的一种方法。进攻队员利用掩护已经摆脱防守时，防掩护的队员及时发现换防的信号，与同伴互换各自的对手。在适当时候再换防原来的对手

5. “关门”配合　“关门”配合是临近的两个防守队员协同防守突破的配合方法。当进攻队员运球突破时，防守突破的队员向侧后方移动挡住其移动路线，临近突破一侧的防守队员，应及时快速向突破队员的前进方向移动，向防突破的队员靠拢，像两扇门一样关起来，堵住突破者的前进路线。

6. 夹击配合　夹击配合是两个防守队员防守一个进攻队员的一种配合方法。

7. 补防配合　补防配合是两个防守队员之间的一种协同配合方法。当同伴被突破时，临近的防守队员立即放弃自己的对手，去补防那个威胁最大的进攻者，漏人的防守队员则要及时换防。

第四节　篮球运动竞赛规则简介

篮球竞赛即根据篮球运动进行的竞赛。篮球竞赛的形式多种多样，有较为常见的五人篮球，也有流行的街头三人篮球赛，即三对三的比赛。这里只介绍五人篮球竞赛规则。

一、竞赛场地

1. 场地　球场是一个长方形的坚实平面，无障碍物。对于国际篮联主要的正式比赛（奥林匹克篮球比赛，世界男、女篮球锦标赛，世界男、女青少年篮球锦标赛和世界男子22岁以下年龄组篮球锦标赛，洲际男、女篮球锦标赛等），球场尺寸为：长28m，宽15m，球场的丈量从界线的内沿量起。对于所有其他比赛，有权批准符合下列尺寸范围内的现有球场：长度减少4m，宽度减少2m，只要其变动互相成比例。

2. 界线　球场必须有明显的界线，界线外至少2m以内不得有任何障碍物。长边的界

线称边线，短边的界线称端线，线宽均为 0.05m。

3. 中圈　中圈要画在球场的中央，半径为 1.80m，从圆周的外沿丈量。

4. 中线　从边线的中点画一平行于端线的横线称中线，中线要向两侧边线各延长 0.15m。对方篮球、篮板的界内部分以及对方篮球后面的端线、边线和距对方篮球最近的中线边缘围成的场区构成了某队的前场。球场的另一部分，包括中线和本方场区，包括篮板的界内部分是该队的后场。

5. 3 分投篮区　3 分投篮区是由场上以篮筐投影点为圆心，以 6.25m 为半径的两条拱形线限制出的地面区域。

二、比赛通则

1. 比赛时间

（1）比赛分成两个半时，每半时 20min。

（2）分 4 节，每节 10min；第 1、2 节和第 3、4 节中间的休息时间分别为 2min。

（3）两半时中间休息 10min 或 15min。

2. 比赛的胜负　在比赛时间内得分较多的一队为胜队。

3. 比赛开始　比赛要在中圈内跳球开始，当主裁判持球步入中圈执行跳球时，比赛正式开始。如某队在场上准备比赛的队员不满 5 名，则比赛不能开始。所有比赛的下半时，双方要交换球篮。

三、违例

比赛中发生的违例有球出界、带球走、非法运球、携带球、球回后场、故意角球、拳击球和掷界外球；时间（3s、5s、8s、10s、24s）上违例；罚球时违例。

四、犯规

犯规是违反规则的行为，含有与对方队员的身体接触或违反体育道德的举止。对犯规队员要进行登记，随后按规则的有关条款进行处罚。

侵人犯规，是在活球和死球时涉及与对方队员接触的队员犯规，队员不准通过伸展臂、肩、髋、膝、脚或弯曲身体成不正常姿势以阻挡、拉、推、撞、绊等动作来阻碍对方行进，也不准使用任何粗野动作。侵人犯规的情况有阻挡、撞人、从背后非法防守、用手拦阻、拉人、非法用手、推人、非法掩护等。

1. 阻挡　阻挡是阻止对方队员行进的身体接触。

2. 撞人　撞人是持球或不持球的队员推动或移动到对方队员躯干上的身体接触。

3. 从背后非法防守　从背后非法防守是防守队员从对方队员的背后与其发生的身体接触。

4. 用手拦阻　用手拦阻是防守队员在防守状态中用手接触对方队员，或是阻碍其行动或帮助他来防守对手。

5. 拉人　拉人是干扰对方队员移动自由而发生的身体接触。

6. 非法用手　发生在队员试图用手抢球接触了对方队员时。如果仅仅接触了对方队员持球的手，则被认为是附带的接触。

7. 推人　推人是用身体的任何部位强行移动或试图移动已经或没有控制球的对方队员时发生的身体接触。

8. 非法掩护　非法掩护是试图非法拖延或阻止非控制球的对手到达希望到达的场上位置。

侵人犯规罚则：在所有情况下都要登记犯规队员 1 次侵人犯规。

第八章

排球运动

第一节　排球运动概述

一、排球运动的起源和发展

排球运动首先从美洲流行起来，1900—1917 年才慢慢传入亚洲和欧洲。排球运动几经演变，先后改为 16 人制、12 人制、9 人制，最后定为 6 人制。

排球运动是由美国威廉·摩根于 1895 年发明的一项球类游戏演变而来的。首次排球比赛 1896 年在美国斯普林费尔特体育专科学校举行。出场人数由双方共同商定，不限多少，但必须相等。1918 年规定每队上场 6 人。目前世界性排球比赛有世界排球锦标赛、世界杯排球赛和奥运会排球赛。

我国的排球运动始于 1905 年，当时广州、香港的一些学校最先有了排球运动，以后逐渐发展到上海、天津、福建、江西和其他地区。最早的排球比赛每队上场 16 人，前后站成 4 排；1923 年改为 3 排 12 人；1927 年改为 3 排 9 人。从 1913 年起，我国男子排球队参加历届远东运动会的排球比赛，我国女子排球运动始于 1920 年。

中华人民共和国成立以后，我国的排球运动迅速发展。1962 年，我国男、女排球队在世界排球锦标赛上，均获第 9 名。1981 年，我国女排以全胜成绩夺得第 3 届世界杯排球赛的冠军，打响了三大球"冲出亚洲，走向世界"的第一炮。我国男排在第 4 届世界杯排球赛中也取得第 5 名的成绩。我国女排自 1981 年起，连续在世界杯排球赛、世界排球锦标赛和奥运会排球赛中获得 5 次冠军，被誉为"五连冠"，在 2003 年世界杯排球赛、2004 年奥运会排球赛、2015 年世界杯排球赛、2016 年奥运会排球赛上，中国女排四度夺冠，共 9 次成为世界冠军。

二、排球运动的特点

1. 广泛性和群众性　由于排球运动的场地可变性较强，可以在地板上、草地上、雪地里、沙地上甚至水中进行，同时参加的人数可多可少，不同年龄、不同性别、不同训练程度和水平的人都可以参加，因而体现了该运动的广泛性、群众性的特点。

2. 激烈的对抗性和安全性　排球比赛中双方的攻防转换始终是在激烈的对抗中进行的，特别是在每球得分制的新规则下，失球即失分。现代排球的对抗从发球时开始，传、扣、防每一环节都充满激烈的竞争，因而排球运动体现出激烈的竞争性。但排球运动的这种激烈对抗，有别于其他有身体直接接触的运动。即使在激烈的对抗中，运动员也是安全的，体现出高度的安全性，因此说排球运动是一种激烈而又文雅的运动。

三、当前排球运动的形式

1. 6 人制排球　世界排球锦标赛、世界杯排球赛、奥运会排球赛等均已将 6 人制排球列为传统的每 2 年或每 4 年举行一次的比赛项目。

2. 沙滩排球　20 世纪 20 年代在法国南部地中海沿岸的度假胜地，兴起在沙滩上玩排球的娱乐活动。由于从事该项活动的人越来越多又受到商家的重视，该项活动逐渐由娱乐活动变成一项新兴的竞技体育项目。1996 年沙滩排球作为排球运动的一个正式比赛项目被列入亚特兰大奥运会。

3. 软式排球　软式排球是 20 世纪 80 年代在日本首先开展起来的。由于它使用的球重量轻、质地软、气压小、反弹力低，所以球速慢、难度小，增加了该项运动的趣味性，适合青少年和中老年人参与。它融娱乐性与竞技性于一体，是一项极有发展前景的群众性体育项目。现已有高校把该项目作为专项课进行教学实践。全国大学生排球联合会每年也举办一次大学生软式排球比赛。

4. 坐式排球　坐式排球是专为双下肢残疾的人设计的一种坐在地面打的排球活动。2004 年，在希腊雅典举行的第 12 届残疾人奥林匹克运动会（简称残奥会）上，首次将女子坐式排球列为正式比赛项目。

5. 气排球　气排球是我国土生土长的一项群众性排球活动。1984 年，呼和浩特铁路局济宁分局为了开展老年人体育活动首创气排球，后来该项活动得到中国火车头体育协会的大力支持，先后在浙江、福建、上海、江苏、湖南、广西、重庆等地得到了很好的推广。比赛通常采用 4～5 人制。气排球现已成为中国老年人体育协会的竞技项目之一。

6. 其他　其他包括雪地排球、水中排球、泥地排球、羽毛排球、墙外排球等。

第二节　排球运动基本技术

一、准备姿势和移动

1. 准备姿势

（1）脚。左右分开，距离大于肩宽（图 8-1）。脚尖向前并稍向内，双脚稍前后错开，一般有力的脚放在后面，也可根据在球场的不同位置决定哪只脚在前，脚跟适当离地。

（2）膝关节。弯曲至便于用力的角度，一般以 135°为宜（图 8-2）。

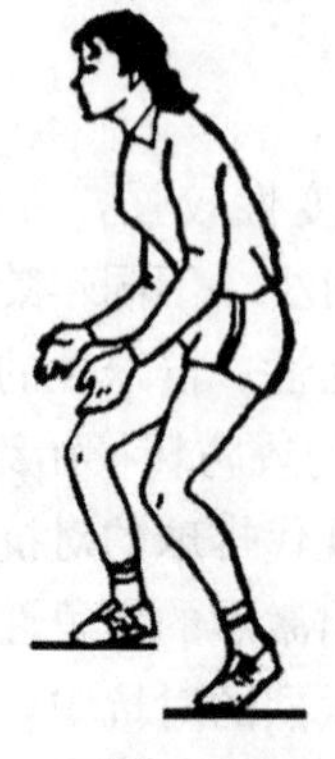

图 8-1

图 8-2

（3）手。双手置于腹前或左右，自然放松，肘关节成 90°角，使之可以用最快的速度做任何反应动作。

（4）身体。身体略前倾，全身肌肉放松，切忌身体肌肉紧张僵硬，造成反应迟钝。

（5）身体重心。身体重心的投影点在两脚间的支撑面偏前的地方，身体处于微动中，重心微微移动，便于以最快的速度对球场的需要做出相应的反应。

2. 移动

（1）跨步。当来球较低，离身体 2m 左右时，采用跨步移动。采用跨步移动时，如向前移动，则后脚用力蹬地，前脚向前跨出一大步，膝部弯曲，上体前倾，身体重心移至前腿上（图 8-3）。跨步可以向前、向斜前或向侧方。

（2）交叉步。当来球在体侧约 3m 时，可采用交叉步移动。采用向右侧交叉步移动时，上体稍向右转，左脚从右脚前面向右交叉迈出一步，然后右脚再向右跨出一大步，同时身体转向来球方向，保持击球前的姿势（图 8-4）。

图 8-3　　　　图 8-4

二、发球

发球的技术动作（均以右手发球为例）如下。

1. 正面下手发球　这种发球动作简单易学。面对场内便于观察对方，发球发得准，但球速慢、力量小、攻击性不强，适用于初学者（图 8-5）。

图 8-5

正面下手发球

（1）准备姿势。发球队员面对球网，两脚前后开立。左脚在前，两膝微屈，上体稍前倾，重心偏落在右脚上，左手持球于腹前。

（2）抛球。左手将球向体前右侧轻轻抛起，球的高度约为 20cm。在抛球之前，右臂伸直，以肩为轴向后摆动。

（3）击球。借右脚蹬地力量，身体重心随着右手向前摆动击球而移至左脚上，在腹前以全手掌击球的后下方。手触球时，手指和手腕要张紧，手呈勺形与球吻合。击球后，身体重心前移，迅速进入比赛场地。

2. 侧面下手发球　这种发球，可借助转体力量带动手臂挥动击球，较省力，但攻击性不强（图 8-6）。

图 8-6

侧面下手发球

（1）准备姿势。发球前，左肩对网，两脚左右开立，与肩同宽。两膝微屈，上体稍前倾，重心落在两脚之间（或稍偏右脚），左手持球于腹前。

（2）抛球。左手将球平稳抛送于胸前，距身体约一臂远，离手高约 30cm。

（3）击球。在抛球的同时，右臂摆至右侧后下方。接着利用右脚蹬地向左转体的力量，带动右臂向前上方摆动，在腹前用全手掌击球的右下方。要注意控制击球出手的角度和路线。击球后，随击球动作立即入场。

3. 正面上手发球　这种发球需要发球者面对球网站立，便于观察对方，发球的准确性大，易于控制落点，并能充分利用转体、收腹动作带动手臂加速挥动，以及运用手腕的推压动作，加大力量和速度（图 8-7）。

图 8-7

正面上手发球

（1）准备姿势。面对球网，两脚自然开立，左脚在前，左手持球于体前。

（2）抛球。用抬臂和手掌的平托上送，将球平稳地垂直抛于右肩的前上方，高度适中。

（3）挥臂击球。在左手抛球的同时，右臂抬起，上体稍向右侧转动。击球时，利用蹬地，使上体向左转动，同时收腹，带动手臂挥动。在右肩上方伸直手臂的最高点，用全掌击球的中下部。击球时，手指自然张开与球吻合。手腕要迅速主动做推压动作，使击出的球上旋飞行。击球后，随着重心前移，迅速进场比赛。

三、传球

传球是排球运动的基本技术之一，是组织战术的基础，主要用于衔接防守和进攻。传球的种类很多，按其动作可分为正面传、背传和侧传；按传球方式可分为原地传（不跳）和跳传。此外，还有双手传和单手传之分。下面介绍双手正面传球。

双手正面传球是传球中最基本的传球方法，它控制球面积大，手和全身动作容易协调配

合，传球的准确性和稳定性也较高，是掌握其他各种传球方法的基础（图8-8）。

双手正面传球

图 8-8

1. 准备姿势 判断好来球的方向和落点后，应迅速移动到接球位置。身体对准来球，做好传球准备姿势。一般以稍蹲式为最佳。双手自然抬起，放松至于脸前。

2. 迎球 当来球接近额前时，开始蹬地，伸膝，伸臂，两手微张，从脸前上方迎球。

3. 击球 击球点在额前上方约一球远的距离。这样既便于观察来球，又可控制传球方向。

4. 手型 正确的手型是两手呈半球形，手腕稍后仰。拇指相对呈“八”字形，或平行相对呈“一”字形（多用于背传或低于面部以下的球）。十指要全能与球体吻合。触球一般触在球体后下方（图 8-9）。

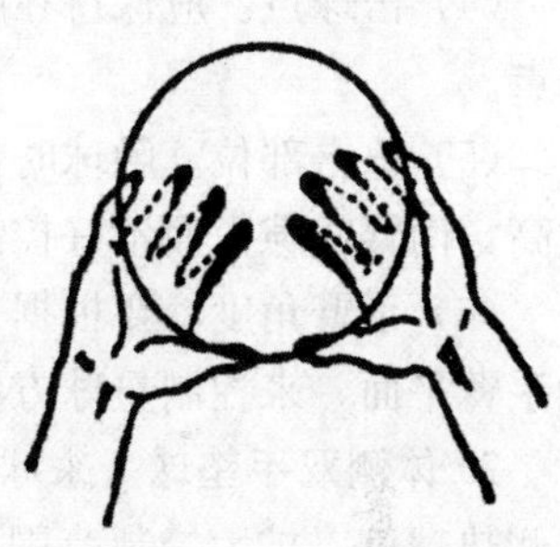

图 8-9

5. 用力 传球动作是由伸臂力量、手指手腕的弹力、伸腿蹬地的力量、主动屈指屈腕的力量以及球的弹力等多种力量合成的。正面传球主要靠伸臂的力量，配合蹬地的力量，通过球压在手上使手指手腕所产生的反弹力将球传出。

四、垫球

垫球是排球的基本技术之一，是用手臂从球的下部，利用来球的反弹力向上击球的技术动作。

正面双手垫球

1. 正面双手垫球 正面对准来球方向，双手在腹前垫击即正面双手垫球。它是垫球中最基本的垫球方法，是各项垫球技术的基础，适宜于接各种球（图 8-10）。

图 8-10

（1）准备姿势。看清来球方向，迅速移动到球的落点上，对正来球，成半蹲姿势站立。

（2）手型。当球接近腹前时，两手掌根紧靠，两手手指重叠后合掌互握。两拇指平行（图 8-11）或者两手腕部紧靠，两手自然放松（图 8-12），手腕下压，两臂外翻形成一个平面。

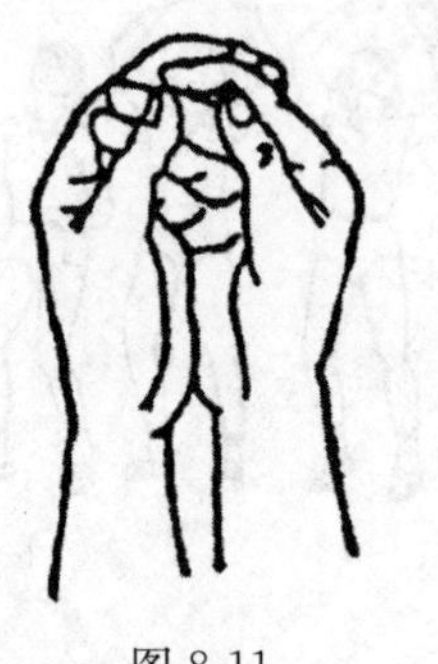
图 8-11

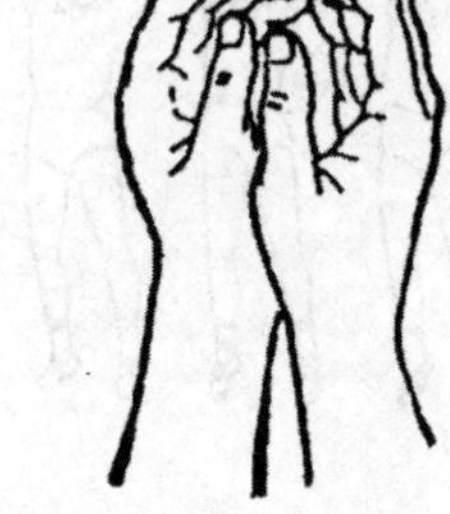
图 8-12

（3）击球。当来球到腹前一臂距离时，两臂夹紧前伸，插到球下，向前上方蹬地抬臂，迎击来球，垫击球的后下部。身体重心随击球动作前移。

（4）击球点。应保持在腹前击球，便于控制用力大小，调整手臂角度，控制垫球方向和落点。

（5）垫击部位。触球时，以前臂腕关节以上 10cm 左右桡骨内侧平面为宜。如触球部位过高，两臂间隙大而不好控制球；触球部位低，垫在腕部，球则不稳。

（6）手臂角度。要根据来球的角度和要求垫出的方向，调整手臂与地面的角度和左右转动手臂平面，来控制垫球方向。

2. 体侧双手垫球　来球飞向体侧，队员来不及移动对正来球时，可用双臂在体侧垫击。体侧垫球可以扩大控制范围，但不易控制垫球方向，故在来得及移动的情况下，尽量采用正面垫球。当球向右侧飞来，则左脚前脚掌内侧蹬地，右脚向右侧跨出一步，重心随即移至右脚上。右膝弯曲，同时两臂夹紧向右侧伸出。左肩微向下倾斜，用向左转腰和收腹的动作，配合两臂自右后方向前截住球飞行的路线，用两前臂垫击来球的后下部（图 8-13）。切忌随球向右摆臂击球，这样会使球飞向侧方。

体侧双手垫球

图 8-13

3. 背向双手垫球　背对垫出方向，双臂从身前向背后垫球即背向双手垫球。当球飞得很远、队员在奔跑中无法进行正面垫击或传球时，多采用背向双手垫球（图 8-14）。背向双

手向双手垫球技术的关键是要判断好球的飞行方向，迅速移动到球的落点上，背对出球方向，两臂夹紧伸直。击球时头部后仰，挺胸，展腹，后仰，直臂向后上方摆动抬送。

图 8-14

背向双手垫球

五、扣球

扣球是排球的基本技术之一，是得分的重要手段，也是进攻中最积极有效的武器。扣球的方法有很多，按其技术，可分为正面扣球、调整扣球、勾手扣球、扣快球和自我掩护扣球等。这里只介绍正面扣球。

正面扣球

正面扣球是扣球中最常用的基本技术。由于面对球网，便于观察，因而准确性较高。正面扣球挥臂灵活，能根据对方防守情况，随时改变扣球的路线和力量。便于控制球的落点，因而进攻效果较好（图 8-15）。

图 8-15

1. 准备姿势　一般站在离网 3m 左右处，两臂自然下垂，稍蹲。脚步不要站死，注视二传队员的动作，随时做好向各个方向助跑起跳的准备。

2. 助跑　目的是选择适当的起跳地点，并利用其速度增加弹跳高度。由于二传球的高度、速度是不定的，因而助跑时要注视来球，步伐要灵活，调整能力要强。助跑的步数要根据球的远近和个人习惯，可以采用一步法、两步法、三步法或多步法。

3. 起跳　起跳的目的一是获得高度；二是掌握扣球的时机和选择最佳的击球位置。

在助跑跨出最后一步的同时，两臂绕体侧向后引，在左脚并上踏地制动的过程中，两臂自后积极向前摆动，随着双腿蹬地向上起跳，两臂也配合起跳，有力地向上摆动。在助跑制动之后，向上摆臂的同时，两腿猛力蹬地向上起跳。

4. 空中击球　击球是扣球的关键。空中击球动作的好坏直接影响扣球的质量。起跳后，要挺胸展腹，上体稍向右转，右臂向后上方抬起，身体呈反弓形。挥臂时，迅速转体，以收腹动作发力，依次带动肩、肘、腕各部关节成鞭甩动作向前上方挥动，使全身的协调用力集中于手上，以加大击球力量。击球时，五指微张呈勺形。以全手掌包满球，以掌心为击球中心，击球的后中部。同时主动用力屈腕、屈指推压，使扣出的球加速上旋。击球点在起跳的最高点或手臂伸直最高点的前上方。

5. 落地　落地时应尽量争取双脚同时着地，随势屈膝，收腹，缓冲下落力量，并立即做好下一个准备动作。

六、拦网

集体拦网

拦网分为单人拦网和集体拦网两种。两者对个人的技术要求是相同的，只是集体拦网需要注意相互间的协作与配合。

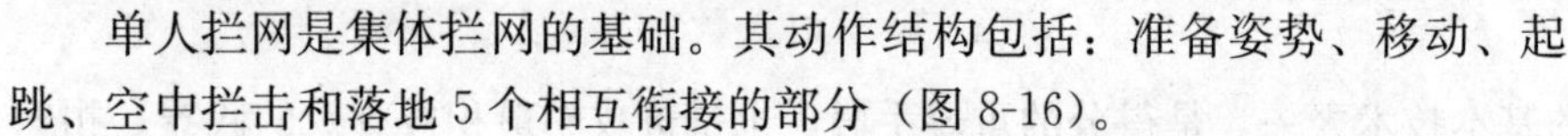

单人拦网是集体拦网的基础。其动作结构包括：准备姿势、移动、起跳、空中拦击和落地 5 个相互衔接的部分（图 8-16）。

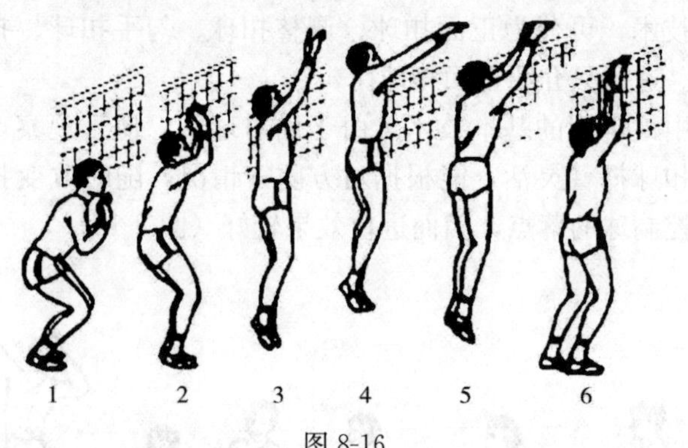

图 8-16

单人拦网

1. 准备姿势　目的是便于起跳和迅速向两侧移动。队员面对球网，两脚平行开立，约与肩同宽，距网 30～40cm。两膝稍屈，两臂在胸前自然屈肘。

2. 移动　为了及时对正扣球，可根据各种情况采用并步、交叉部、滑步、跑步等移动步法。移动后，必须做好制动动作。最后移动两脚着地时，脚尖要尽量转向网。保持垂直向上起跳，避免触网或过中线犯规。

3. 起跳　原地起跳时，重心降低，两膝弯曲，用力蹬地，使身体垂直起跳。

4. 空中拦击　起跳时，两手从额前贴近并平行于球网，向网上沿的前上方伸出。两臂伸直，两肩尽量上提，两肩保持平行。拦网时两臂尽力过网，伸向对方上空。两手接近球，并自然张开，屈指、屈腕呈勺形。当手触球时，两手要突然张紧，手腕用力下压，盖住球的前上方。手腕要主动用力盖帽捂球，使球反弹角度小，对方不易防守。

选择拦网的时间与部位。拦网起跳时间必须掌握好，这是拦网成功与否的决定因素。可根据对方二传球的高低、远近、快慢以及扣球队员起跳时间和动作的特点来综合判断。

5. 落地　如已将球拦回，则可面对对方，屈膝缓冲，双脚落地。如未拦到球，则在下

落时就要随球转头面向后场，准备接应来球或做下一个准备动作。

第三节　排球运动基本战术

排球战术是队员在比赛中根据排球规则、排球运动规律以及双方的具体情况和临场的发展变化，采取的有目的、有预见性的行动和技术配合。

一、阵容配备

阵容配备是合理的适合本队队员的一种组织手段，其目的在于把全队的力量组织起来，最大限度地发挥每一个队员的特长和作用。

阵容配备主要有“4-2”和“5-1”配备两种。

1. “4-2”配备（图 8-17）　安排 4 个进攻队员和 2 个二传队员，4 个进攻队员中又分为 2 个主攻、2 个副攻，他们都站在对角位置上。这样前后排都能保持 1 个二传队员和 2 个进攻队员，便于组织多种进攻战术，这种配备在一般水平的球队中被采用得较多。

2. “5-1”配备（图 8-18）　安排 5 个进攻队员和 1 个二传队员，其目的是加强拦网和进攻力量，如全队队员扣球、传球和防反技术较全面时，这种配备采用较多。

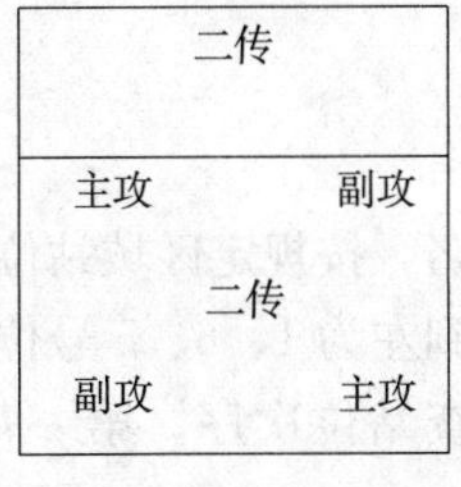

图 8-17

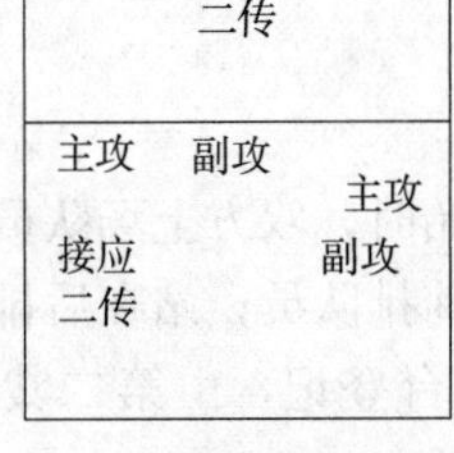

图 8-18

二、进攻战术

1. “中一二”进攻战术（图 8-19）　3 号位队员任二传手将球传给 2、4 号位队员进攻。这种进攻配合分工明确，战术简单，易组织，是最基本的进攻战术，适宜于初学者。

2. “边一二”进攻战术（图 8-20）　接发球时，把球传给前排 2 号位队员，由他传给 3、4 号位队员扣球，这种进攻配合就是“边一二”进攻战术。

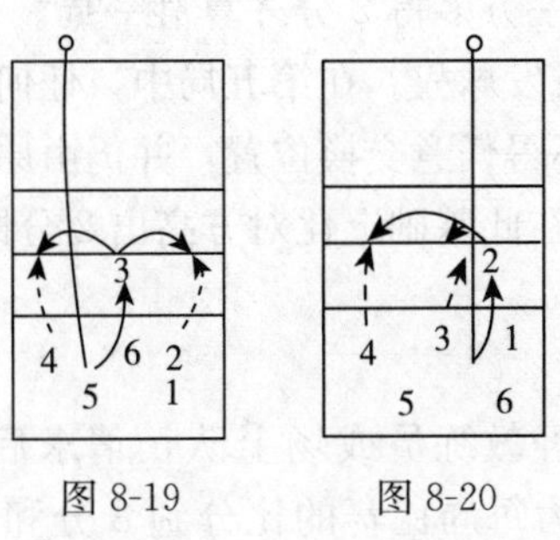

图 8-19　图 8-20

“中一二”
进攻战术

三、防守战术

1. 单人拦网的防守战术　在对方扣球力量小、路线变化小时采用。其他队员呈扇形队形进行保护，中间一位队员负责防对方吊球。

2. 双人拦网的防守战术　在对方进攻较强、路线较多、为了加强本方防守反攻的情况下采用。其他队员采用“心”跟进队形或边跟进队形进行防守。

第四节　排球运动竞赛规则简介

一、场地

（1）比赛场地长 18m，宽 9m，两边的长线为边线，两边的短线为端线；球场四周至少在 2m 内不得有障碍物，把 18m 球场分成均等的两个区，中间画一条线称中线，在离中线 3m 的两个区各有一条平行线为限制线（或称 3m 线），在两边端线全长各画有 9m 距离的发球区。

（2）球网长 9.5m，宽 1m。在 9m 处，球网的两边各有两条标志带和两根标志杆，杆长 1.8m。

（3）球网高度女子为 2.24m，男子为 2.43m。

二、比赛规则

（1）在每场比赛开始时，双方上场队员各 6 名，按规定区域站位，站在靠近网前从右到左依次为 2、3、4 号位前排队员；站在后排从右到左为 1、6、5 号位。比赛开始前，教练将上场队员号码表交记录台登记，由第二裁判检查站位次序。第一裁判鸣笛开始后，不得更改。

（2）比赛采用每球得分制，比赛开始先由发球队的 1 号位队员在发球区发球，如果发球直接落在对方场地上或接球方失误，则发球方得 1 分继续发球。如发球失误就失去发球权并失 1 分，由对方 2 号位队员发球，并依次按顺时针方向轮转发球。

（3）在比赛过程中，球不准落地，每队最多允许 3 次击球（拦网除外），将球击到对方场地，同时每个队员不准连续触球 2 次（拦网除外）。

（4）正规比赛每场为五局三胜制，全场采用每球得分制，前四局某队先得 25 分为胜一局，如遇双方均得 24 分，需有一方多得 2 分才算胜一局。若双方在各胜两局时，则第五局为决胜局，必须重新选择场地或发球权。在第五局中，任何一方先得 8 分时，两队应交换场地，在交换场地后，双方队员不得任意交换位置，并仍由原发球一方继续发球。在第五局比赛中，一方只需达到 15 分，或在此基础上比对方高出 2 分即获胜。

三、其他规则

1. 暂停　只有在死球时，经教练员或场上队长请求后，裁判员才准予暂停。每局比赛每队有 1 次自由暂停，另外为每局比赛的比分到 8 分和 16 分时，有 2 次暂停。决胜局每队各有 2 次自由暂停的机会。教练员可以在不影响正常比赛的情况下进行指导。

2. 换人

(1) 只有在死球时，经教练员或场上队长请求后，裁判员才准予换人，在裁判员的准予下，当一名队员离开场地后，替补的1名队员才能进场接替其位置。

(2) 每局比赛，每队最多可换6人次。这6人次可同时替换，也可分开替换。

(3) 每局开始上场队员只能退出比赛1次，在同1局中，同1人若再次上场比赛，只能回到原来轮次的位置上。

(4) 替补队员每局只能上场比赛1次，替补队员可以替换任何一位队员；但在同一局中，他只能由被他换下的队员来替换。

(5) 自由防守人不受正常换人的限制，但不能影响比赛的顺利进行。

3. 过中线犯规 比赛进行中，队员身体的任何部分都不允许越过中线接触对方场区，但队员的1只或两只脚在接触对方场区的同时，脚的一部分还接触中线或置于中线上空，不判为犯规。

4. 进攻性击球 队员直接向对方击球，即进攻性击球。后排队员进攻性击球时，队员的起跳脚不得踏及或超过限制线（3m线），也不能踏及或超过限制线的延长线，进攻性击球后，允许队员落在前场区内。

5. 持球 队员没有将球清晰地击出，或接触球时有较长时间的停留。

6. 连击 1名队员不得连续触球两次（拦网除外）。

7. 对位置错误的判断（限在发球时） 队员在场上的位置，应根据脚的着地部位来确定：每一名前排队员一只脚的某部分，必须比同列后排队员的双脚距离中线更近；每一名左、右边的队员（前排或后排）一只脚的某部分须比同排队员的双脚距离同侧边线更近。

8. 拦网犯规 一名或更多的前排队员（拦网队员），在靠近球网处阻拦对方来球时，球可以触及身体任何部位，只要不妨碍对方击球，可以将手或手臂伸过球网。但下列情况则判为犯规：①在标志杆外的对方空间进行拦网并触球。②对方击球前或击球时，在对方场区空间内妨碍对方。③后排队员参加拦网并起到拦网作用。

第九章

足球运动

第一节　足球运动概述

足球是以脚为主支配球，并把球射入对手球门的集体性、对抗性、技能性较强的一项球类运动。它是世界上开展最广泛、国际交往最频繁、影响力最大的竞技运动项目。

古代的足球运动起源于中国，早在战国时期，中国就有了足球运动——蹴鞠。唐代时，蹴鞠运动最为盛行，比赛形式多种多样。而到了宋代，蹴鞠运动逐渐衰退。现代足球起源于英国，1863 年，在伦敦成立了第一个足球运动组织——英格兰足球协会，标志着现代足球运动的形成。1864 年，英国剑桥大学为了适应本国各学校比赛而综合制定了一个简单的规则，当时被称为剑桥大学规则，这也是世界足球史上第一部较为统一的足球规则。1885 年，英格兰首创了职业足球俱乐部，并合法化。此后，职业足球俱乐部在奥地利、西班牙、意大利、匈牙利等国家纷纷成立并合法化。1904 年 5 月 21 日在法国巴黎，法国、瑞士、瑞典、比利时、西班牙、荷兰、丹麦等国的有关人士聚集一堂，发起成立了国际性足球组织——国际足球联合会（FIFA），从此促进了现代足球运动的蓬勃发展。

1928 年，国际足球联合会在荷兰首都阿姆斯特丹举行会议，决定每 4 年举行一届世界杯足球赛，并规定每届比赛与奥运会相间进行。1930 年第 1 届世界杯足球赛在乌拉圭首都蒙得维的亚举行，到 2018 年共举行了 21 届。因第二次世界大战，世界杯足球赛中断了 12 年，直到 1950 年才恢复举行第 4 届比赛。另外，除世界杯足球赛和奥运会足球比赛外，各大洲都举行区域性的国际比赛，如亚洲杯足球赛、亚洲运动会足球赛、亚洲青年足球赛等，可见足球运动是一项深受各国人民喜爱的运动。

中国的现代足球运动是 19 世纪末和 20 世纪初发展起来的。1908 年，中国成立了第一个足球运动组织——南华足球会。1936 年和 1948 年，中国足球队参加了第 11 届和第 14 届奥运会足球比赛。1955 年中国足球协会成立。从 1956 年起，中国足球运动实行甲、乙级联赛制度，同时，还实行运动员、裁判员等级制度。直到 1993 年，中国的足球竞赛体制才开始改革，实行职业联赛，原有足球队进行了职业俱乐部的重组。2002 年，第 17 届世界杯足球比赛中，中国男子足球队第一次历史性地取得了决赛资格。随着男子足球运动的发展，女子足球运动也逐渐发展起来。中国女子足球队于 1996 年获得第 26 届奥运会女足亚军，1999 年获得第 3 届女足世界杯亚军。

第二节　足球运动基本技术

足球运动技术是运动员在足球比赛中所采用的合理行动和动作方法的总称，包括无球技术和有球技术两部分。无球技术分为起动、快冲、跳跃、急停、转身和假动作。有球运动分为颠球、踢球、接球、顶球、运球与运球过人、抢截球、掷界外球、射门等。

一、颠球

颠球是指队员用身体的各个有效部位连续地触击球，并加以控制尽量使球不落地的技术动作。其作用是使队员具有良好的传、运、控球的能力，同时也是熟悉球性的练习方法。颠球技术包括脚背正面、脚内侧、脚外侧和大腿及头胸等部位的颠球。

（一）脚背正面颠球

动作要领：支撑脚微屈，颠球腿的膝、踝及大小腿适当放松，用脚背正面触及球的中下部（图 9-1）。

图 9-1

脚背正面颠球

（二）脚内侧颠球

动作要领：支撑腿微屈，颠球腿屈膝盘腿，脚踝内翻，膝、踝适当放松，用脚弓击球的中下部（图 9-2）。

图 9-2

脚内侧颠球

（三）大腿颠球

动作要领：支撑腿微屈，颠球腿屈膝，大腿向上摆动，用大腿的中部击球的中下部（图 9-3）。

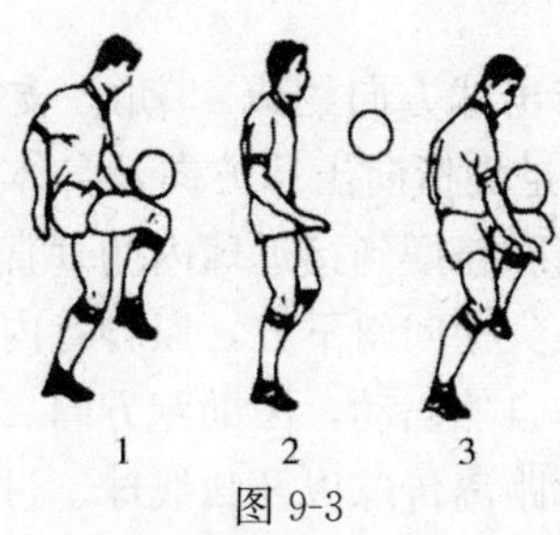

图 9-3

大腿颠球

二、踢球

踢球是指用脚的不同部位将球击向预定的目标，踢球的方法主要有脚内侧踢球、脚背正面踢球、脚背内侧踢球和脚背外侧踢球。踢球技术一般包括助跑、支撑脚站位、摆腿、击球、随前五个步骤。

（一）脚内侧踢球

动作要领：踢定位球时，正面直线助跑，最后一步稍大，支撑脚踏在球的侧方 10～15cm 处，足尖正对出球方向，膝关节微屈。与此同时摆动腿以髋关节为轴，大腿带动小腿由后向前摆动，在前摆过程中髋关节、膝关节外展，足尖翘起，脚掌与地面平行，用脚内侧（足弓部位）击球的后中部。在击球的刹那身体稍前倾，踝关节紧张，足跟前送，两臂配合协调摆动，将球击向预定目标（图 9-4）。

图 9-4

脚内侧踢球

（二）脚背正面踢球

动作要领：踢定位球时，直线助跑，最后一步稍大，支撑脚积极地以脚跟先着地，踏在球的侧后方 10～15cm 处，膝关节微屈，足尖正对出球方向，摆动腿以膝关节为轴，大腿带动小腿屈腿积极向前摆动，当膝盖摆至接近球的后上方时，小腿做爆发式的前摆，使膝盖处在球的正上方时用脚背正面击球的后中部。击球时脚面绷直，踝关节紧张，上体稍前倾，两臂配合协调摆动（图 9-5）。

图 9-5

脚背正面踢球

（三）脚背内侧踢球

动作要领：踢定位球时，斜线助跑，助跑方向与出球方向约成 45°角。支撑脚外侧积极着地，踏在球的侧后方 25～30cm 处，膝关节微屈，足尖指向出球方向，身体稍向支撑脚一侧倾斜并转向出球方向，大腿带动小腿积极前摆，当膝盖摆到接近球内侧垂直方向时小腿加速前摆。同时足尖稍外转，脚面绷直，脚趾扣紧，足尖指向斜下方，以脚背内侧击球的后中部。踢球后，踢球腿随球继续前摆，两臂随踢球动作自然摆动，因助跑方向、支撑腿立足选位灵活性较大，出球的变化幅度也较大，常用于中远距离传球以及弧线球、过顶球和转身踢球（图 9-6）。

图 9-6

脚背内侧踢球

（四）脚背外侧踢球

动作要领：踢定位球时，正面直线助跑，最后一步稍大，支撑脚积极地以脚跟着地，踏在球的侧后方 10～15cm 处，膝关节微屈，足尖正对出球方向，摆动腿以髋关节为轴，大腿带动小腿屈膝积极向前摆动，当膝盖摆到接近球的垂直上方时，小腿加速前摆，同时足尖内转，脚面绷直，脚趾扣紧，足尖指向斜下方，用脚背外侧击球的后中部。踢球后，踢球腿随球向前继续摆动，两臂配合踢球动作协调摆动。由于脚踝灵活性大，摆动腿方向变化多，因此隐蔽性强，对方不易判断。常用于踢各种距离的弧线球、过顶球和弹拨球等。

脚背外侧踢球

三、接球

接球是指有目的地用身体的合理部位将运行中的球接在所控制的范围之内。常用的接球方法有脚内侧接球、脚底接球、脚背正面接球、脚背外侧接球和胸部接球。

（一）脚内侧接球

动作要领：接地滚球时，身体正对来球方向，支撑脚的脚尖与来球方向一致，膝微屈。接球腿提起屈膝外转并前迎足尖稍翘起，使足内侧对准来球，在脚与球接触前的刹那开始后撤，以缓冲来球的力量，把球接在便于衔接下一个动作的控制范围内。

接反弹球时，支撑脚跨步落在落球点的侧前方，膝关节微屈，上体稍前倾并转向接球方向。接球脚提起，踝关节放松，脚内侧对准球的反弹方向，当球刚弹离地面时，用脚内侧推压球的中上部，将球接在便于衔接下一个动作的控制范围内（图 9-7）。

图 9-7

（二）脚底接球

动作要领：接地滚球时，身体面对来球方向，当球接近体前，支撑脚踏在球的侧后方，足尖正对来球，膝关节微屈，接球脚抬起，膝弯曲，脚跟离地低于球，脚尖翘起高于球，当球刚刚接触脚掌时，脚掌轻轻下压球的中上部，将球接于脚下。

接反弹球时，支撑脚踏在球落点的侧后方，膝关节微屈以维持身体平衡。接球腿膝关节弯曲，足尖翘起，前脚掌对准球的反弹方向，在球弹离地面的一刹那，用接球脚的前脚掌触球的后上部并下压，将球接在脚下（图 9-8）。

图 9-8

（三）脚背正面接球

动作要领：接球前，身体面对来球，支撑腿微屈维持身体平衡。接球腿屈膝抬起，小腿前伸主动迎球，用脚背正面接触球的底部。在脚背触球前的一刹那，小腿下撤以缓冲来球力量，同时膝关节和踝关节放松，将球接于体前适当的位置。

（四）脚背外侧接球

动作要领：接地滚球时，接球脚稍提起，膝关节和脚内转，用脚背外侧对准来球，在支撑脚的前侧方接触球的侧后方，脚与球接触的刹那向外侧轻拨，将球停在侧方或侧前方。

接反弹球时，面对来球，支撑腿的膝关节微屈，接球脚在支撑脚前方稍提起，脚内翻，使小腿与地面成一定角度，踝关节放松，当球刚反弹起时，用脚背外侧触球的侧上部，将球接于体侧。

（五）胸部接球

动作要领：挺胸接球时，身体正对来球，两脚前后开立，两膝弯曲，上体后仰，重心落在两腿之间，两臂自然张开，微收下颌，在球运行到胸部接触的刹那，两脚蹬地胸部上挺，憋气，使球触胸后向前上方弹起，改变运行方向然后落于体前（图 9-9）。收胸接球时，身体正对来球，两脚前后开立，两臂自然张开，重心前移，挺胸迎球，在球运行至胸部接触前的刹那，重心迅速后移，收胸、收腹以缓冲来球力量，将球停于体前（图 9-10）。

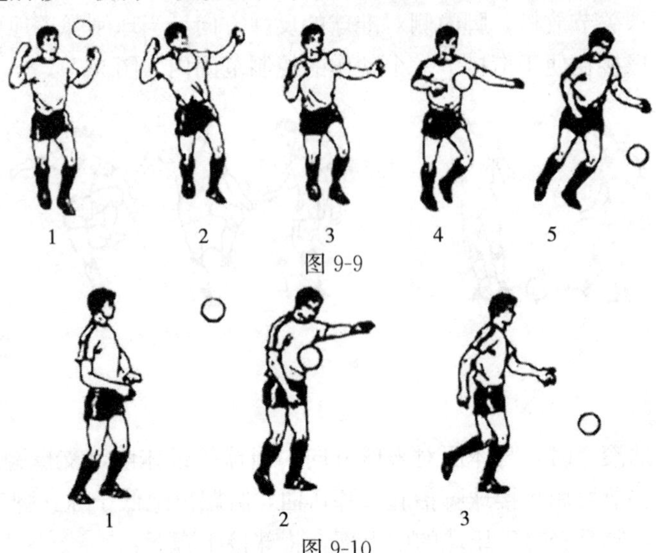

图 9-9

图 9-10

四、顶球

顶球是足球技术中不可缺少的一项技术，它是争空间、抢时间、取得空中优势的有效手段，顶球是有目的地运用头的前额部位直接处理空中球的基本技术。顶球的准确性取决于头触球的部位和用力方向，而出球力量的大小，则取决于来球的力量、顶球的时间、头触球的部位以及全身的协调用力。

（一）原地正向顶球

动作要领：身体正对来球，两脚前后开立，膝关节微屈，上体后仰，两臂自然张开，重心落在后腿上。在球运行到身体垂直部位前的瞬间，两腿蹬地，上体前摆，用前额正面顶球的后中部，触球时，颈部紧张用力，收下颌，顶出球后，上体前摆（图 9-11）。

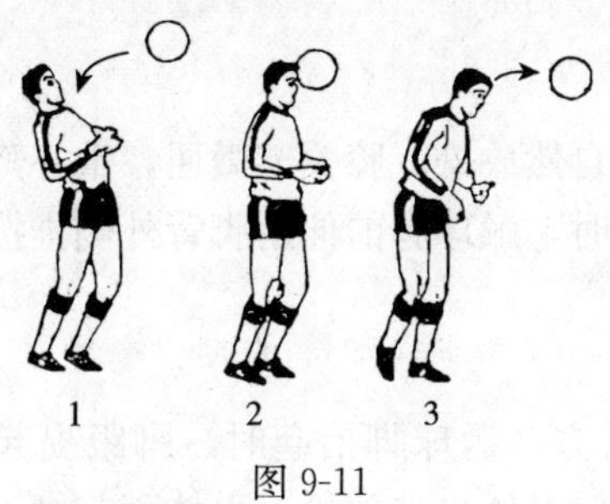

图 9-11

原地前额正面顶球

（二）跳起正向顶球

动作要领：跳起顶球时应注意判断好球的运动路线。助跑后双脚或单脚起跳，身体在空中呈反弓形，当身体上升到最高点、球运行到身体的垂直位置时，收腹使上体前摆，用前额正面将球顶出。随后两脚落地屈踝、屈膝缓冲。

助跑单脚起跳前额正面顶球

（三）侧向顶球

动作要领：原地侧向顶球和跳起侧向顶球的准备动作和出球后的动作与正向原地和跳起顶球的动作是一样的，只是身体动作有所不同。侧向顶球时，上体和头部要稍向出球的相反方向侧屈，当球运行到出球方向同侧肩的上方时，上体向出球方向摆动，用前额的正面顶球的后中部，将球顶出，随后身体自然摆动（图 9-12）。

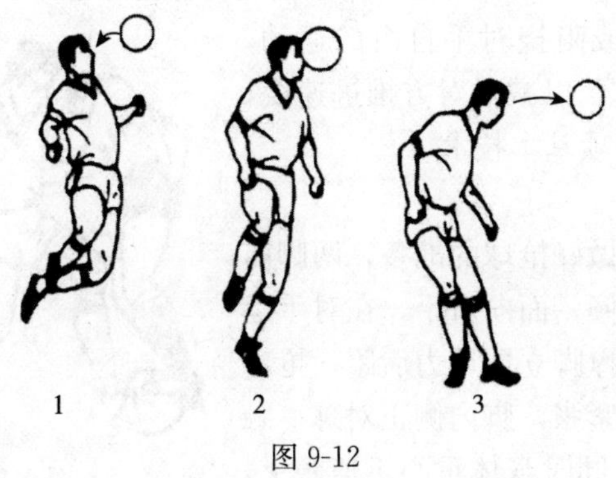

图 9-12

原地前额侧面顶球

五、运球与运球过人

运球与运球过人是指运动员有目的地用脚的各个部位连续推拨球，使球处于自己控制范围内的触球动作。它是运动员个人控球能力和个人进攻能力的体现，也是实施集体战术的基础之一。特别是运球过人技术增添了比赛的魅力，丰富了战术的内容，发挥了个人的技能。在比赛中，我们要鼓励运动员勇于逼近对手运球过人的行动。

运球时的常用动作

（一）脚背内侧运球

动作要领：运球时，跑动的步幅要小，身体自然放松，膝关节微屈，重心降低，触球脚脚跟提起，脚尖稍向外展，膝关节稍向外转，触球时，触球脚前伸用脚背内侧推拨球，随后前脚掌着地自然跑动。

（二）脚背外侧运球

动作要领：运球时，跑动的步幅要小，身体自然放松，膝关节微屈，重心降低，触球脚脚跟提起，脚尖稍向内扣，膝关节稍内转，触球时，触球脚前伸用脚背外侧推拨球，随后前脚掌着地自然跑动。

（三）脚背正面运球

动作要领：运球时，支撑脚保持在球的侧后方，运球脚抬起时，脚跟提起，足尖稍内转，迈步前落地，用脚背外侧推拨球，向前跑动时身体自然放松，上体稍前倾，两臂自然摆动（图 9-13）。

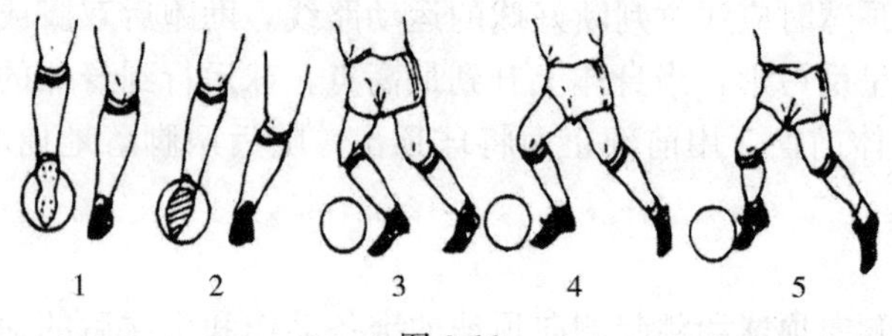

图 9-13

脚背正面运球

六、抢截球

抢截球是积极防守中的一种有效手段，其目的是将对手控制的球抢夺过来转守为攻。抢截球是占据有利位置，封堵球的去路或阻挠对手自由的运动，是运用身体的不同部位所做的合理动作，以减慢对方推进速度，把对手控制的球夺过来或者破坏掉的一项基本技术。

（一）正面跨步抢球

动作要领：抢球前迅速靠近对方，做好抢球的准备，两脚前后开立，两膝微屈，重心下降，体稍前倾，面向对手，在对手运球脚触球后即将着地或者刚着地时，支撑脚立即用力后蹬，抢球脚疾步跨出，膝关节弯曲，踝关节保持紧张，脚内侧正对球，触球后用力提拉，使球从对方脚背滚过，同时身体重心迅速跟上，把球控制好，若离球稍远抢不到球，可用脚尖捅抢（图 9-14）。

图 9-14

（二）正面倒地铲球

动作要领：两脚前后开立，两膝弯曲，身体重心下降放在两脚间，面向对手，在对方运球脚触球后即将着地或刚着地时，一脚立即用力后蹬，另一脚沿地面向前滑铲，同时上体侧转后仰倒地，蹬地面呈弧形扫踢球将球留下或破坏掉，铲球后屈肘用手扶地或接着侧滚。

（三）侧面抢球

动作要领：与运球者平行跑动，待对方远离自己身体一侧的脚落地时，利用合理冲撞动作使其失去平衡而离开球，乘机将球控制起来，在冲撞时要降低身体重心，靠近对方一侧的手臂要紧贴身体。

（四）侧后铲球

动作要领：同侧脚铲球时，在运球者侧后跑动，在对方拨出球的一刹那，后脚用力蹬成跨步，上体后仰，前脚以脚外侧沿地面向外侧滑出，用脚背或脚尖将球踢出或捅出，接着小腿外侧，大腿外侧和臂部依次着地（图 9-15）。

图 9-15

（五）截球

动作要领：截球是指比赛中两名队员传球时，对方队员使用踢球、顶球、铲球或停球等技术动作把球断下来或破坏掉。它根据临场需要选择使用某种动作，对于对方的传球射门等截球时，需要用踢球、顶球或铲球等动作来完成，而对于使球处于自己控制之下的截球，则需要用接球动作来完成。

七、掷界外球

掷界外球是指比赛中，当球的整体从地面或空中越过边线，比赛成死球的情况下，按规则需要用手掷球来恢复比赛的方法。同时它又是一次很好地组织进攻的机会，尤其在对方罚球区附近掷界外球，其威胁更大。若不能很好地掌握这项技术，在掷球时因错误动作而造成违例，便失去一次绝好的进攻机会。因此运动员必须熟练掌握掷界外球技术。

（一）原地掷界外球

动作要领：面对出球方向，两脚前后或左右开立，两膝微屈，上体后仰呈反弓形，重心移到后脚上（左右开立时，重心在两脚间），两手自然张开拇指相对，持球侧后部，屈肘将球举至头后，掷球时后脚（或两脚）用力蹬地，迅速转体、收腹、挥臂，当球摆至头上时用力甩腕，将球掷入场内。在掷球过程中，后脚可沿地面滑动，但两脚均不得离地（图 9-16）。

图 9-16

原地掷界外球

(二) 助跑掷界外球

动作要领：助跑要自然协调，速度快慢由掷球远近决定，助跑时两手持球于胸前，在迈出最后一步时，上体后仰呈反弓形，同时将球举至头后，掷球时用力蹬地，迅速摆体，收腹、挥臂，当球摆至头上方时，用力屈膝，用甩腕和手指的力量将球抛出。

八、射门

射门是指进攻到对方门前时，运用不同脚法（或头顶法）将球踢（或顶）向对方的大门。射门是得分的主要手段，而破门则是比赛的最后目的。但是，射门常常是在与对手激烈的竞争中进行，需要摆脱对方的阻截、冲撞甚至一些不符合规则的粗野动作，这就要求进攻者技术全面、动作快速、真假结合、起脚突然、准确有力和具有良好的射门意识，这样才能抓住战机、破门得分。

第三节　足球运动基本战术

足球运动的战术分为进攻战术和防守战术两大类，这两大类战术又可分为个人战术、局部战术、全队战术和定位球战术等。

一、足球运动的进攻战术

(一) 个人进攻战术

1. 摆脱与跑位　每当队员得球时，都要发动进攻，同队队员要迅速摆脱对手，或制造宽度造成空当，给有球同伴创造传球路线，以更好地进攻。摆脱对手紧逼，可采用突然启动、急停、突然变向、变速和假动作等，跑位就是有目的地跑向有利位置或空当。

2. 传球　传球是配合的基础，是完成战术配合创造射门机会的主要手段。选择目标，把握时机，控制力量与方向是传好球的重要环节。

运球过人假动作

3. 运球过人　运球过人是进攻战术中一种重要的个人战术。运球过人是调动、扰乱对方防线，造成以多打少，觅得传球空当，突破密集防守，获得射门机会的有效手段。

4. 射门　射门是一切战术配合的最终目的。射门要准确、突然、有

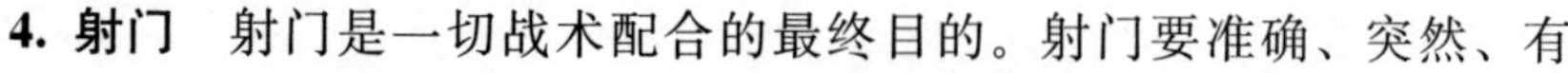

力，其中准确是关键。

斜传直插
“二过一”

（二）局部进攻战术

局部进攻战术主要是采用“二过一”的方法突然突破对方的防守。“二过一”又可以分为斜传直插、直传斜插、踢墙、反切、交叉5种方式。并且在“二过一”的基础上还可以做到三打一、二打二、三打二、四打二等局部进攻。这些方法就是要通过两三个以上的队员的传切配合达到局部突破对方防守的目的。

（三）全队进攻战术

直传直插
“二过一”

全队进攻战术由个人进攻战术及局部进攻战术组成。全队进攻战术的具体打法千变万化，大致可将其归纳为两类，即边路进攻和中路进攻。一次完整的进攻由发动、发展和结束3个阶段组成。

1. 边路进攻　边路进攻是指在对方半场侧面地区发起的进攻。主要包括边锋或边前卫在边路利用个人技术突破传中或突破里切的进攻方式、边锋与中锋或前卫用“二过一”突破传中或里切传给插上接应者的进攻方式和采用边路斜线传中的进攻方式。

回传反切
“二过一”

2. 中路进攻　中路进攻是在对方半场中间地带发起的进攻，中路进攻的主要方式有回传反切配合进攻和传切插上配合进攻。

（四）定位球进攻战术

有时一场比赛的胜负往往决定于定位球战术使用得当与否。定位球可分为角球、任意球、中圈开球、掷界外球、球门球、点球等。

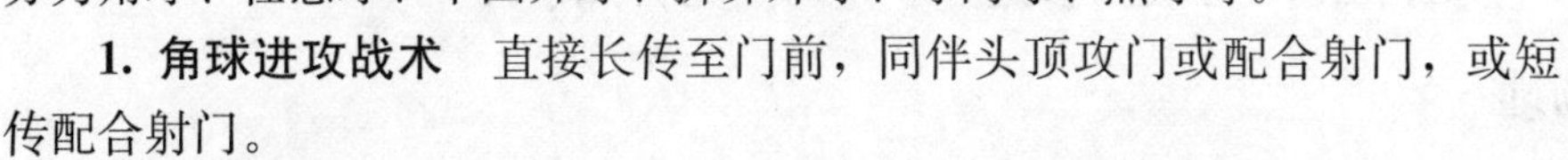

1. 角球进攻战术　直接长传至门前，同伴头顶攻门或配合射门，或短传配合射门。

2. 任意球进攻战术　在中、后场的任意球，一般要求传球队员快速准确地传球，以便迅速将攻势推进至前场。采取的方法有直接射门和传接配合射门。

3. 中圈开球进攻战术　利用对方比赛刚开始思想不集中、队员站位不好、出现明显空隙时，采用长传突袭，使对方措手不及。也可利用开球进行控制球，通过传球配合寻找进攻机会。

4. 掷界外球进攻战术　由接球队员直接回传给掷球队员，掷球队员组织进攻，或跑动摆脱拉出空当。

二、足球运动的防守战术

（一）个人防守战术

个人在防守中，首先，要选好防守的位置，选位的原则是将自己置于对手和本方球门中心的连线上，其次，人盯人。对方有球或有威胁时，应采用紧逼盯人的方法；对方无球或无威胁时，应采用松动盯人的方法。

（二）局部防守战术

在比赛中，局部地区相临近的几个防守队员相互协作地防守配合，通过防守队员彼此之间的相互补位，交换防守，可以有效地遏制或破坏对方的进攻，从被动局面转化为主动局面。

（三）全队防守技术

1. 盯人防守 盯人防守是指除拖后中卫和守门员外，场上其他人每人盯死一个对手，不给其时间、区域得球的自由防守方法。

2. 区域防守 区域防守是指每个防守队员负责自己固定的防守区域，在此区域内盯住对手。

3. 混合防守 混合防守是指盯人防守与区域防守相结合的防守方法。全队防守的重点是集体配合得是否及时、准确、协调和安全等。

三、足球比赛阵形

比赛场上队员位置的排列形式和职责分工称为比赛阵形。队员的排列层次分为后卫线、前卫线和前锋线。守门员的职责固定，不计在内。

随着足球运动技术、战术的发展以及规则的调整，比赛阵形也在不断演变，目前主要采用“4-3-3”“4-4-2”及“5-3-2”阵形。

（1）“4-3-3”式阵形。由 4 个后卫、3 个前卫和 3 个前锋组成。

（2）“4-4-2”式阵形。该阵形是由“4-3-3”式阵形变化来的，它是将 1 名前锋撤到中场，由 2 名前锋突前而形成的。

（3）“5-3-2”式阵形。“5-3-2”式阵形是由“4-4-2”式阵形变化来的，它是由 1 名前卫回撤到后卫线成为盯人中卫而形成的。

第四节 足球运动竞赛规则简介

一、比赛场地

足球比赛场地必须是长方形场地，在场地中设有宽度不超过 12cm 的各种标准线，正式国际比赛场地长 100～110m，宽 64～75m。球门两柱内沿相距 7.32m，横木下沿距地面 2.44m。球门柱宽不超过 12cm。球场由中线将场地分为两个半场，以中心为圆心、9.15m 为半径在中场划出中圈；每个半场有一个球门区、罚球区、罚球弧、点球点；点球点距端线 11m；场地四角有四个角球区。

二、比赛用球

比赛用球的球体要圆，球的周长为 68～70cm，质量为 410～450g，充气后压力为 600～1100kPa。比赛用球至少应准备两个，如果在比赛中球爆破或漏气，比赛应暂停，待换新球后，在暂停时球所在地点用坠球方法恢复比赛。

三、队员人数、装备

每队上场队员不得超过 11 人，其中必须有 1 人为守门员。在比赛开始或比赛进行中，如果某队队员不足 7 人时，比赛不能进行。

每队队员服装必须颜色一致，守门员服装颜色应与其他队员有明显不同。正式比赛必须戴护腿板，穿足球鞋。

四、比赛时间

正式比赛时间为90min。分为上、下半时，各45min，中间休息不超过15min。如果是竞赛规程规定要决出胜负的比赛，90min踢成平局，要加时30min。在加时赛前休息10min，并重新选择场地，决胜期时间仍分上、下各15min，中间换场不休息。决胜期的比赛，先进球的一方胜，比赛结束。如双方都未进球，要以罚点球决出胜负。

五、死球

（1）当球的整体从地面或空中全部越出边线或端线，为球出界，即为死球。

（2）比赛进行中裁判员鸣哨即为死球。

六、计分方法

球的整体从两门柱中间、横木下面由空中或地上越过球门线外沿的垂直面，为胜一球。

七、任意球

（1）任意球分为直接和间接两种。直接任意球俗称“一脚球”，直接射门得分有效。在比赛中，队员凡违反有关规定时，在队员犯规地点执行。如在本方的罚球区内违反，则被罚点球。间接任意球俗称“两脚球”，直接射门得分无效。在比赛中主罚间接任意球时，球踢出后只要触及其他任何队员再入球门就算胜一球。

（2）处罚任意球时，被罚队队员必须退出距罚球地点9.15m范围以外。

八、罚点球

（1）执行罚点球时，在球被踢出前，守门员的两脚必须站在球门线上，不得移动。否则，球未踢进，则重罚。

（2）罚点球时，双方队员都应站在禁区和罚球弧外，裁判员鸣哨后，主罚队员方可射门。

九、掷界外球

（1）球越出边线时，由出界前最后触及球队员的对方在球出界处掷界外球。掷界外球时，可以将球掷向场内的任何方向。

（2）掷界外球的方法是，用双手持球于头的后方，面向场内，从头后经头顶用一个完整的动作将球掷入场内。掷球时，不可间断为两个动作，两手力量要平均。不是任球自由下落，要有把球掷出的动作。

（3）掷球时，任何一脚不得全部离地，但允许在地上滑动。

十、球门球

（1）队员将球踢出对方端线，由对方踢球门球。

（2）踢球门球时，必须直接把球踢出罚球区，才算进入比赛。

（3）踢球门球直接射入对方球门不算得分。

十一、角球

当球被防守队员踢出本方端线，由对方踢角球。踢角球时，不得移动旗杆，必须将球放在角区内执行，对方队员应距球 9.15m 以外，踢角球时可直接射门得分。

十二、越位

越位是指越过球的位置，当进攻队员较球更接近对方端线时，他便处于越位位置（在本方半场内或至少有两名对方队员较其更接近于对方端线除外）。

（1）队员处于越位位置后，当同队队员踢或触及球的一瞬间，裁判员认为队员有下列情形时应判罚越位犯规：

①正在干扰比赛和干扰对方。

②正企图从越位位置获得利益。

（2）当队员仅仅是处在越位位置或直接接得任意球、球门球、角球、界外球或裁判员的坠球时，不应被判越位。

（3）队员被判罚越位后，应由对方队员在越位地点罚间接任意球继续比赛。

第十章

乒乓球运动

第一节　乒乓球运动概述

乒乓球运动诞生于英国，因击球和球碰球台时发出“乒乓”的声音而得名。1926 年 12 月，在英国伦敦成立了国际乒乓球联合会，通过了乒乓球比赛规则草案，同时举行了国际乒乓球邀请赛，后被追认为第 1 届世界乒乓球锦标赛。1988 年，乒乓球被列入奥运会的正式比赛项目，大大推动了世界乒乓球运动的进一步发展。

乒乓球被誉为我国的“国球”。20 世纪 50 年代，中国开始登上世界乒坛。从 1952 年第 25 届世界乒乓球锦标赛容国团为中国夺得第一块金牌至今，中国乒乓球队一直雄踞世界乒坛前列，战绩辉煌，英雄辈出。逐渐形成和创造了以“快、准、狠、变”为技术风格的独特的直拍近台快攻打法。20 世纪 70 年代以来，我国近台快攻打法也有一定的提高和发展，如创新了正、反手高抛发球，发展了推挡技术中的加力推、减力推和推挤弧圈球，增加了正手快拉小弧圈、正手快带弧圈球等新技术，这些新技术在历届世界锦标赛中显示了一定的威力。

第二节　乒乓球运动基本技术

基本技术内容讲解全部以右手为例，左手则相反。

一、基本站位与基本姿势

不同打法的基本站位也各不相同。如左推右攻打法在近台、球台左 1/3 处；直拍近台两面攻打法在近台、球台端线中间略偏左处。

弧圈球打法应离台 70～100cm，直拍弧圈球打法在离球台端线偏左 1/3 处，横拍弧圈打法则在稍中间位置。对手是左手握拍，站位应稍向中间移位。对手是弧圈球打法，应稍退后。双方均是削球打法时，基本站位应靠前。本方是近台快攻打法，对方是削球打法时，基本站位应稍向后退一些。

基本姿势为两脚左右开立，约与肩同宽，两膝自然弯曲，稍内收并内旋，前脚掌内侧着地、提踵，重心置于两脚之间。稍含胸收腹，两眼注视来球，执拍手和非执拍手均应自然弯曲置身体前侧方，保持相对的平衡状态（图 10-1）。

图 10-1

二、握拍法

1. 直拍握法 拇指、食指自然弯曲，以拇指第1关节和食指第2关节压住球拍的两肩，两指间距约一指宽。中指、无名指、小指自然弯曲斜形重叠，以中指第1关节偏左侧部托于球拍背面上1/3处，或中指、无名指微屈，同时压住拍面（图10-2）。

2. 横拍握法 虎口压住球拍右上肩，拇指和食指自然弯曲分别握在拍身前、后两面。中指、无名指、小指弯曲握住拍柄（图10-3）。

图10-2　　图10-3

三、步法

1. 步法 步法是指运动员为选择合适的击球位置所采用的脚步移动方法。乒乓球步法包括跳步、单步、跨步、并步、交叉步和小碎步等。

跳步　　单步　　跨步　　交叉步

2. 练习方法

（1）看教师手势。练习者快速变换前、后、左、右移动，要求重心保持在同一水平面上。

（2）采用多球训练法。一组球的单个步法或多种步法组合练习，可逐渐加大供球速度和难度。

（3）观看优秀运动员技术、战术录像。观看步法移动时重心的位置、重心的移动、步法的衔接与运用。

（4）规定步法的次数或组数练习，或规定时间的步法练习。

四、发球技术

在乒乓球比赛中，发球是力争先发制人的第一个环节。发球主要是由抛球和挥拍击球两个动作组成。抛球是前提，击球部位和挥拍方向是决定发球性质的关键，用力大小和第一落点的远近是发球变化的条件。

（一）发球的技术动作

1. 平击发球

（1）特点。平击发球一般不带旋转，它是初学者最基本的发球方法，也是其他发球的基础。

（2）动作要领。

正手平击发球

①正手发平击球。左脚在前，身体稍向右转。左手掌心托球，置于身体右侧，右手持拍也置于身体右侧。发球开始时，持球手将球向上抛起，同时右臂稍向后引拍，在球略高于网时，持拍手从身体右后方向前挥拍，拍形稍前倾，击球的中上部。击球后，前臂和手腕继续随势向前挥动，身体重心移至前脚。击出的球先落在本方台面，弹起后再落到对方台面。

反手平击发球

②反手平击发球。右脚在前，球向上抛起后，右手持拍从身体左后方向前挥动，拍形稍前倾，击球中上部。

2. 反手发急球

（1）特点。球速快，弧线低，前冲力大。以攻为主的运动员用这种发球易发挥速度上的优势，迫使削球运动员后退接球，利于加强攻势。

（2）动作要领。右脚稍前，持拍手位于身前。在持球手将球轻轻向上抛起的同时，持拍手向左后方引拍，拍形稍前倾，用前臂和手腕发力，击球中上部，击球点应与网同高或比网稍低，第一落点靠近本台端线（图 10-4）。

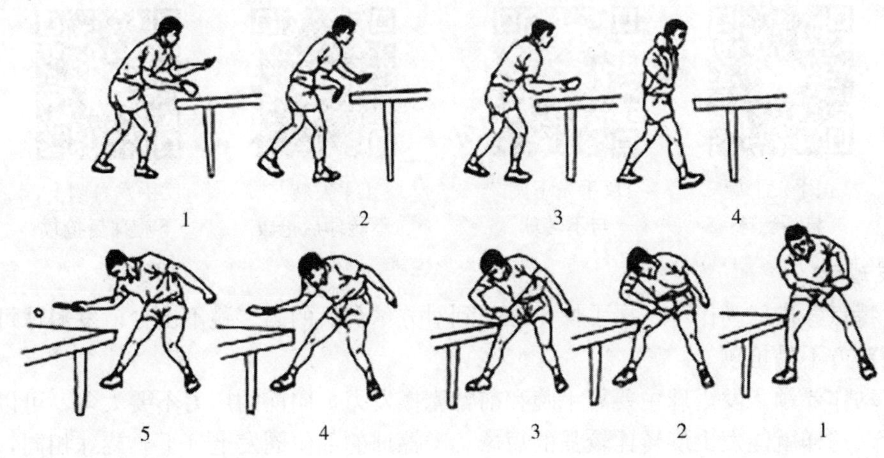

图 10-4

3. 正手发奔球

（1）特点。球速急，落点长，冲力大，球的飞行弧线向左偏斜。从右角发斜线能发出角度较大的球，使对方回球困难，能迫使削球运动员后退接球。

（2）动作要领。将球抛起后，持拍手向后引拍，前臂放松，使球拍顺势下降，好像把球拍在体侧做一次向后的小绕环动作。当球降到约与网同高时，手臂迅速向左前方挥动，拇指压拍，拍面略向左偏斜。拍触球的刹那间，手腕向左上方抖动，使拍从球的右侧向右侧上摩擦，球的第一落点在靠近端线 20cm 处，越网落到对方右角（图 10-5）。

4. 正（反）手发转与不转球

（1）特点。球速较慢，前冲力小。发转球，以旋转变化来迷惑对方，使其回接困难，控制对方攻势；发不转球易使对方接出高球或出界，为进攻创造机会。

（2）动作要领。发下旋短球时，左脚稍前，抛球时将拍引至肩高，手腕略向外展，拍面稍后仰，球回落时，手腕和前臂迅速向前下方发力，摩擦球的中下部。拍触球时手腕的发力

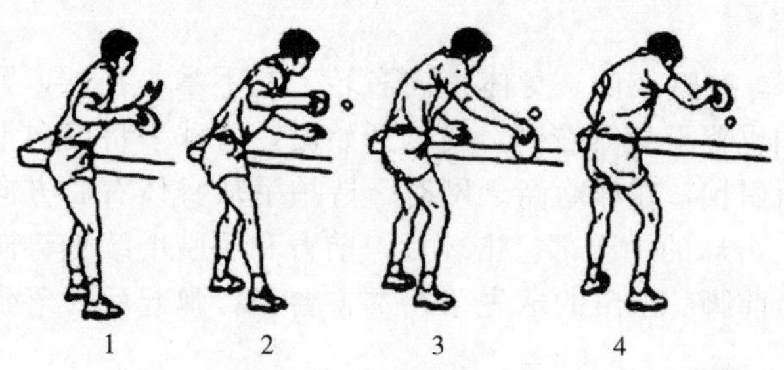

图 10-5

要大于前臂的发力，这样才能发出比较强烈的下旋球。

发不转球与发转球在动作上的区别，在于球拍触球的刹那间减小拍形后仰角度，并稍加前推的力量，使作用力线接近球心，从而形成不转球。

反手发转球与发不转球多用于横拍选手。反手发转球时，拍触球的刹那间拍形稍躺平，从球的中下部向底部摩擦，手腕的发力要大于前臂的发力。反手发不转球时，拍触球的刹那间拍形稍立起，击球的中下部，手臂迅速向前方稍加推的力量将球发出，以前臂的发力为主。

正手发下旋与不转球

反手发下旋与不转球

正手发转与不转球后抢攻

反手发右侧上、下旋球后抢攻

5. 发短球

（1）特点。击球动作小，出手快，球落到对方球台后的第二跳不出台。发短球可以牵制对方，使对方不易抢攻。

（2）动作要领。发短球主要靠手腕和前臂摩擦发力，向前的用力不要太多，可以加上回收的力量。这样就能发出旋转比较强的短球。摩擦球的部位同发上（下）旋球相同，只是要求第一跳弹在本方球台中段，这样更便于发出高质量短球（图 10-6）。

图 10-6

（二）练习方法

（1）徒手做发球前的准备姿势，模仿抛球及发球的动作。

（2）在台前用多球进行发球练习。

（3）先练习发斜线球，后练习发直线球；先练发不定点球，后练发定点球。

（4）练习发各种旋转性能的球。

（5）练习用同一手法发不同旋转和落点的球。

五、推挡球技术

（一）推挡球的技术动作

直拍推挡技术

推挡包括挡球、减力挡、快推、加力推、快挡、推下旋、推挤等技术。

1. 挡球

（1）特点。球速慢，力量轻，动作简单，容易掌握。

（2）动作要领。两脚平行或左脚稍前，身体离球台约 50cm。击球前，前臂与台面平行伸向来球。拍触球时，前臂和手腕稍向前移动，主要是借助对方来球的反弹力将球挡回。在上升期，击球的中部，拍形与台面接近垂直。击球后，迅速收回球拍，还原成击球前的准备姿势（图 10-7）。

图 10-7

2. 减力挡

（1）特点。能减弱回球的力量，前进力弱，一般在对方来球力量较重的情况下使用。

（2）动作要领。站位与挡球相同。在触球刹那，手臂前移的动作要骤然停止，甚至根据来球情况要把球拍轻轻后移，用以减弱来球的反弹力。要使减力挡控制得好，必须善于根据来球力量和上旋强度的大小，调节好拍形角度和掌握好触球瞬间球拍后移的动作（图 10-8）。

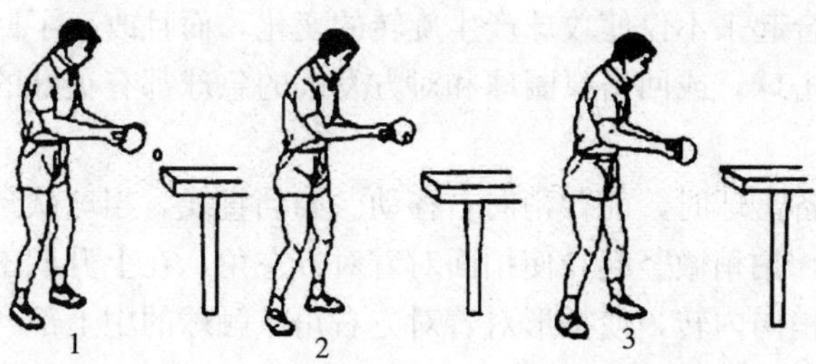

图 10-8

3. 快推

（1）特点。借力还击，回球速度快，力量较轻。在发挥出速度上的优势时能起到助攻作用，落点变化好，能袭击对方空当。

（2）动作要领。左脚稍前，或两脚平行，自然开立，身体离台约 50cm，持拍手上臂和肘关节内收，前臂略向外旋。击球时，前臂开始向前推击，同时手腕外旋，食指压拍，拇指放松使拍形前倾。在上升期，击球中上部，将球快推回去。击球后，手臂继续前送，手腕配合外旋使球拍下压（图 10-9）。

图 10-9

4. 加力推

（1）特点。回球力量重，球速快，击球点较高。充分发挥手臂前推力量，能压制对方攻势，有利于争取主动。

（2）动作要领。加力推的击球时间比快推稍慢一些。在准备推挡时，前臂向后收，使球拍稍微提高一些，并及时根据来球弹起的高度，调整好拍形角度，在上升期后段或高点期击球中上部。主要靠前臂向前推压发力。击球时，拍形应固定，手腕不加转动（图 10-10）。

图 10-10

5. 快挡

（1）特点。这是横拍技术，动作简单，回球速度快。如落点控制好，也能取得一定的主动地位。它与削球结合起来不仅使攻球产生旋转的变化，而且改变了回球的速度，为反攻创造机会。用它来接突击球，或回击弧圈球和对方发来的急球都有很好的效果。

（2）动作要领。

①正手快挡。准备击球时，前臂稍向右移动。如挡直线，当球从台面弹起时，前臂向前迎球，手腕略向外展，拍稍微竖起，使拍面对着对方左角，在上升期击球中上部，拍形稍前倾。如挡斜线，手腕稍向内转，使拍形对着对方右角，触球的中上部（图 10-11）。

图 10-11

②反手快挡。球拍置于身前，前臂自然弯曲。准备击球时，拍稍向后移。如挡直线，当球从台面弹起时，前臂向前迎球，拍形稍前倾，使拍面对着对方右角，在上升期击球中上部。如挡斜线，手腕在触球刹那间稍向外转动，使拍面对着对方左角，触球的左侧上部（图 10-12）。

图 10-12

（二）练习方法

（1）做徒手挡球或推挡球的模仿动作，体会动作要点。

（2）用正反手对墙做挡球练习。

（3）两人在台上对练挡球。不限落点，只要求动作正确并能击球过网。

（4）两人在台上先练挡中线再练挡斜线或直线。要求逐渐加力，主要体会前臂和手腕的推挡动作。

（5）两人在台上做反手推挡斜线练习，逐渐加快，体会快速推挡动作。

（6）一人逐渐加力推挡，另一人用均匀力量推挡，二人轮换。

六、攻球技术

攻球是乒乓球运动中一项重要的技术环节，它包括快攻、远攻、拉攻、台内攻球、扣球、侧身攻球等技术。

（一）攻球的技术动作

1. 正手快攻

正手快攻

（1）特点。站位近，动作小，球速快，借球反弹力还击，能缩短对方准备回击时间，争取主动，为进攻创造条件，也可直接得分。

（2）动作要领。左脚稍前，身体离球台约 40cm。击球前，持拍手臂要向右前伸迎球，前臂自然放松，球拍呈半横状。当球从台面弹起，前臂和手腕向前上方挥动，并配合内旋转腕的动作，使拍形前倾，在上升期击球中上部。拍触球刹那，拇指压拍，同时加快手腕内旋速度，使拍面沿球体做弧形挥动。击球后，挥拍至头部高度（图 10-13）。横拍击球时，手臂要自然弯曲，手腕与前臂近乎成直线并约与地面平行。

图 10-13

前臂和手腕稍向前上方用力，击球时间、部位和拍形与直拍基本相同（图 10-14）。

图 10-14

2. 正手扣杀

（1）特点。动作大，力量重，球速快，攻击性强，在还击半高球时，能充分发挥击球的力量，是得分的一种重要手段。

（2）动作要领。左脚稍前，击球前持拍手臂向右后方引拍，并稍高于台面，球拍呈半横状。当球弹起到高点时，上臂带动前臂由后向前。将触球时，前臂加速用力向左前挥击，手腕跟着转动，在高点期前后击球中上部，拍形稍前倾。球拍触球的刹那间，整个手臂的力量应发挥到最大限度，同时腰部配合向左转动，触球点一般在胸前 50cm 左右。击球后，要随势将拍挥至左胸前，上体左转，重心由后脚移至前脚。

3. 正手拉攻

（1）特点。站位稍远，动作较慢，由下向上挥击，球速不是很快，靠主动发力击球。

（2）动作要领。左脚稍前，身体离球台约 60cm。击球前，持拍手臂向右后下方引拍，球拍比半横状略下垂些，拍形稍后仰。当球从高点开始下降时，上臂由后向前上方挥动，在将触球前，前臂加速用力向左上提拉，同时配合手腕动作向上摩擦球，在下降期击球中部或中下部，拍形接近垂直。遇来球低或下旋较强时，腰部应配合向上用力。击球后，要随势将球拍挥至额前，重心移至左脚（图 10-15）。

图 10-15

4. 反手快拨

（1）特点。动作小，球速快，借来球反弹力还击。在近台快攻中可发挥速度上的优势。它是横拍的一项基本技术。

（2）动作要领。右脚稍前，前臂自然弯曲，将球拍引至腹前偏左处，肘部稍前。当球从台面反弹时，前臂带动手腕向右前方挥动，在上升期击球中上部，拍形稍前倾，借来球反弹力将球拨回。击球后，手腕向前，肘略往后，球拍随势挥至右肩前（图 10-16）。

（二）练习方法

（1）可先根据正反手攻球动作要领做徒手模仿动作练习，体会挥臂手法、腰部扭转和重

图 10-16

心交换等要领。

（2）一人挡球一人练习正（反）手攻球。要求先轻打，再用中等力量打。待稍熟悉后，再练发力攻或快打。

（3）一人推挡球一人练习正（反）手攻球。练习形式有攻斜线、攻中路、攻直线、在1/2球台范围内攻球或在2/3球台范围内攻球。

七、弧圈球技术

（一）弧圈球技术动作

弧圈球是一种上旋力非常强的进攻技术，它的种类很多，包括正手加转弧圈球、正手前冲弧圈球、正手侧旋弧圈球以及反手弧圈球的打法。

正手拉加转弧圈球

1. 正手加转弧圈球

（1）特点。球速较慢，弧线较高，上旋性特强，着台后向下滑落快，回击不当易出界或击出高球，可为扣杀创造机会。

（2）动作要领。两脚开立，右脚稍后，身体略向右转，两膝微屈，重心放在右脚上。准备击球时，持拍手臂自然下垂，并向后下方引拍，右肩略低于左肩，拇指压拍使拍形略微前倾，呈半横立状，并使拍形固定。当来球从台面弹起时，手臂向前上方挥动，前臂在上臂带动下爆发性用力做快收动作。将要触球时，手腕向前上方加力，在球下降期用拍摩擦球的中部或中上部。球拍擦击球时，要注意配合腰部向左上方转动和右腿蹬地的力量。击球后，重心移至左脚。

横拍反手拉加转弧圈球

2. 反手弧圈球

（1）特点。反手弧圈球多为横拍运动员所采用。这种打法由于受到身体的阻挡，手臂力量的发挥受到限制。

（2）动作要领。两脚平行或左脚稍后站立，两膝微屈，重心较低。击球前，将球拍引至腹部下方，腹部略内收，肘部略向前，手腕下垂，拍形前倾。当球从球台弹起时，以肘关节为轴，前臂迅速向上挥动，结合手腕向上转动的力量，在下降期用拍擦击球的中部或中上部。在击球过程中，两腿向上蹬伸。

（二）练习方法

（1）徒手模仿拉弧圈球的动作。

（2）发中路出台的下旋球，另一人练习拉弧圈球。

（3）一人推挡，另一人练习连续拉弧圈球。

八、搓球

（一）搓球的技术动作

搓球是近台还击下旋球的一种基本技术。比赛中经常用它为拉弧圈球创造条件。它与攻球结合可形成搓攻战术。搓球可用于接发球，必要时用它作为过渡。对初学者来说，首先应学反手搓球，其次再学正手搓球，先练习慢搓，再练习快搓。在基本熟悉以上技术之后，再练习搓转与不转的球。

1. 慢搓

（1）特点。动作幅度较大，回球速度稍慢。旋转变化运用得好，可以为进攻创造条件或直接得分。

（2）动作要领。反手慢搓的站位是右脚稍前，身体离球台约 50cm，持拍手臂向左上引拍。击球时，前臂和手腕向前下方用力，同时配合内旋转腕的动作，拍形后仰，在下降后期搓击球中下部。击球后，前臂随势前送。

横拍搓球时，拍形略竖一些，击球后，前臂向右下方挥摆。击球时间、部位和拍形，与直拍基本相同。

横拍反手慢搓

正手慢搓的站位是左脚稍前，身体稍向右转。击球前，手臂向右上方引拍。然后前臂和手腕向左前下方用力搓球，在下降期击球中下部。

2. 快搓

（1）特点。动作幅度较小，回球速度较快，能借助来球的前进力去回击。它是对付削球和搓球的一种方法。

（2）动作要领。右脚稍前，身体靠近球台。来球在身体左侧时，可运用反手搓球。击球时，上臂迅速前伸，前臂跟随向前，拍形稍后仰，利用上臂前送力量，在上升期击球中下部。来球在身体右侧，可以运用正手搓球。搓球时，身体稍向右转，手臂向右前上方引拍，然后前臂和手腕向前下方用力，在上升期击球中下部。

正手慢搓

（二）练习方法

（1）徒手模仿搓球动作。

（2）自己向球台抛球，弹起后将球搓过网。

（3）在接发球时，将球搓回对方球台。

第三节　乒乓球运动竞赛规则简介

一、乒乓球场地与器材规格

赛区应由 0.75m 高的统一深色挡板围起，并与相邻的赛区及观众隔开。每张球台的比赛场地面积为 8m×16m。场地内放有球台、球网、球、挡板、裁判桌、裁判椅、计分器等。球台高 76cm、长 2.74m、宽 1.525m，颜色为墨绿色或蓝色。球网高 15.25cm，台外突出部分长 15.25cm，颜色与球台颜色相同。球体呈白色或橙色，且无光泽，为直径 40mm、质量 2.7g 的硬球。挡板高 0.75m、宽 1.4m 或 2m，颜色与球台颜色相同。

二、乒乓球的比赛规则

（一）合法发球

（1）发球时，球应放在不执拍手的手掌上，手掌张开并伸平。球应是静止的，在发球方的端线之后和比赛台面的水平面之上。

（2）发球员必须用手把球几乎垂直地向上抛起，不得使球旋转，并使球在离开不执拍手的手掌之后上升不少于16cm。

（3）当球从抛起的最高点下降时，发球员方可击球，使球首先触及本方台区，然后越过或绕过球网装置，再触及接发球员的台区。在双打中，球应先后触及发球员和接发球员的右半区。

（4）击球时，球应在发球方的端线之后，但不能超过发球员身体（手臂、头或腿除外）离端线最远的部分。

（二）合法还击

对方发球或还击后，本方运动员必须击球，使球直接越过或绕过球网装置，或触及球网装置后，再触及对方台区。

（三）失分

（1）未能合法发球。

（2）未能合法还击。

（3）击球后，该球没有触及对方台区而越过对方端线。

（4）阻挡。

（5）连击。

（6）用不符合规则条款的拍面击球。

（7）运动员或运动员穿戴的任何物件使球台移动。

（8）运动员或运动员穿戴的任何物件触及球网装置。

（9）不执拍手触及比赛台面。

（10）双打运动员击球次序错误。

（11）执行轮换发球法时，发球一方被接发球一方或其双打同伴，包括接发球一击，完成了13次合法还击。

（四）一场比赛

一场比赛由单数局组成。一场比赛应连续进行，除非是经许可的间歇。单打的淘汰赛采用七局四胜制，团体赛中的一场单打或双打采用五局三胜制。

（五）一局比赛

在一局比赛中，先得11分的一方为胜方，10平后，先多得2分的一方为胜方。

（六）比赛次序

在单打中，首先由发球员合法发球，再由接发球员合法还击，然后两者交替合法还击。

在双打中，首先由发球员合法发球，再由接发球员合法还击，然后由发球员的同伴合法还击，再由接发球员的同伴合法还击。此后，运动员按此次序轮流合法还击。

第十一章

羽毛球运动

第一节　羽毛球运动概述

现代羽毛球运动诞生于英国。1873 年，在英国格拉斯哥郡的伯明顿有一位叫鲍弗特的公爵，在庄园里进行了一次“蒲那游戏”的表演。因这项活动极富趣味性，很快就风行开来。此后，这种室内游戏迅速传遍英国。

羽毛球运动于 1920 年左右传入我国，中华人民共和国成立后，得到迅速发展。自 20 世纪 70 年代以来，我国羽毛球队已跻身于世界强队之列。现代羽毛球比赛分为男子单打、女子单打、男子双打、女子双打和男女混合双打五个单项比赛。羽毛球的技术特点是灵活、快速、多变，因而对运动员的灵敏性、协调性、爆发力、耐力等有较高的要求。作为大众健身活动，羽毛球运动对场地、器材要求较低，只需要有两个人、两只球拍、一个球即可活动。场地可以任意选择一般的大厅、过道、广场、校园、公园等空地。人们通过不同的羽毛球技术练习、游戏或比赛，既能锻炼身体，又能增进人们的相互了解和友谊。

第二节　羽毛球运动基本手法

羽毛球运动是一项技术动作复杂、技术性很强的运动项目。在运动中不仅需要有良好的击球方法，而且还要具备灵活移动的步法。因此，羽毛球运动的基本技术是该项运动的主体，它主要由基本手法和基本步法两大部分组成。基本手法又由握拍法、发球与接发球法和击球法三个技术部分组成，基本步法则由基本站立、上网步法、后退步法、两侧移动步法、起跳腾空步法等组成。

一、握拍法

握拍法是指运动员手握球拍柄的方法。握拍法是羽毛球运动中最基本、最重要的技术，也是掌握和提高羽毛球技术水平的关键。握拍法分为正手握拍和反手握拍两种方法（以下内容均以右手握拍为例）。正手击球时用正手握拍，反手击球时用反手握拍。

1. 正手握拍法　握拍时，先用左手拿住球拍杆，使拍面与地面垂直，再张开右手，使虎口对着拍柄内侧小棱边，拇指和食指贴在拍柄的两个宽面上，食指和中指稍分开，中指、无名指和小指并拢握住拍柄。握拍时掌心稍空出（图 11-1）。

2. 反手握拍法　反手握拍是在正手握拍的基础上，用大拇指和食指将拍柄稍向外转，将大拇指伸直用其第一指节内侧自然顶贴在拍柄内侧的宽面上，食指收回，与拇指同高或略

高于拇指。四指并拢握住拍柄。手心与拍柄之间留出空隙，有利于击球发力（图 11-2）。

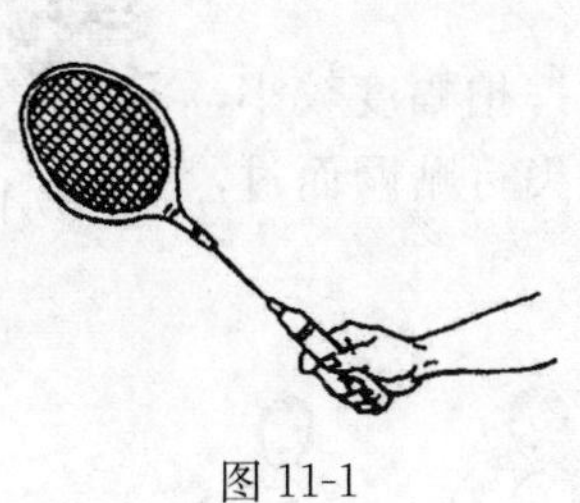

图 11-1

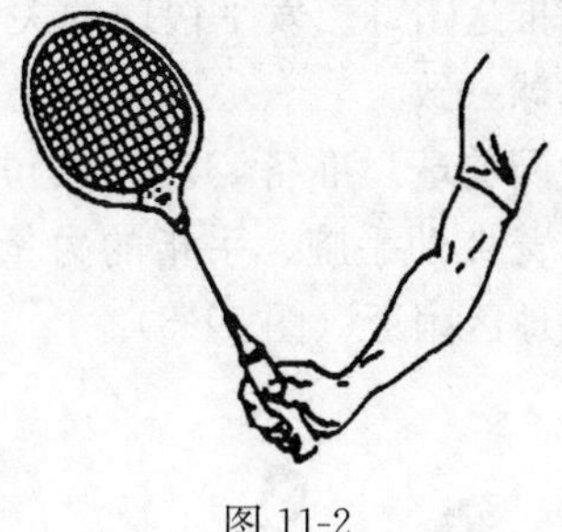

图 11-2

二、发球与接发球

（一）发球

发球是羽毛球运动的一项重要的基本技术。基本的发球技术，按球在空中飞行的弧线可分为发高远球、平高球、平快球和网前球四种。按其动作分为正手发球和反手发球两种。

1. 正手发球

（1）发球站位。单打发球在中线附近，站在离前发球线 1m 左右处。双打发球站位可靠近前发球线。

（2）准备姿势。身体左肩侧对球网，左脚在前，右脚在后，重心在右脚上。右手持拍向右后侧举起，肘部放松微屈，左手拇指、食指和中指夹住球，举在胸腹间。发球时，身体重心由右脚移至左脚。此发球站位和准备姿势适用于各种正手发球动作（图 11-3）。

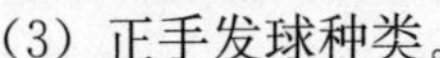

图 11-3

（3）正手发球种类。

①发高远球。发球时，身体重心由后脚移至前脚，持球手松开使球自然下落，右手上臂带动前臂，自右后方随转体向前上方挥拍，手部自然伸腕。当球拍与球快要接触的刹那，握紧球拍，利用手腕屈伸的力量向前上方发力击球。然后，球拍顺着惯性向左上方挥动并缓冲（图 11-4）。

图 11-4

正手发高远球

②发平高球。与发高远球大致相同。只是在击球的一刹那，前臂加速带动手腕、手指力量向前上方挥动。触球时拍面仰角小于 45°，拍面稍向前推送击球。球下落至对方场内端线附近。

③发平快球。站位比发平高球稍靠后些（以防对方很快回球到本方后场）。击球瞬间握

紧拍柄，前臂加速带动手腕、手指向前挥动。触球时拍面仰角小于 30°，拍面稍向前推送击球。发平快球的关键是出手动作要小而快，但前期动作应和发高远球一致。

正手发网前球

④发网前球。准备姿势与站位同发高远球。发球时，挥拍幅度较小，主要靠前臂带动手腕、手指的力量向前横切推送，使球的飞行贴网而过，落在前发球区附近（图 11-5）。

图 11-5

2. 反手发球

（1）发球站位。站在前发球线后 10～50cm 及发球区中线的附近，也可以站在前发球线及场地边线附近。

（2）准备姿势。面向球网，两脚前后站立（左脚或右脚在前均可），上体稍前倾，身体重心在前脚上。右手反握拍，左手拇指和食指捏住球的两三根羽毛，球托明显朝下，球体与拍面平行或球托对准拍面放在拍面前方（图 11-6）。

（3）反手发球种类。

反手发网前球

①发网前球。面向球网，两脚前后开立（一般右脚在前），上体稍前倾，身体重心在前脚上。右手臂屈肘，用反手握拍法将球拍斜下举在腰下，准备击球时手腕内屈，击球瞬间用小臂带动手腕、手指力量向前横切推送，将球击出。发出的球贴网而过，落在前发球区附近（图 11-7）。

图 11-6　　图 11-7

②发平快球。击球前期动作与反手发网前球相同。击球时紧握球拍，拍面后仰角度稍大，挥拍速度加快，用手腕甩动和手指配合的爆发力，将球向前上方击出。

（二）接发球

接发球是还击对方发过来的球。接发球和发球一样，都是羽毛球运动最基本的技术，在比赛中同样起着重要作用。发球与接发球是一对矛盾，发球方想方设法发出各种不同弧线的球，以此来控制对方，而接发球方则后发制人，来达到反控制的目的。

（1）接发球的站位。单打的接发球站位在离前发球线约1.5m处，在右发球区要站在靠中线的位置，在左发球区则站在中间稍偏边线的位置，主要防备对方发球攻击反手部位。双打接发球时站位可靠近前发球线，因双打的后发球线距离前发球线比单打短0.76m，发高远球易被扣杀。所以，双打接发球应把主要精力放在对付对方发网前球上。

（2）准备姿势。单打接发球应左脚在前，右脚在后，侧身对网，重心在前脚，后脚脚跟稍提起，双膝微屈，收腹含胸，持拍于右身前，两眼注视前方。

（3）接发各来球种类。

①接对方发来的高远球或平高球。可用平高球、吊球或杀球还击，抓住进攻机会，还击得好，就掌握了主动。相反，后场技术没掌握好，还击球的质量较差，反而会遭到对方攻击。

②接对方发来的网前球。可用平推、放网前球、挑后场高球、勾对角球还击，如对方发球质量不好，也可用扑球还击。在发现对方发球抢攻意图时，如果自己防守能力又不强，那就放网前球或平推球还击，控制住球，落点要远离对方的站位，不让对方进攻。当对方连续发球抢攻时，接发球一定要冷静、沉着，准确判断，提高接发球质量，以制约对方发球抢攻。

③接对方发来的平快球时。可用平推球、平高球、突击劈杀、劈吊还击，以快制快，由于接球方还击的击球点比发球方高，下压得快、狠，可以夺取主动。另外，也可以高远球还击，以逸待劳。

三、击球法

击球是羽毛球运动中最重要的基本技术。根据人与球体的不同位置，击球方法可分为正手击球和反手击球；根据击球点与人体的不同位置，击球方法可分为高手（上手）击球、低手（下手）击球和网前击球。高手击球有击高球、吊球、扣杀球，低手击球有挑（拉）球、抽球、接杀球，网前击球有放网前球、搓球、平推球及扑球等。

（一）高手击球

高手击球是指击球点高于头部的击球方法。高手击球具有击球点高的特点，同时又有主动性强、进攻威力大的优点，是攻击性击球所应用的基本技术。

1. 击高球技术 高球可分为高远球和平高球两类，击高球技术有正手、反手和头顶击高球三种。

正手击高远球

（1）正手击高球。首先判断好来球的准确方向和落点，其次向右后方转体，侧身后退，把球调整在自己的右肩稍前上方的位置。左肩对网，左脚在前，右脚在后，重心在右脚上，左臂屈肘，左手自然举起，右手握拍，手臂自然弯曲，将球拍举在右肩上方，手腕、拍面稍内旋，两眼注视来球。击球时，上臂后引，随之肘关节上提，使之明显高于肩部，将球拍后引至头后，自然伸腕。在右脚蹬地、转体收腹的协调用力下，上臂带动前臂（并有内旋动作）快速向前上方甩腕，

在手臂伸直的最高点，用手臂、手腕和手指力量将球击出。击球后，持拍手随惯性向前下方挥动并收拍于体前，重心移至左脚（图 11-8）。

图 11-8

（2）反手击高球。当判断出对方来球在身体左后方时，身体迅速移动，最后一步用右脚前交叉跨至左侧底线，背向球网，重心落在右脚，把球调整在身体右上方，换成反手握拍，举拍在左胸前。击球时，上臂带动小臂，在肘部上抬至与肩平行时，两腿蹬地向上伸展用力，以肘关节为轴，小臂带动手腕、手指力量快速挥动，在身体右上方击球。主要以拇指的侧压与手腕挥动配合用力（图 11-9）。

反手击高远球

图 11-9

（3）头顶击高球。准备姿势与正手击高球相同。击球时，步法移动要快，击球点选择在左肩上方或偏后的位置，身体侧身偏左稍后仰，球拍从右后侧绕过头顶后，由左肩上方向前挥动，小臂带动手腕、手指力量快速击球。击球后，左脚在身后落地并立即回蹬，重心移至右脚，迅速回中心位置（图 11-10）。

2. 吊球技术　吊球技术从手法上可分为正手吊球、反手吊球和头顶吊球三种；根据球的飞行路线和击球动作可分为轻吊球、劈吊球和拦截吊球。

（1）正手吊球。击球准备和前期动作与正手击高远球相似，只是击球时用力不同。吊球的击球点比高远球稍前。击球时用手指、手腕发力，做快速切压球动作，击球托的后部和侧

图 11-10

后部。吊直线球，拍面正对前方，向前下方切削球托；吊斜线球，则球拍切削球托的右侧并向左下方发力（图 11-11）。

图 11-11

（2）反手吊球。击球前的动作同反手击高球。击球时，前臂挥动速度减慢，手腕加速摆动，用反拍面切击球托的后部。吊直线球时，用反拍面切击球托的后中部，并直线向前用力；吊斜线球时，用反拍面切击球托的偏左侧，并斜线向前用力。

3. 扣杀球技术　扣杀球从手法上可分为正手扣杀球、头顶扣杀球和反手扣杀球三种。

（1）正手扣杀球。击球时，把球调整在右肩的稍前上方，接着身体后仰、右腿蹬地、快速收腹，手臂以最大的速度向前上方挥摆，最后通过手腕的高速挥动，击球托后部，使球直线下行。杀球后，前臂带动球拍随惯性在体前收拍，身体重心由右脚移至左脚（图 11-12）。

（2）头顶扣杀球。当球恰好落在头顶上空或左肩上空适当高度时，持拍手臂向上举并绕头至左肩上，突然加快小臂、手腕的甩动并下压，同时右脚向左后方蹬地跳起，左脚后撤，身体成背弓形，利用腰腹力和手部力量协调向前下方用力将球击出。左脚着地时，要快速蹬地起步回位，准备回击下一个来球。

（3）反手扣杀球。准确判断对方来球，迅速移动步法到合适的击球位置，最后一步右脚向左后侧跨出，背对球网，反手握拍，持拍手屈臂将球拍举至左肩上方准备击球。当球落到右肩上方适当高度时，肘关节向上举高，以肘关节为轴，充分利用左脚蹬力、腰腹力及肩力，大臂带动小臂，手腕、手指快速用力向后击球。击球瞬间握紧球拍，手腕快速用力向前

图 11-12

下方扣压。

（二）低手击球

1. 挑高球

（1）正手挑高球。判断来球，快速上网，左脚积极蹬地，右脚跨步向前成弓箭步，侧身对网，重心在右脚。正手握拍，手臂自然向右前方伸出，小臂外旋伸腕。击球时，以肘关节为轴，前臂带动手腕、手指由右下方向前上方或左上方挥拍击球（挑直线高球时，球拍向前上方挥动击球；挑对角线高球时，球拍向左前上方挥动把球击出）（图 11-13）。

正手挑高球

图 11-13

（2）反手挑高球。判断来球，快速上网，左脚积极蹬地，右脚跨步向前成弓箭步，侧身对网，重心在右脚。反手握拍，手臂向左前方伸出，小臂内旋屈肘、屈腕。击球时，以肘关节为轴，小臂带动手腕、手指由左下方向前上方挥动把球击出。

反手挑高球

2. 抽球

（1）正手抽底线球。准确判断来球，快速移动步法，左脚蹬地，右脚向正手底角跨出，侧身向网，上体向右后倒，重心在右脚。正手握拍，手臂向右举拍，大臂与小臂约成 120°。准备击球时，小臂外旋伸腕，球拍后引，拍面稍后仰。击球时，主要靠小臂带动手腕、手指“抽鞭”式向前挥拍，小臂由外旋到内旋，腕部由伸到屈闪动击球。向前上方用力击球成高远球，向前方用力击球则成平球（图 11-14）。

图 11-14

（2）反手抽底线球。准确判断来球，快速移动步法，左脚蹬地，右脚向反手底角跨出，上体前倾背对网，重心在右脚。反手握拍将球拍举于左肩上方。击球时，大臂带动小臂、手腕和手指沿水平方向快速向后挥拍，手臂基本伸直时，小臂外旋，手腕后伸用力“闪”动击球。向后上方用力击球成高远球，向后方用力击球则成平球。

正手抽球

（3）正手平抽球。右脚向右侧迈出一小步，上体稍向右侧倾，正手握拍，手臂向右侧上摆，屈肘，左脚跟提起。准备击球时，小臂稍后摆带有外旋，手腕由稍外展至后伸，使球拍引至后下方。击球时，小臂急速向右侧前方挥动，并由外旋转为内旋，手腕由后伸至伸直手腕，手指握紧拍柄高速挥拍击球，由后向右侧稍平地抽压过去。击球后，持拍手顺势向左侧挥摆，左脚向左前方迈一步，准备迎击来球。

反手抽球

3. 接杀球

（1）正手接杀挡直线网前球。右脚向右侧跨一步，身体右倾，握拍手臂右伸，前臂外旋，手腕外展，持拍准备击球。击球时，前臂外旋，手腕稍内收带动球拍由右下向前上方推送击球，把球直线挡在网前。

（2）反手接杀挡直线网前球。左脚向左侧跨一步，身体左转，右肩对网，屈右肘，小臂内旋，手腕外展，引拍在左肩前。击球时，应利用对方来球力量，前臂带动球拍由左上方向左前方用拇指的顶力轻挥球拍，把球直线挡回网前。

（3）正手接杀挑直线后场高球。右脚向右侧跨一步，同时向后引拍，引拍时前臂外旋，手腕用力后伸。击球时，前臂内旋，手腕由后伸到快速收腕，拍面对准来球，快速向前挥拍将球挑到对方后场。

（4）反手接杀挑直线后场高球。左脚向左侧跨一步，身体左转前倾，右肩对网，屈右肘，前臂内旋，手腕外展，引拍至左侧前下方。击球时，前臂向右前方挥摆，手腕由外展至快速后伸，握紧球拍，利用拇指的顶力，用反拍面全速挥拍击球，使球沿直线飞向对方的

后场。

（三）网前击球

网前击球包括网前搓球、网前扑球、放网前球、网前推球和网前勾球等。网前击球技术较复杂，但是，就其技术动作而言却有许多共同之处。

1. 网前搓球

（1）正手网前搓球。向前移动靠近网前时，右脚向前跨成弓箭步，重心在右脚上，侧身对网，左手自然后伸，起平衡作用。球拍在手臂的带动下向前伸。在伸拍时前臂开始外旋，手腕稍后伸，用食指和拇指夹住拍，中指、无名指和小指轻握球拍，手指和手腕自然放松。击球时，球拍在手指和手腕的作用力下，用正拍面搓击来球的底部，使球滚过网。挥拍力量和拍面的角度大小以来球时离网的远近而定（图 11-15）。

正手网前搓球

图 11-15

（2）反手网前搓球。当对方回击网前球时，上网步法要快，左脚蹬地右脚向网前跨成弓箭步，侧身对网，重心在右脚。当握拍手臂向前伸的同时，手腕前屈，握拍手背部高于拍面，反拍迎球。击球时，主要靠前臂的前伸外旋和手腕由内收至外展的合力，搓球的侧后底部使球侧旋翻滚过网。

反手网前搓球

2. 网前扑球　网前扑球有正手扑球、反手扑球两种。

（1）正手扑球。准确判断来球路线和高度，快速蹬步上网，身体右侧扑向网，球拍随手臂向右前斜伸上举，正拍朝前。准备击球时，小臂外旋，手腕关节后伸，小指、无名指稍松开，使拍柄离开鱼际肌。击球时，手腕由后伸到屈腕闪动，利用小臂、手腕和手指力量向前下方击球，球拍触球后立即收回，或靠手腕由右前向左前“滑动”击球，以免球拍触网违例。扑球后，球拍随手臂向右侧前下方回收（图 11-16）。

（2）反手扑球。反手握拍于左侧前，当身体向左侧前方跃起时，持拍手小臂前伸上举，手腕外展，拍面正对来球。击球时，手臂伸直，手腕由外展到内收闪动，手握紧拍柄，拇指顶压，加速挥拍扑击球。击球后即刻屈肘，球拍回收，以免球拍触网违例。

图 11-16

3. 放网前球

正手放网前球

（1）正手放网前球。准确判断来球路线和落点，快速上网，最后一步右脚在前左脚在后成弓箭步，上体前倾重心在右脚，侧身对网。右手正手握拍向前下方伸臂，小臂外旋展腕，左臂自然后伸，起平衡作用，拍面几乎朝上迎击来球。击球瞬间，手腕稍内屈轻轻闪动，食指和拇指控制拍面角度和用力大小，球拍向前上方轻轻一托，把球轻击送过球网（图 11-17）。

图 11-17

反手放网前球

（2）反手放网前球。准确判断来球路线和落点，快速向前左侧上网，最后一步右脚在前左脚在后成弓箭步，侧身对网，上体前倾重心在右脚，右手反手握拍向前下方伸臂，小臂内旋展腕，左臂自然后伸起平衡作用，拍面几乎朝上迎击来球。击球瞬间，手腕轻轻闪动，食指和拇指控制拍面角度和用力大小，球拍向前上方轻轻一托，把球轻击送过球网。

第三节　羽毛球运动基本步法

羽毛球步法是一项很重要的基本技术，它和手法相辅相成，取长补短，不可分割。没有正确的步法，必然会影响各种击球技术的完成。而在比赛中如没有快速、准确的到位步法，手法就会失去其尖锐性与威胁性。羽毛球步法分为上网步法、后退步法和两侧移动步法，根据运动员在场上的中心位置和来球的远近，可采用一步到位击球或二步、三步移动到位击球。右手握拍者，到位击球时的最后一步一般都是右脚在前，而左脚总是靠近中心位置。

1. 上网步法　上网步法即完成上网搓球、推球、勾球、扑球及挑球的步法，它包括跨步上网、垫步加蹬步上网、前交叉加蹬跨步上网、后交叉加蹬跨步上网和蹬跳步上网。不论采用哪种步法上网击球，其上网前的站位及准备姿势基本都是相同的。即两脚站立约同肩宽，一般右脚在前左脚稍后，两膝稍屈，两脚前脚掌着地，后脚跟稍有提起。上体稍前倾，握拍于体前，全神贯注，注视对方来球。

（1）跨步上网步法。

①二步跨步上网步法。左脚先向来球方向跨出一步后，右脚再向前跨出一大步到位击球。

②三步跨步上网步法。右脚先向来球方向跨出一小步，接着左脚向前跨出第二步，最后，右脚跨出一大步到位击球。

（2）垫步加蹬跨步上网步法。右脚先向来球方向迈出一步，紧接着脚垫一小步，同时右脚抬起，利用左脚的蹬力蹬跨出一大步，到位击球。

（3）前交叉加蹬跨步上网步法。右脚先向前迈出一小侧步，紧接着右脚抬起，利用左脚的蹬力蹬跨出一大步，到位击球。

（4）后交叉加蹬跨步上网步法。右脚先向前迈出一小侧步，接着左脚向右脚后迈出第二个侧步，最后，右脚抬起，利用左脚的蹬力，蹬跨出一大步，到位击球。

（5）蹬跳步上网步法。站位稍靠前，判断对方要重复打网前球时，利用双脚蹬地，迅速跳向网前，采用扑球技术击球。要注意防止因前冲力过大而触网或过中线犯规。

（6）上网步法注意事项。

①上网步法要注意前冲力不要太大，避免身体失去平衡。

②到位击球时，前脚脚尖应朝边线方向，不应朝内侧，有利于借前冲力向前滑步。

③击球后，应尽快采用后退跨步、垫步或交叉步退回中心位置。

2. 后退步法　后退步法是完成后退回击高球、吊球、杀球、后场抽球的步法，它包括正手后退步法、头顶后退步法、反手后退步法、正手后退并步加跳步、头顶侧身加跳步。不论采用哪种步法后退击球，其后退前的站位及准备姿势均与上网步法的站位及准备姿势相同。

（1）正手后退步法。正手后退步法，可采用并步后退步法、交叉步后退步法和并步加跳步后退步法。

①并步后退步法。右脚向右后侧身退一步，并带动髋部右后转，接着左脚用并步靠近右脚，右脚再向后转至到位，左脚跟进一小步，成为左脚在前右脚在后、侧身对网的击球准备动作。

②交叉步后退步法。右脚向右后侧身退一步，并带动髋部右后转，接着左脚从右脚后交叉后退一步，成为左脚在前右脚在后、侧身对网的击球准备动作。

③并步加跳步后退步法。与并步后退步法的第一、二步后退步法相同，第三步采用侧身双脚起跳后到位击球，后双脚落地。

（2）头顶后退步法。头顶后退步法，可采用头顶并步后退步法、头顶交叉步后退步法以及头顶侧身步加跳步后退步法。

①头顶并步后退步法。髋关节及上体快速向右后方转动的同时，右脚向后退一步，接着左脚用并步靠近右脚，右脚再向后移至到位，左脚跟进一小步，成为左脚在前右脚在后、侧身对网的击球准备动作。

②头顶交叉步后退步法。髋关节及上体在快速向右后方转动的同时右脚向后退一步，接着左脚从右脚后交叉后退一步，右脚再向后移至到位，左脚跟进一小步，成为左脚在前右脚在后、侧身对网的击球准备动作。

③头顶侧身步加跳步后退步法。这是一种快速突击抢攻打法的后退步法。髋关节及上体在快速向右后方转动的同时，右脚向后退一步，紧接着右脚向后方蹬地跳起，上身后仰，角度较大，并在空中完成击球动作。此时，左脚在空中做一个交叉动作后先落地，上体收腹使右脚着地时重心落在右脚上，便于左脚迅速回动。此种步法应注意如下几个重要环节：首先，上体和髋部侧转要快，右脚变成后退至左脚的后方横侧位；其次，蹬跳方向应向左后方跳起，使上体向后仰，左脚在空中做交叉后撤的动作要大，左脚的落地点超过身体重心之后，上体要有力地收腹，重心迅速恢复至右脚，左脚能迅速回动。

（3）反手后退步法。

①二步反手后退步法。左脚先向左后方退一步，接着上体左转，右脚向左后方跨出一步，以背对网的形式到位击球，或者右脚先向后退一步，左脚向左后方跨出一步，以侧身的形式到位击球。

②三步反手后退步法。右脚先向左脚并一步（或交叉退一步），后左脚向左后方退一步，此时，上体左转，右脚再向左后方跨出一大步，以背对网的形式到位击球。

3. 两侧移动步法　两侧移动步法是完成中场球的回击步法，可在接杀球、接对方平射球等时采用。其移动前的站位及准备姿势与上网步法的站位及准备姿势基本相同。两侧移动步法包括左侧移动步法、右侧移动步法、左侧跳步法和右侧跳步法。

（1）左侧移动步法。

①一步蹬跨步。身体重心调整至右脚，用右脚掌内侧用力蹬地，左脚随髋关节的转动，同时向左侧跨一大步到位击球。

②二步蹬跨步。当来球离身体较远时，左脚先向左侧移一小步，紧接着右脚向左侧蹬跨一大步，形成背对网到位击球。

（2）右侧移动步法。

①一步蹬跨步法。当来球离身体较近时，身体重心调整至左脚，用左脚内侧蹬地，右脚随髋关节的转动，同时向右侧跨一大步到位击球。

②二步蹬跨步法。当来球离身体较远时，左脚应先向右侧移一步，然后右脚向右侧蹬跨出一大步，到位击球。

（3）左侧跳步。如对方来球弧度较平，可左脚向左侧移一步后跳起突击。

（4）右侧跳步。如对方来球弧度较平，可右脚先向右侧移一步后跳起突击。

以上介绍的是羽毛球运动最基础的移动和跑动步法，初学者一定要按这种模式进行必要的训练，方能把羽毛球入门的基本技术练好，为提高技术水平打下牢固的基础。

第四节　羽毛球运动基本战术

一、单打战术

1. 发球抢攻战术　这是运动员利用发球使对方被动，为自己创造进攻机会的一种战术。这种战术一般通过发网前低球结合平快球、平高球，争取第三拍的主动进攻。尤其是对付防守能力较差或临场经验不足的对手时，采取此战术。

2. 攻后场战术　这种战术一般通过击高球、重复压对方底线两角造成对方被动，然后寻找机会进攻。此战术一般用于对付初学者或技术不熟练、后场还击能力不强、后退步法较慢和急于上网的对手。

3. 攻前击后战术　这种战术是先以吊球、放网前球、搓球吸引对方到网前，然后用推球、平高球或杀球突击对方的后场底线。它一般用于对付上网步法较慢或网前球技术较差的对手。采用此战术，要求运动员具有较好的网前击球技术。

4. 打四方球战术　这种战术是以快速、准确的落点攻击对方场区的四个角落，调动对方前后左右奔跑，伺机向空当进攻。它用于对付体力差、反应和步法移动慢的对手。

5. 打对角线战术　这种战术无论是进攻还是防守均以打对角线为主，它用于对付身体灵活性差、转体较慢的对手。由于对方灵活性差、转体慢，来回左右两侧奔跑易使对方重心不稳而被动失误，为自己创造进攻机会。

6. 逼反手战术　大部分羽毛球运动员后场反手击球的进攻性不强，球路也较简单。因此，对于后场反手较差的对手要毫不放松地加以攻击。先调动对方位置，使对方反手区露出空当，然后把球打到反手区，迫使对方使用反拍击球。例如，先吊对方正手网前，对方回球后，便以平高球的击球攻击对方反手区，在重复攻击对方反手区迫使其远离中心位置时，突然吊对角网前球。

二、双打战术

1. 攻人战术　即“二打一”或避强击弱战术。双打比赛中，双方两个队员的技术水平一般是不均衡的，集中力量攻击对方较弱的队员，尽量使对方的特长得不到发挥，充分暴露对方的弱点，是此战术的目的。攻人战术要灵活运用。若对方有意保护其弱者，则以两个人对付对方的强者，消耗其体力，减弱其进攻威力，伺机突击空当，这也是“二打一”。

2. 攻中路战术　当对方队员分边站位时，要尽可能将球攻到对方两人之间的空隙区，以造成对方争夺回击或相互让球而出现失误。这是对付配合较差的对手的有效办法。攻半场战术是攻中路战术的另一种方式。当对方成前后站位时，将球还击到两人之间靠边线的位置上。这是对付配合欠佳、动作不灵活、接半场球技术较差的对手的有效战术。

3. 压后场拉开反击战术　此战术通常用来对付后场扣杀能力较差的对手，也可结合将对方的弱者调到后场使用。此战术是用平高球、平推球、接杀球、挑后场球等技术，把对方一名队员紧逼在底线两角来回移动击球，并迫使其回击出质量不高的球，然后抓住有利时机反击。如在此过程中，对方处于前场的同伴欲后撤援助，则可伺机攻击网前空当或对其打追身球。

4. 前场打点封压进攻战术　这种战术要求打法比较积极，前半场技术要好，步法移动要快，两名队员配合要默契。主要通过前半场积极抢点放网、推拨半场、平抽平挡和接杀球挡网跟进等技术，迫使对方被动起高球，从而有利于自己一方后压前封进攻得分。

第五节　羽毛球运动竞赛规则简介

一、球场

羽毛球球场为一块长方形场地，长 13.40m，宽 6.10m（单打场地宽 5.18m，双打场地

宽 6.10m)。中间悬挂球网(网两边在支柱顶端处高 1.55m，中间高 1.524m)。双打球场对角线长 14.723m，单打球场对角线长 14.366m。球场各线宽均为 4cm。

二、球和球拍

羽毛球 4.74～5.5g，由 16 根羽毛插在半球形软木托上构成，球高 68～78mm，直径 58～68mm，分为 1～10 号。球拍由参赛运动员自备，球拍框总长度不超过 68cm，宽不超过 23cm，拍弦面长不超过 28cm，宽不超过 22cm。

整个球场上空空间最低为 12m，在这个高度以内，不得有任何横梁或其他障碍物，球场四周 2m 以内不得有任何障碍物。任何并列的两个球场之间，最少应有 2m 的距离。球场四周的墙壁最好为深色，不能有风。

三、比赛通则

(一) 赛制

2006 年 5 月，羽毛球世界联合会在日本东京举行的年度代表大会上决定实行 21 分的新赛制。21 分制实行每球得分制，所有单项的每局获胜分皆为 21 分，最高不超过 30 分。每场比赛采取三局两胜制，先到 21 分的一方赢得当局比赛。如果双方比分为 20 平时，某一方需超过对手 2 分才算取胜。如双方比分打成 29 平，则得分先上 30 分的一方为胜者。首局获胜一方在接下来的一局比赛中先发球。

(二) 主要违例及其罚则

1. 过手违例　过手是指运动员发球时，在击球瞬间球拍的顶端未向下，整个拍框未明显低于握拍的整个手部，为过手违例。

2. 过腰违例　运动员发球时，球的任何部分在击球瞬间高于发球员的腰部，为过腰违例。

3. 踩线、移动、触线违例　运动员发球时，两脚都必须站在规定的发球区内，保持与地面接触，不得移动、踩线、触线和出区，否则为踩线、移动、触线违例。

4. 触网违例　比赛进行中，运动员的身体、衣物或球拍触及球网、网柱或网柱的支撑物，均为触网违例。

5. 过网击球违例　比赛进行中，对方击来的球尚未过网，即以球拍过网击球，称过网击球违例。

6. 连击违例　一名运动员在击球时连续两次挥拍击球且击中两次，或在双打比赛中，两名同队运动员连续各击中一次球，即为连击违例。

7. 拖带或持球违例　运动员击球时，球停滞在球拍上，紧接着又有拖带现象，称拖带或持球违例。

8. 阻挠违例　运动员在近网处企图阻挠对方合法还击，称阻挠违例。

9. 重发球　裁判员虽已报分，但发球员在接发球员尚未做好准备时就发球，接发球员未予还击，此时，应判重发球。如果接发球方已挥拍击球或企图击球时身体或衣物触及球，则以已经做好准备论处。

10. 发球时，发球员与接发球员同时违例　例如，发球员发球动作不连贯，与此同时，接发球员接发球时移动，应判重发球。

第十二章 网球运动

第一节　网球运动概述

一些史学家认为，网球运动最早起源于 12 世纪法国北部传教士在教堂回廊里用手掌击球的一种游戏。到了 14 世纪中叶，法国的一位诗人把这种球类游戏介绍到法国宫廷中，作为皇室贵族男女的消遣。后来这种游戏又传入了英国，经过不断的改进以及比赛规则的逐步完善，这项运动得到了广泛推广和发展。

现代网球运动诞生于 19 世纪的英国伯明翰，最初被称为“草地网球”。此后网球运动得到了飞速的发展，1877 年首个大满贯赛——温布尔登网球锦标赛创立，随后是 1881 年的美国网球公开赛、1891 年的法国网球公开赛以及 1905 年的澳大利亚网球公开赛，被称为网球四大满贯赛事。

现代网球运动一般包括室内网球和室外网球两种形式。网球比赛在国际上分为单项和团体两种，单项比赛包括男女单打、男女双打及混合双打。比赛可以在草地、泥土地或硬地涂塑球场上进行。网球运动不但能使人在娱乐中发展力量、速度、耐力和灵敏性等运动素质，提高内脏器官和神经系统的功能，培养机智、坚毅、勇敢的优良品质，而且由于它的趣味性很高，还特别有益于身心健康，所以是一项很值得提倡的运动项目。

第二节　网球运动基本技术

一、基本步法

在激烈的比赛中，没有灵活的步法，就不可能抢占有利的位置并有效地回击来球。网球运动中有句俗话：手法是基础，步法是关键。由此可见步法在网球运动中的重要性。网球运动中的步法不仅仅是奔跑击球，而且良好的步法必须具备动作的精确性、反应的灵敏性以及善于选择时机的能力。

网球的基本步法主要有底线关闭式步法（图 12-1）、底线开放式步法（图 12-2）、底线移动步法、正手侧身攻步法、反手随球上网步法、截击球步法、高压球步法和发球上网步法等。

练习方法：

（1）模仿各种步法练习。

（2）1 人隔网随意抛球，另 1 人利用各种步法徒手接球。

（3）持拍对打中的各种步法练习。

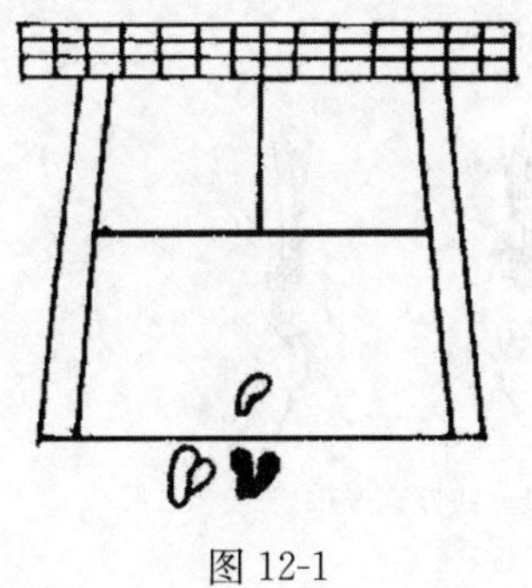

图 12-1

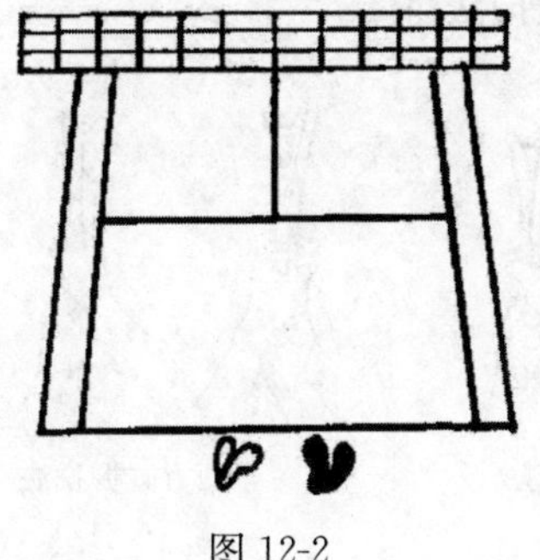

图 12-2

基本步法

二、握拍法

1. 单手握拍法 单手握拍的各种形式如图 12-3 所示。

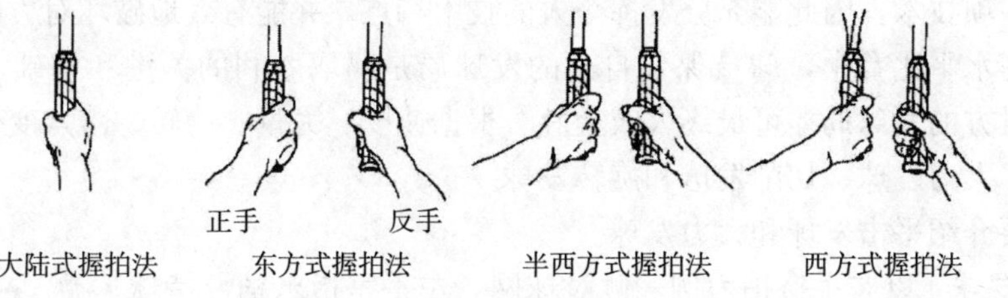

图 12-3

（1）大陆式握拍法。这种握拍法还被称为“榔头”式握拍法，因为采用这种握拍时，食指根部压在与拍面水平的那个平面上，拍面的角度几乎与地面垂直，就像在用拍框的侧面钉钉子一样。大陆式握拍法适合用来击打任何类型的来球，但在发球，打截击球、过顶球，削球以及防守球时采用这种握拍效果更好。

（2）东方式正手握拍法。将手平放在拍弦上，然后下滑到拍柄根部抓握，或者把球拍平放在桌面上，闭上眼，将球拍拿起。从技术的角度讲，东方式正手握拍就是先以大陆式握拍法持拍，然后逆时针方向旋转球拍（左手握拍的选手需顺时针方向转动），直到食指的根部压到下一个接触的斜面为止。

（3）东方式反手握拍法。以大陆式握拍开始，顺时针旋转球拍（左手持拍为逆时针），使食指根部压在上一个斜面，便形成东方式反手握拍。

（4）半西方式握拍法。先以东方式握拍，然后逆时针方向（左手握拍则顺时针方向旋转）旋转球拍，使食指根部压在下一条拍棱上。

（5）西方式握拍法。在半西方式握拍的基础上，逆时针转动拍面（左手握拍顺时针转动），使食指根部接触到下一个平面，这种握拍就是完全的西方式正手握拍法。喜欢打上旋的选手多采用这种握拍法。

2. 双手握拍法 双手握拍法包括双手正手握拍和双手反手握拍，主要采用大陆式握拍法、半西方式握拍法和西方式握拍法等（图 12-4）。

练习方法：

（1）相互检查并纠正握拍法的姿势及方法。

（2）用各种握拍法在原地挥拍练习。

（3）隔网相互击球的握拍法练习。

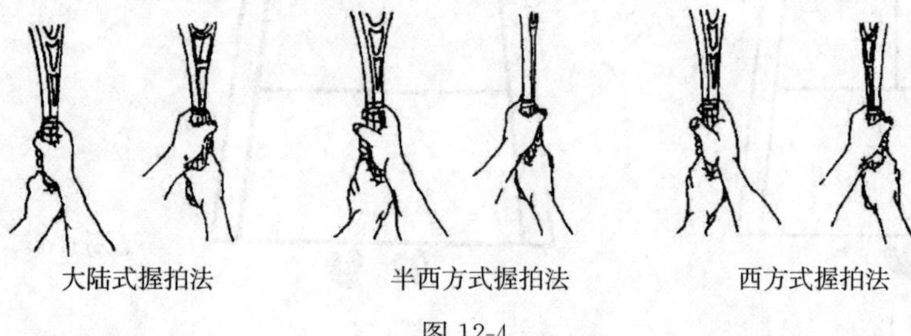

图 12-4

三、发球技术

发球是网球运动中最重要的技术之一，也是最常见的一种得分手段。由于它是唯一不受对方制约的一项技术，因此能充分发挥个人的技术特点，并能有效地破坏对方的防线，致对方于被动。高水平比赛中，球员保住自己的发球局是赢取胜利的关键和基础，在此基础之上，再破掉对方的发球局才可最终大获全胜。根据速度、力量、旋转、落点变化不同，可分为平击发球、大力发球、切削发球和旋转发球。

下面主要介绍平击发球和大力发球。

1. 平击发球 以右手持拍为例。侧对球网，左手手指末梢部持球，抛球的同时球拍沿膝关节向后下方挥动，左臂和左肩抬举将球抛起后，右肘弯曲使球拍在背后下垂。随后右臂充分伸展，拍头朝前挥动，在右后上方扣腕把球击出，然后跨步上网或调整身体平衡。

发球

2. 大力发球 以右手持拍为例。侧对球网，把球抛向斜侧上方，然后直接转体，同时右臂经下绕环后使拍头下垂，并将球拍引向背后迎球，以获得足够的加速距离。球拍触球的最佳击球位置应保持在身体垂直面稍前的位置，使身体适当前倾，便于在头上合适高度挥拍击球。

练习方法：

（1）挥空拍发球练习。

（2）自抛球对墙或网的发球练习。

（3）2 人一组的发球练习。

四、抽球技术

抽球是网球技术的基本功，可分为正手抽球和反手抽球。

1. 正手抽球技术 以右手持拍为例（图 12-5）。

（1）准备姿势。两脚分开与肩同宽，双膝弯曲，上体前倾，重心落在前脚掌。右手握拍柄，左手扶托拍颈将拍放在体前，观察来球。

（2）后伸引拍。若来球离身体较近，应在转肩同时后伸引拍，球离身体较远则应先跑动，在移动中快速引拍，注意拍头不要下垂。

（3）挥拍击球。先跨出右腿并做屈膝制动，左脚向斜前方迈出跟上，同时开始挥拍击球。击球时手腕适当绷紧，固定好手与拍柄的角度以及控制好球的受力情况并尽量加长拍与

图 12-5

球的接触时间。

(4) 随球挥拍。击球后应继续沿弧线挥拍向上，把球拍带到身体左侧肩上部。

2. 反手抽球技术　以右手持拍为例（图 12-6）。

图 12-6

(1) 准备姿势。同正手准备姿势。

(2) 后伸引拍。参照正手抽球，但身体转动和出脚顺序相反，引拍后右手肘部自然靠近身体，拍头略低于来球，拍柄平行于地面。

(3) 挥拍击球。参照正手抽球，但方向相反。挥拍时左手应做快速而又简短的推送球拍动作。击球时右肩应充分向外伸展向上挥拍。

(4) 随球挥拍。挥拍时拍面稍后仰，击球路线尽可能地加长拍面与球的接触时间，便于控制球的方向，并在旁侧高处结束挥摆动作。

练习方法：

(1) 原地或移动做正（反）手挥空拍的抽球练习。

(2) 对墙做自抛自抽及连续对墙做抽球练习。

(3) 1 人隔网在近处抛球，1 人抽反弹球练习。

(4) 2 人对打练习。

五、网前截击球技术

截击是指将对方来球凌空回击，也称“拦网”。这项技术较为简单，但必须把握好时机，要求反应快、判断准确、移动迅速、动作敏捷，它是单双打比赛中锐利的进攻武器，也是一种得分的手段。可分为正手截击技术和反手截击技术两部分。

1. 正手截击技术　以右手持拍为例（图 12-7）。出现上网机会后立即上步，判断方向后，迅速转肩并跨出，左脚向右侧移动，转肩时带动手臂向后做简短的引拍。引拍完成时要保持拍头、拍面稍向后倾斜，绷紧手腕，在身体前面 15～30cm 处迎击来球。后脚蹬伸，重心前移，伸臂微向下推送球拍击球。

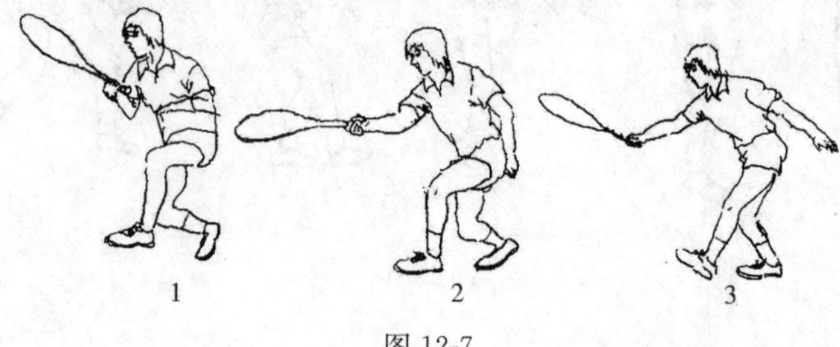

图 12-7

2. 反手截击技术　以右手持拍为例（图 12-8）。出现上网机会后立即上步，判断方向后，除转肩、侧移和封堵路线的方向与正手截击相反，其他都与正手截击技术相同。

图 12-8

练习方法：

（1）挥拍做正（反）手截击技术动作练习。

（2）1 人在网前抛球，1 人上步做截击球练习。

（3）1 人底线抽球，1 人网前截击练习。

六、高压球技术

高压球是当对手挑高球的时候，通过扣杀去争取直接得分的进攻技术。一般分为网前高压、后场高压、落地高压和反弹高压四种。

高压球

技术要领：及时移动到位后，侧身对网，直接把球拍引向头后，击球时转肩，前臂向上猛烈甩动球拍，使整个手臂伸直。当球拍接近来球时，开始做扣腕动作，身体重心前移，使球拍指向身后（图 12-9）。

图 12-9

练习方法：

（1）反复挥拍模仿做高压球练习。

（2）自抛高球，做向地面击球的练习。

（3）1 人网前抛高球，1 人做高压球练习。

七、挑高球技术

挑高球是把来球挑过对方头顶的一种进攻性或防御性的击球方式，分平击挑高球（防守型）和上旋挑高球（进攻型）两种。

技术要领：判准来球方向后，即刻在跑动中按抽球动作使球拍充分后摆，并使身体侧对来球方向。在准备击球时，应使拍面充分后仰，手腕适当绷紧，触及球的下部或后下部，然后根据对方的站位向下、向外把球击向空中（图 12-10）。

图 12-10

练习方法：

（1）做挥空拍的挑高球练习。

（2）1 人抛球，1 人做挑高球练习。

（3）1 人击球，1 人做挑高球练习。

八、接发球技术

要接好发球，必须掌握比较全面的基本技术。因为接发球前，接球队员对于对手可能发过来球的方向、旋转、力量、速度等都无法控制。一旦对方将球发出，就要迅速做出判断和反应，并且选择适当的击球方式来完成接发球动作。

1. 接发球的站位 一般位于端线附近，力求在接发球时向前移动击球。当对方第 1 次发球时，多采用大力发球，站位应偏后一些；如果是第 2 次发球，可略向前移，采取攻击性的还击。

2. 准备姿势 保持两脚平行站位，比肩稍宽，右手持拍者一般右脚稍前，两膝微屈，上体稍前倾，脚跟提起，将球拍置于体前。

正手平击球

3. 击球 还击来球之前要观察对方的行动，边确定来球方向边站好位置，然后快速敏捷地带左肩转身，击球的瞬间要紧握球拍使其不发生颤动，对自己的回球路线和落点要有针对性。最后的随球动作中，径直顺着拍头的方向继续快速挥拍，然后自然返回。接发球一般采用正手击球和反手击球的方式。

练习方法：

（1）持拍做接发球挥拍练习。

（2）1 人隔网抛出底线球，1 人持拍做接发球练习。

（3）1 人连续发球，1 人连续做接发球练习。

第三节　网球运动基本战术

一、单打战术

在单打比赛中，队员既要熟练掌握合理利用网球的基本技术，也要充分利用战术来进行比赛。单打战术根据队员的特点可分为上网型打法、底线型打法和综合型打法。上网型打法主要由发球上网战术、随球上网战术、接发球上网战术等组成；底线型打法以稳守底线战术为主，主要运用底线的抽球和削球技术；综合型打法是底线型和上网型两种打法的综合运用。

1. 发球上网战术　利用快速有利和落点多变的发球（第 1 次发球要狠，第 2 次发球要稳），迫使对方接发球难以主动发力，然后快速移步上网，封住对方来球角度。

2. 随球上网战术　对打中，利用一拍低而深的球，迫使对方难以发力，然后快速移步上网，封堵对方来球。

3. 接发球上网战术　在判断准确、及时的基础上，利用高质量的接发球攻击对方，使对方失去主动，然后快速上网。

4. 稳守底线战术　采取稳打底线反弹球策略，尽量将回球打深，使其落点靠近对方球场的端线，并注意落点和旋转的变化，把对手压在底线附近，阻止对方上网，为自己下次击球争得充裕的时间。在相持中，力求通过斜线和直线球的变化来调动对方，让其击球失误或在场上出现空当，伺机在稳守中争得主动，以便自己能够快速上网封杀。

二、双打战术

网球双打是比较普遍的一项运动，但是由于场地扩大、人员加倍，不但需要掌握技术要领，还必须了解双打与单打的不同战术内容。只有这样，才能与搭档打出巧妙的配合，获取双倍的成功。

在双打比赛中，发球队员应站在中点和单打线的中间，准备发球后直接上网；同伴站在发球线与球网之间，稍偏向单打线，做到只向两侧各移动一步，就能封住单打与双打之间的空隙及球场中区。接发球队员站在靠近边线的端线后，在接左区发球时应稍靠中间站位，其同伴应站在靠近发球线的前面且偏近中线处，以便防守中路来球。

发球时，发球技术好的球员应先发，发球队员应多用旋转发球，来保证发球的成功率。正拍技术好的队员站在右区，反拍技术好的队员站在左区。

双打战术主要有协作配合战术、协同防守战术和抢网战术等。

第四节　网球运动竞赛规则简介

一、单打比赛规则简介

（1）发球前，先站在端线后中点和边线的假定延长线之间的区域内，用手将球抛向空中，在球接触地面以前用拍触球，就算完成球的发送。

（2）发球时，发球队员在整个发球动作中，不能通过行走或跑动改变原来站的位置，两脚只准站在规定的位置，不得触及其他区域。

（3）每局开始，先从右区端线后发球，得或失 1 分后，应换到左区发球。发出的球应从网上越过，落到对角的对方发球区内或其周围的线上。

（4）发出的球，在落地前触及固定物（球网、中心带和网边白布除外）或违反发球站位的规定，则属发球失误。第 1 次发球失误后，应在原发位置上进行第 2 次发球。第 1 局比赛结束，则互换发球权，以后每局终了，均依此互换，直到比赛结束。

（5）双方应在每盘的第 1、3、5 等单数局结束后，以及每盘结束双方局数之和为单数时，互换场地。

（6）在第 2 次着地前未能还击过网；还击的球触及对方场区界线以外地面、固定物或其他物体；故意用球拍触球超过 1 次；身体、球拍在发球期间触及球网；过网击球、抛拍击球或还击空中球失败，均判失分。

二、双打比赛规则简介

（1）每盘开始局，由发球方决定首先发球者，第 2 局则改由对方决定，第 3 局由第 1 局发球方的另一球员发球，第 4 局由第 2 局发球方的另一球员发球，以下各局均依此类推。

（2）先接球一方，应在第 1 局开始时，决定先接发球人，并在这盘单数局继续先接发球。对方在第 1 局开始，以同样的方法决定先接发球的人，并在这一盘双数局继续先接发球，同伴则在每局中轮流接发球。

（3）接发球后，双方应轮流由其中任何一名队员还击，但不能进行两次击球。

定向运动

定向运动也被称为智力型体育运动，是利用地图和指北针依次到达地图上所示的各个地点，以最短时间到达所有地点者为胜。“定向”这两个字出现于 1886 年，意思是在地图和指北针的帮助下，越过不被人所知的地带。

定向运动一般在森林、郊外和城市的公园等地进行，也可以在大学校园里进行。定向运动起源于瑞典。起初，定向运动只是一项军事体育活动。定向运动比赛于 1895 年在瑞典首都斯德哥尔摩的军营区、挪威首都奥斯陆的军营区举行，它标志着定向运动作为一种体育比赛项目诞生。到 20 世纪 30 年代已在芬兰、挪威、瑞典、丹麦立足。1932 年举行了第一次世界定向运动比赛。1961 年国际定向运动联合会（IOF）在丹麦哥本哈根成立。国际定向联合会是世界定向运动的行政实体，是国际体育联合会总会之一。定向运动也是国际承认的奥林匹克体育项目。

现代定向运动发展迅速。很多高校除了开设定向运动课程外，老师在班会中也会安排定向运动，丰富学生的班会内容，增加同学的团体协作能力，增强学生体质。

第一节　定向运动概述

一、定向运动的定义

定向运动是指通过地图上的地面检查点，以最短的时间跑完全程的运动。在定向运动中，不用指南针而用指北针。指南针与指北针构造相同，只是前者指向南方，后者指向北方。

二、定向运动的分类

定向运动可分为不同种类，如徒步定向、山地自行车定向、滑雪定向、残疾人轮椅定向、接力定向、夜间定向、瑞典五日定向等。

1. 徒步定向　徒步定向也称定向越野，是各种定向运动比赛中组织方法比较简单、开展最为广泛的一种，也是国际定向运动联合会正式承认的比赛项目之一。

2. 山地自行车定向　顾名思义，山地自行车定向就是选手们骑在山地自行车上进行的定向运动（图 13-1）。它需要的场地比徒步定向略大，区域内的大小道路要构成网络，以便选手骑行。由于不便选手频繁看图，山地自行车定向选手比徒步定向选手更需要地图默记的能力。

3. 滑雪定向　如图 13-2 所示，它与徒步定向的区别是选手需要滑雪装置（非机动）。

4. 残疾人轮椅定向　这是专为伤残人特别设计的定向运动形式。基本比赛方法是：在

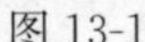
图 13-1

图 13-2

野外道路的两侧设置若干检查点群（每处 3～6 个点标），选手需要按照地图与检查点说明的指示，在每个检查点群处像做选择题那样挑选出唯一正确的那个点标。

5. 接力定向　接力定向是团体之间的定向越野比赛项目之一，其成绩的好坏有赖于每个队员能力的发挥。在接力比赛中，比赛的路线被分为若干段，各选手只完成其中的一段，选手的成绩相加为该队最后成绩。

6. 夜间定向　这是徒步定向中很刺激的一种比赛形式。由于是在视度不良的夜间进行的，不仅增加了比赛的难度，同时对观众和选手自己更增加了吸引力和紧张感。

7. 瑞典五日定向　这是瑞典特有的一项特别吸引人的大型赛事。该赛事在每年的夏季（7 月）举行，有非常多的比赛路线、比赛形式供参加人员选择，在 5～7 天的活动中，来自世界各地的爱好者们可挑选适合自己的定向比赛。

三、开展定向运动的意义

在高校青年学生中开展定向运动，有利于提高学生学习体育的积极性，增强锻炼的效果。野外定向运动有利于发展学生的速度、耐力、灵敏性、弹跳力等身体素质，增强体质。同时，还能培养学生勇敢、机智、坚毅的优良品质。另外，开展定向运动能够丰富学生的地图知识、地形地貌知识，具有军事意义。学生独立完成各项野外作业，对于培养学生自我生存的能力和开发学生智力有着独到的益处，有利于学生素质的全面提高。

第二节　定向运动的基本技能

定向运动是一项处在发展和变化中的综合性体育运动，而定向运动的技能则是在定向运动中为保证定向运动各项任务的顺利完成而采取的方法和措施。

优秀的定向越野选手除了在野外能够迅速地辨别方向外，还应该能够熟练地使用地图和指北针，善于进行长距离的越野跑和既果断又细心地选择最佳进行路线。

一、定向越野中地图和指北针的使用

在定向越野中，地图和指北针（图 13-3）起着确定运动点、运动方向和运动路线的重要作用，读识地图、掌握指北针的性能是基础，使用地图和指北针是关键。在定向越野中，

确定运动点、运动方向、运动路线时，把地图、指北针、实地三者有机结合起来，将会达到简便、快捷、精确的判断效果。

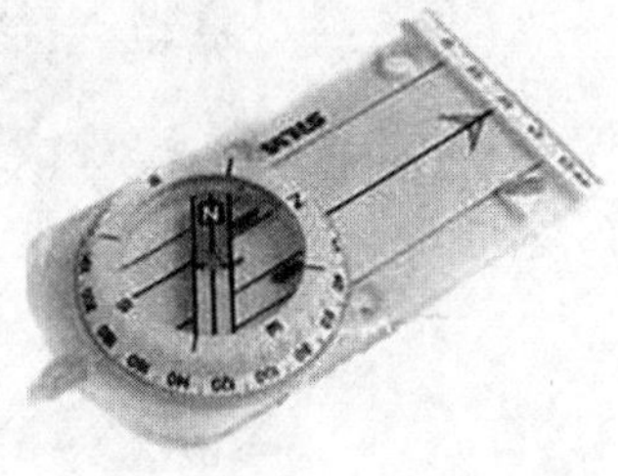

图 13-3

（一）标定地图

标定地图

标定地图就是使地图的方位与实地保持一致。标定地图的目的是便于与实地对照，便于利用地图确定运动点、运动方向和运动路线。

1. 概略标定　越野图上的方位是上北、下南、左西、右东。在现地正确地辨别了方向之后，只要将越野图的上方对向现地的北方，地图即已标定。这种方法简便迅速，是定向越野比赛中最常见的方法。

2. 利用磁北线（MN 线）**标定**　先使透明式指北针圆盒内的定向箭头“↑”朝向地图上方，并使箭头两侧的平行线与越野图上的磁北线重合（或平行），然后转动地图，使磁针北端对正磁北方向，地图即已标定。

3. 利用直长地物标定　利用直长地物（如道路、土垣、沟渠、高压线等）标定地图，首先应在图上找到这段直长地物，对照两侧地形，使图与现地各地形点的关系位置概略相符，然后转动地图，使图上的直长地物与现地的直长地物方向一致，地图即已标定。

4. 利用明显地形点标定　当选手位于明显地形点上，并已从图上找到该地形点的位置（即自己所在的站立点）时，可以利用明显地形点标定地图。方法是：先选择一个图上与现地都有的远方明显地形点（目标），然后转动地图，使图上的站立点至目标的连线与现地的站立点至目标的连线相重合，此时地图即已标定。

（二）对照地形

对照地形，就是要通过仔细地观察，使图上和现地的各种地物、地貌“对号入座”，即相互对应。对照地形在定向越野比赛中的作用主要有两个：一是在站立点尚未确定时，只有正确地对照地形，才能在图上找出正确的站立点位置；二是在站立点已经确定，需要变换行进方向时，只有通过对照地形，才能在现地找到已选定的最佳行进路线。对照地形一般应先标定地图，然后根据不同的需要采用不同的对照方法。

1. 在站立点尚未确定时　首先应概略地标定地图，然后迅速地观察一下周围，记清最大或是最有特征的地物、地貌的大概方位与距离，并从图上找到它们，此时站立点的位置即可概略地确定。

2. 在站立点已经确定之后　同样首先应概略地标定地图，然后从图上查明自己选定的运动路线上近前方两侧的特征物，同时记清它们的大概方位与距离，并将它们在现地辨别出来，然后再前进。如果因为地形太复杂，如山丘重叠、形状相似等，不易进行对照，可以先采用较精确的方法标定地图，然后用带刻度尺的指北针的长边切站立点和特征物，并沿这条直长边向前瞄准，则特征物一定在此方向线上。如此方法还不能解决问题，应变换对照位置，或者登高观察和对照。在这里需要特别强调的是，无论在什么情况下进行现地地形对照，都必须特别注意观察和对照地形的顺序与步骤问题。现地地形对照的顺序一般是：先对照大而明显的地形，后对照一般地形；由近及远，由左至右；由点及线，由线及面；逐段分片，有规律地进行对照。

（三）判定地形

判定地形就是根据地图上的地貌符号和地物符号的种类、分布方位、排列规律、形状、大小等，判定实地相应地貌的高低起伏、体积大小、外表形状、相对方位，以及实地相应地物的种类、大小、外表形状及其相对方位等。

这种方法是利用分析地图判定实地站立点观察不到或未到达的实地地域的地貌、地物的状况，它是定向运动经常采用来分析实地地形的重要方法之一。

在定向运动中，必须掌握以下判定地形的原则和方法。

1. 判定地形的原则

（1）以地图上定向运动的起点、检查点、终点为基准点，在地图上分析各基准点周围的地貌和地物，重点分析周围明显的地貌或地物的特征，必要时可把这些明显的地貌或地物作为参照物，确定基准点或捕捉基准点的辅助目标。

（2）以地图上定向运动的起点、检查点、终点之间的边线为中枢线，在地图上分析这些中枢线周围的地貌和地物，重点分析周围明显的地貌或地物的特征，必要时可把这些明显的地貌或地物选择为参照物，作为定向运动的引导目标，确定运动方向和选择运动路线。

2. 判定地形的方法

（1）以等高线判定地形。

①以等高线的分布情况判定地表形态，如山地或谷地。

②以等高线的条数多少判定山体的高低。

③以等高线的疏密判定山坡的陡缓。

④以等高线的疏密排列判定山体坡面的形态（等齐面、凸形面、凹形面、波浪面）。

⑤以等高线的闭合外形判定山体类别、外形、大小、山顶、山背、山谷、鞍部、台地等。

⑥以等高线的分布情况，根据地理规律判定地表高低起伏。山地高，平地低；山顶高，鞍部低；山背高，谷地低；山脊高，山脚低。

（2）以高程注记判定地形高低。一般地形图有高程注记，这种地图还能以高程注记判定地形高低。

（3）以地物的种类、形态、大小、方位判定地形。

①以较大地物如江河、湖泊、池塘、建筑群等判定其形态、大小、方位。

②以线状物如道路、电线线路、沟渠等判定其长短、走向。

③以符号物如塔、亭、独立房、独立树等判定其方位。

（4）以地图颜色判定可跑地域或不可跑地域。

①一般绿色为通行困难地域，通过此地域最好选择道路绕行。

②一般黄色为半空旷地域，通过此地域要具体分析该地域的地形而定。

③一般白色为空旷地域，该地域为可跑区域，可选择参照物引导越野，或在地图上找到目标点，以指北针定向越野。

(四) 查看地图与观察实地的差异

在进行地图与实地对照时，查看地图与观察实地存在着一定的差异。这是因为绘制地图本身和实地存在一定差异，实地的变化与地图形成差异，以及查看地图与观察实地的人为错觉产生差异。明确这些差异和了解差异的原因，对于正确快速地使用地图是非常重要的。

1. 地图与实地的差异

(1) 地图成图技术的原因造成地图与实地的差异。地图是按比例尺以地貌、地物符号等描述实地地形的平面图形，小面幅的平面图形反应大面积的实地立体地形，在面积、外形上有着较大的差异，地图成图技术处理也使地图与实地某些地形略有区别。因此，在进行图地对照时，必须熟悉地图的成图原理和地图与实地差异形成的原因。

地图的图幅虽小，但它包含着实地广大地域。因此，地图不可能对实地的地貌和地物标注得非常详细。由于技术上和实际的需要，在地图测量和制图过程中舍弃了一些地貌的细部和少数次要地物等，这样虽然使地图与实地存在一些差异，但保证了地图的清晰。所以，在定向运动中进行图地对照时，不要刻意追究这些细节而浪费时间和精力。此外，还应根据地图的分析和实地观察，灵活机动地应用地图上未标注的地貌和地物。

(2) 过时地图与现时实地之间的差异。由于自然的风化、社会的发展，地图的绘制往往赶不上实地的变化。应用过时地图与现时实地对照差异更大。特别是在大规模的工程建设和大规模的农田水利建设地域，实地的地貌和地物更是面目全非。所以，在定向运动训练和竞赛时，应尽量不要选择这些地域，即使选择山区偏僻的地域，也应了解地貌、地物由于自然风化和社会发展引起的变化规律。一般来讲，地物的变化较大，地貌的变化较小。所以，在定向运动中，进行图地对照时（特别是采用过时地图时）应以地貌为主，并应多选择几个地貌作为对照物进行仔细的分析比较，确保地形的正确判断。

2. 观察判断产生的差异

(1) 视野的限制产生的差异。地图的成图是将地貌高程、地物的平面外形垂直投影在同一平面上，根据比例尺用地貌、地物符号绘制的俯视图形。由于视力的限制，在实地观察地形时，只能观察到实地站立点周围的地貌和地物的正面的镜面外表形态。即使是实地站立点在高地，也只能观察到脚下或近处的地貌和地物的全貌，而观察远处的地貌和地物，看到的仍是正面的镜面外表形态。所以，在进行图地对照时，要以地图站立点周围地貌或地物符号的正面一侧，与实地站立点周围的地貌或地物对照。

(2) 判断产生的差异。在观察实地复杂的地形中，由于观察的方位不同，容易产生错误的判断。如在曲折多变的山体外形区域，容易认错山谷；在山地起伏差别不大的地区，容易认错山头。在多山谷的地域观察对比山谷时，由于视角的原因，往往观察近处的山谷大于远处的山谷，而产生错误的判断。在谷地观察山地时，由于仰视山地，往往观察近处的山体大于远处的山体，认为近处的山高于远处的山。在高地观察山地时，由于俯视山地，往往观察到远处的山体比近处的高，产生"这山望着那山高"的错误判断。在定向运动中，在这种复杂的地域进行图地对照时，观察实地的地形要仔细分析、反复对照，最好多选择几个参照物进行分析比较，以达到准确判断的目的。

二、定向越野的长跑技术

总的来说，定向越野的成绩是由野外定向和识图用图的能力决定的，但问题是，在野外

人们应该掌握怎样的奔跑技术，注意哪些要点才能发挥更大的体能优势。要想取得更好的定向越野成绩，还需要经过科学的越野跑训练。

1. 定向越野跑的特点　定向越野的越野跑实际上是一种长距离的间歇式赛跑（在途中常常需要停下来看图或定向）。这种在野外清新的环境中的奔跑，可以使肌肉的紧张与放松、身体的负荷与精神的专注不断地交替进行。在这种情况下，所有参加者的全身，特别是呼吸与心血管系统都将得到较大的锻炼。

2. 定向越野跑的基本要求　定向越野的越野跑同其他长跑项目一样，要求一方面能够尽可能地减少人体能量的消耗，维持一定的跑速，另一方面又能根据比赛的情况，具有加速度的能力。

总之，在定向越野跑时要根据地形的实际情况，采用适当合理、简便可靠、快捷安全的运动方法，争取更好的运动成绩。

标定地图、对照地形和判断地形是确定运动点、运动方向和运动路线的基础。确定运动点、运动方向和运动路线，是定向运动中地图和指北针的具体应用，是进行定向运动的基本技能。

三、确定运动点

运动点是指定向运动中的起点、检查点、终点，以及运动中的站立点和目标点等。确定运动点概括起来可分为两类，即确定站立点和确定目标点。在定向运动中，起点（即出发点）可作为站立点来确定，终点可作为目标点来确定。

（一）确定站立点

在定向运动中，在图、站立点都明确的情况下，主要是验证实地站立点与地图站立点的吻合性。确定站立点的方法很多，在定向运动中，参加者应根据图地对照和判断地形的能力，以及实地的地形情况，选择适当的方法作出快速、准确的判断。确定站立点的方法如下：

确定站立点的位置

1. 综合分析法　综合分析法就是通过分析实地站立点周围地形进行图地对照，通过对周围实地地形的概略对照、选择参照物对照、细部分析反复验证，确定实地站立点在地图上的准确位置。

2. 直线相交法　直线相交法就是以图、地都有的两个明显地貌或地物作为参照物，然后，以图、地相应对照物两点相连成各自直线，两直线在地图上必相交于一点，地图上的这个交点即为实地站立点在地图上的位置。这种以在同一平面上不平行的两直线必相交的几何原理，确定实地站立在地图上的位置的方法，即称为直线相交法。在定向运动中，这种方法多在视野较好、周围可选地貌或地物明显的情况下采用。特别是对于定向运动的初学者，这种方法操作具体，便于掌握。

3. 截线法　截线法就是实地站立点处于图、地都有的线状地貌或地物上时，选择一个图、地都有的明显地貌或地物作为参照物，图、地对应的参照物的连线与线状物在地图上的交点，即为实地站立点在地图上的位置。这种方法与直线相交法的原理相同。

4. 磁方位角法　磁方位角法就是在实地站立点，测出实地两个明显的参照物的磁方位角，然后，在地图上找到这两个参照物的符号，分别以各参照物符号为中心，绘出其相应的磁方位角，各个磁方位角终边的延长线在地图上的交点，即为实地站立点在地图上的位置。

这种方法多在实地站立点所处位置的视野不好，且可直接攀高远眺周围地形的情况下使用。

如处于森林中，可攀上大树远眺周围地形；在高深的草丛中，可直接登上高地远眺周围地形等。

（二）确定目标点

在定向运动中，确定目标点分为确定地图目标点和确定实地目标点。

1. 确定地图目标点　确定实地的目标点在地图上的具体位置的先决条件是，实地的目标点为可见目标。确定地图目标点，主要是确定实地目标点在地图上的方位，即明确地图站立点到地图目标点的方向，明确地图站立点与地图目标点之间的距离。

确定目标点的位置

在定向运动中，确定地图目标点的目的主要是为了进行图地对照，从地图上分析站立点周围的地形。

2. 确定实地目标点　在定向运动中，确定实地目标点的目的是为确定运动方向和运动路线打下良好的基础。特别是对于定向运动的组织者来说，确定实地目标点有利于了解所设计的运动路线的方向变化、路线距离以及路线的起伏、爬高量等，从而根据参赛的组别、定向运动的水平，以及竞赛或训练要求等判断运动路线设计的合理性。

四、确定运动方向和运动路线

在定向运动中，确定站立点与确定目标点是互为条件的，根据已知的站立点可以确定目标点，根据已知的目标点可以确定站立点，确定了目标点也就明确了站立点到目标点的方向（目标点方向）和它们之间的距离。特别是确定实地目标点，不但明确了目标点方向和它们之间的距离，还为确定运动方向和运动路线打下了良好的基础。

（一）运动方向与目标方向的关系

在定向运动的实地运动中，由于实际地形复杂，运动员不可能从出发的实地原站立点沿目标点方向直接抵达实地的目标点，所以，定向运动中的实际运动方向是随运动发展而不断变化的。在定向运动中，站立点指向目标点的直线方向称为目标点方向，站立点抵达目标点的实际运动方向称为运动方向。

在定向运动中，运动方向是根据从站立点抵达目标点的方法而确定的。抵达目标点的方式不同，确定运动方向的方法也不同，运动方向与目标点方向也有不同的关系。

1. 参照点法确定运动方向与目标方向的关系　参照点法即选择实地可见的明显地貌或地物作为目标点，以这个目标点作为参照点指引运动方向，虽然从站立点抵达目标点的过程中，运动方向随运动路线时左时右不断变化，但运动方向始终以参照点为目标引导，也就是常说的运动大方向始终指向参照点。这种方法其运动大方向与目标点方向无论一致或不一致，都始终以参照点引导运动方向。

2. 线状物法确定运动方向与目标方向的关系　线状物法是站立点与目标点都处在线状物上时采用的方法（实地目标点也为不能直接观察到的目标点）。线状物法是以线状物的走向引导运动方向。这种方法确定的运动方向，可能因线状物走向的变化，而使其运动方向与目标点方向不一致。

3. 指北针法确定运动方向与目标方向的关系　指北针法在实地目标点不能直接被观察，

但站立点与目标点之间为可通行地域时采用。指北针方向与目标点方向基本一致。

（二）确定运动方向和运动路线

在定向运动中，确定运动方向和确定运动路线是确定同一事物的两个紧密联系的过程。也就是说，标定地图是基础，确定运动方向是前提，确定运动路线是目的。

在定向运动地域，实地的地形千差万别，有些地域山地陡峭难行，有些地域覆被厚实荆棘丛生不可通行，有些地域穴深崖陡，属危险区域。这些都给确定运动路线带来了一定的困难。在定向运动中，若运动路线选择错误，不但浪费时间和体力，有时还会发生不良后果。所以，运动方向确定以后，还应根据实地的地形变化确定正确的运动路线。

在定向运动中，确定运动方向和运动路线主要是指以地图确定运动方向和运动路线，以实地确定运动方向和运动路线，也必须与分析地图、判定地形相结合。在具体应用中，两者是相辅相成、相互联系、相互补充的。确定运动路线时，要把两者结合起来，综合分析，灵活应用，确定最佳的运动方向和运动路线。

确定运动方向和运动路线归纳起来有如下几种方法：

1. 参照点法　参照点法要求把握好以明显参照物引导运动方向，在站立点与目标点间选择可通行、距离最近的运动路线。这种方法直观，易掌握。在具体应用中，始终以明显参照物引导运动方向。运动路线则应根据地图分析和实地地形，在站立点与目标点间选择合适的运动路线。运动的路线可选择越野、道路、绕行，但运动路线选择应保证运动抵达目标点的便利和快捷。

2. 线状物法　该法以线状物引导运动方向，首先要确定目标方向的准确性，再以线状物引导运动路线，在运动中还要把握好运动的距离，准确抵达目标点。把握运动距离可采用线状物两侧的明显地形作参照进行判定；也可根据奔跑速度和所用时间，估量运动距离。避免未抵达目标点就盲目寻找目标点标志或跑过目标点。

3. 指北针法　以指北针确定运动方向，运动路线以目标方向引导，在实际应用中，始终把握好运动方向，同时也应以奔跑速度和所用时间估量奔跑距离，确保准确抵达实地目标点。

4. 组合法　即根据实际地形，应用不同运动路线抵达目标点的方法。它是由各种确定运动路线的基本方法组合而成的，这种方法是定向运动中较常采用的确定运动路线的方法。

（三）确定运动方向和运动路线的原则

在定向运动中，要在广阔的复杂地域选择最佳的运动路线，不但要充分地使用地图和指北针，认真地分析地图、观察地形，进行图地对照和判定地形等，而且还应坚持选择运动路线的原则，使选择的运动路线安全、快捷、省力，确保运动路线的可行性和可靠性，顺利地完成定向运动任务，并争取最好的运动成绩。以下为确定运动路线的 3 条原则。

1. 可跑地域，直接越野　在定向运动中，遇到地形起伏不大、空旷的原野和草地，可通行的沼泽地，树林稀疏和树林下面空旷可跑等地域，可以优先选择直接越野，这样可以缩短路程，节省时间和体力。

选择越野路线，首先应在确定好运动方向的前提下，认真地分析地图，仔细地观察实地的地形，充分利用地图和指北针，把握好运动方向和运动路线。查看分析定向运动竞赛彩色地图，一般白色或浅黄色区域为可跑地域，应选择直接越野。黄色区域为半空旷地域，要认真分析地图，仔细观察地形，确认直接越野的可行性和可靠性。越野的方法可根据实际情况，选择实地目标方向的明显地貌或地物作为参照物定向越野。实地目标点不可见，且目标点方向无明显参照物时，也可以利用指北针定向越野，同时估量出站立点到目标点间的实地距离。实际应用时，第一要把握好运动方向，第二要把握好实际奔跑的路程。

2. 利用道路，穿越险地　道路是人们在社会实践中，为了相互交往和便利交通而修筑和自然践踏形成的。所以道路相对便利、平坦好行，且安全可靠。加之定向运动竞赛地图现时性强，道路表示详细，利用道路有利于图地对照。在道路上运动易于明确实地站立点在地图上的位置，不易迷失方向。在定向运动中，利用道路奔跑，既省时又省力。

在利用道路时，应根据实际情况仔细查看地图，以便分析地形，充分合理地利用道路。查看分析定向运动竞赛彩色地图，要穿越绿色不可通行区域，若有道路应充分利用道路；翻越高山峻岭或跨越深沟宽河，若有道路也应首选道路。在定向运动中若有多条道路可选，应仔细查看地图分析地形，弄清各道路的走向、下段道路的边界点，比较它们的路程距离等，选择快捷、省力的最佳运动道路。在定向运动中，还应学会利用地图上（因制图等原因）未标注的山间小径，合理地利用这些小径将会获益匪浅。

3. 险阻地段，提前绕行　在定向运动中，由于竞赛的要求，组织者一般都选择地形较复杂的地域作为竞赛场地，所以定向运动路线多为蜿蜒曲折的运动路线，很少有直接抵达目标点的运动路线，加之地表的地形本来就千姿百态，运动途中会不时遇到高峻的险峰、陡峭的山崖、深险的冲沟或穴洞、宽深的江河或沟渠、辽阔的湖泊和大水塘等难以逾越的障碍。

在定向运动中，采用“直接越野”“利用道路”或“提前绕行”等原则确定运动路线时，看上去它们之间是相互矛盾的，但它们的目的是一致的，那就是为了减少体力消耗，节省运动时间，较快地完成任务抵达目的地。在实践中，灵活、合理地利用确定运动路线三条原则，就必须认真地分析地图，仔细地观察地形，综合分析全面考虑，选择科学合理的运动方法，确定正确的运动方向和运动路线，保证定向运动快捷、圆满地完成任务。

第三节　定向运动竞赛的组织与规则

一、定向运动竞赛的组织

（一）赛前准备工作

包括竞赛组织的建立、竞赛文书、竞赛计划、竞赛成绩记录、统计表格、竞赛场地、地图等准备，竞赛路线设计及实地勘测，裁判员集训与实习等工作。

（二）赛期组织工作

（1）每日的竞赛安排。

（2）每日的竞赛组织。

（3）根据规程与规则处理偶发事件。

（4）公布竞赛项目成绩、名次及颁奖。

（三）赛后工作

整理成绩，编印成册，及时发放，总结汇报。

二、定向运动竞赛的形式及项目

1. 定向运动竞赛的形式

（1）日间定向运动竞赛。以日出 1h 后至日落前最后一批参赛者预计完成全赛程时间的 15 倍为日间竞赛时间。

（2）夜间定向运动。以日落 1h 后至日出前最后一批参赛者预计完成全赛程时间的 2 倍为夜间竞赛时间。

（3）日夜交替定向运动竞赛。仅限于集体项目。

2. 定向运动竞赛的项目 定向运动竞赛项目有个人赛、团体赛、多日竞赛、接力赛、小组赛。

三、定向运动竞赛的裁判规则

（一）违例与处罚

1. 下列情况给予警告

（1）在出发区提前和抢先出发者。

（2）不按规定佩戴号码布者。

（3）试图进入竞赛区域，但未造成后果者。

2. 下列情况判罚运动员成绩无效

（1）未经竞赛裁判委员会批准，冒名顶替参加竞赛者。

（2）未按竞赛规定顺序完成检查点，即检查卡打印图案位置不对者。

（3）未完成检查点任务者，即检查卡打印检查点图案不全者。

（4）检查卡打印的图案模糊不清，确实无法辨认者。

（5）竞赛结束前未交检查卡者及丢失检查卡者。

（6）超过规定完成全赛程的竞赛时间者。

（二）犯规与处罚

1. 下列情况给予取消竞赛资格

（1）为他人指点路线和接受他人指点路线者。

（2）为他人代打检查卡者和被代打检查卡者。

（3）领跑者和跟跑者。

（4）不按规定检查点顺序行进者。

（5）竞赛搭乘交通工具者。

（6）利用规定以外的定向器材者。

（7）有证据证明赛前勘察过竞赛场地者。

（8）根据规则不符合参赛组别的参赛者。

2. 其他违规处理

（1）故意破坏检查点标志、打卡器等竞赛设施者，除取消竞赛资格外，应责令其赔偿，并通报该队给予批评教育。

（2）运动员在竞赛中损害群众利益，故意损坏农作物、林木花草等自然环境者，取消竞赛资格，并通报该队给予批评教育。造成的后果及经济损失由本人负责。

（3）运动员竞赛途中因伤病不能继续竞赛时，以退赛论处。

（4）竞赛前运动员因故弃权，领队或教练员应向裁判委员会事先通报。

第十四章

体育舞蹈

体育舞蹈也称国际标准舞，分为摩登舞和拉丁舞两个系列。总共 10 个舞种。其中，摩登舞系列有维也纳华尔兹、华尔兹、探戈、狐步舞和快步舞；拉丁舞系列包括伦巴、恰恰、桑巴、牛仔舞和斗牛舞。每个舞种均有各自音乐、舞蹈动作及风格特色。根据各舞种的乐曲和动作要求，组编成各自的成套动作。

体育舞蹈是一项新兴的体育项目，是以男女为伴的一种双人配合舞蹈的竞赛项目。它是以身体舞蹈为基础内容，双人搭档配合，融艺术舞蹈、体育锻炼、音乐于一体的体育运动。体育舞蹈对人体的协调性、柔韧性和关节的灵活性，以及动作的节奏感有着积极的作用。体育舞蹈进入课堂学习，不仅能有效地提高学生的身体素质，而且能满足大学生追求美和优美姿态的需求。

第一节　体育舞蹈概述

一、体育舞蹈的起源

国际标准舞是由社交舞（交谊舞、舞厅舞）演变而来的。社交舞的来源可追溯到原始时期，那时人类就有带有自娱性、观赏性、表演性的舞蹈活动。男女对舞，最早出现在非洲民间土风舞中，他们多在农闲或者节日，成群结队地在草地或者广场上跳乡村土风舞。因而体育舞蹈是由世界各国最早的民间舞蹈演变而来，其发源地多为欧洲、非洲、南美洲、北美洲的群体聚居地，经历了对舞、圈舞、行列舞、集体舞等舞蹈形式的演变过程。

1768 年，在巴黎出现了第一家交谊舞厅，由此交谊舞开始在欧美各国流行，成为普遍的社交方式。

二、体育舞蹈的发展

20 世纪初，在交谊舞的漫长发展演变中，舞步、舞技、方向逐渐正规化。为了便于普及和进一步推广提高大众的参与意识，1924 年英国皇家舞蹈教师协会对当时的交谊舞中的各种舞步、舞姿、跳法加以系统化和规范化，使其发展到一个较高的层次。到了 11 世纪，欧洲一些国家王室的舞蹈教师按照宫廷生活和礼仪习俗的需要对民间舞蹈进行加工改造，形成了具有规范形式的社交舞蹈。17 世纪下半叶，交谊舞开始在欧洲社会中流行。1768 年，在巴黎出现了第一家舞厅，开启了现代社会交谊舞时代。交谊舞经历了 100 多年的发展，渐渐保留了一些风格鲜明、舞步规范的技巧体系。到了 19 世纪，法国大革命、工业革命和浪漫主义运动给人们的思想观念带来了很大的影响，华尔兹等舞步十分盛行。20 世纪 50 年代，人们又将拉丁舞进行了规范整理，丰富了舞种和舞步。起源于古巴的拉丁舞也渐渐盛行，并很快传到了欧洲各国。

目前，国际上存在两个有影响力的国际体育舞蹈组织，即：世界舞蹈与舞蹈运动理事会（WDDSC），于1950年9月22日在苏格兰的爱丁堡成立；国际体育舞蹈联合会（IDSF），于1935年在布拉格成立。1997年，体育舞蹈正式得到国际奥林匹克委员会承认，并且国际体育舞蹈联合会成为唯一代表体育舞蹈的国际组织。2000年，体育舞蹈成为悉尼奥运会的表演项目。

1994年，我国加入国际体育舞蹈联合会。随后，中国又多次派团参加世界大赛，2004年，实现了中国体育舞蹈选手在世界比赛中零的突破。

第二节　体育舞蹈的分类与要求

一、体育舞蹈的分类

体育舞蹈分为摩登舞和拉丁舞。

(一) 摩登舞

摩登舞（Modern Dance）又译标准舞。特点是由贴身握抱的姿势开始，沿着舞程线逆时针方向绕场行进。步法规范严谨，上体和胯部保持相对稳定挺拔，完成各种前进、后退、横向、旋转、造型等舞步动作，具有端庄典雅的绅士风度。曲调大多抒情优美，旋律感强。服饰雍容华贵，一般男着燕尾服，女着过膝蓬松长裙。

1. 维也纳华尔兹（Viennese Waltz）　也称快三步，用“V”表示。舞曲旋律流畅华丽，节奏轻松明快，为3/4拍节奏，每分钟56～60小节，每小节为3拍，第1拍为重拍，第4拍为次重拍。基本步伐是6拍走6步，2小节为一循环，每小节为1次起伏。基本动作是左右快速旋转步，舞步平稳轻快、翩跹回旋、热烈奔放，舞姿高雅庄重。维也纳华尔兹是源于奥地利的一种民间舞蹈，由男女成对扶腰搭肩共同围成一个圆圈而舞，故又被称为圆舞。著名的约翰·施特劳斯为维也纳华尔兹谱写了许多著名的圆舞曲。

维也纳华尔兹
标准套路演示

2. 华尔兹（Waltz）　也称慢三步，用“W”表示。舞曲旋律优美抒情，节奏为3/4的中慢板，每分钟28～30小节。每小节3拍为1组舞步，每拍1步，第1拍为重拍，3步一起伏循环。通过膝、踝、足底、跟掌趾的动作，结合身体的升降、倾斜、摆荡，带动身体移动，使舞步起伏连绵，舞姿华丽典雅，是维也纳华尔兹的变化舞种。19世纪中叶，维也纳华尔兹传到美国，当时美国崇尚舒缓、优美的舞蹈和音乐，于是将快节奏的维也纳华尔兹逐渐改变成悠扬而缓慢、有抒发性旋律的慢华尔兹舞曲，舞蹈也改变成连贯滑动的慢速步型，即如今的华尔兹。

华尔兹银牌
套路演示

3. 探戈（Tango）　用“T”表示，2/4拍节奏。每分钟30～34小节，每小节2拍，第1拍为重拍。舞步有快步和慢步，快步占半拍，慢步占1拍。基本节奏是慢、慢、快、快、慢（S、S、Q、Q、S）。舞曲节奏带有停顿并强调切分音；舞步顿挫有力，潇洒豪放；身体无

探戈银牌
套路演示

起伏、无升降、无旋转；表情严肃，有左顾右盼的头部闪动动作。探戈舞源于阿根廷民间，20 世纪传入欧洲上层社会，后流行于世界各国。

4. 狐步舞（Slow Foxtrot）　也称福克斯，用“F”表示。舞曲抒情流畅，节奏为 4/4 拍，每分钟 28～30 小节，每小节为 4 拍，第 1 拍为重拍，第 3 拍为次重拍。基本步伐是 4 拍走 3 步，每 4 拍为一循环。分快、慢步，第 1 步为慢步，占 2 拍；第 2、3 步为快步，各占 1 拍。基本节奏为慢、快、快（S、Q、Q）。以足踝、足底、掌趾的动作，完成升降起伏，注重反身、肩引导和倾斜技术。舞步流畅平滑，步幅宽大，舞态优雅从容飘逸，似行云流水。狐步舞 20 世纪起源于欧美，后流行于全球。据说，它是模仿狐狸走路的习性创作而成。

狐步舞铜牌套路演示

5. 快步舞（Quick Step）　用“Q”表示。舞曲明亮欢快，舞步轻快灵活，跳跃感强，是体育舞蹈中一种轻快欢乐的舞蹈。节奏为 4/4 拍，每分钟 50～52 小节，每小节 4 拍，第 1 拍为重拍，第 3 拍为次重拍。舞步分快步和慢步，快步时值 1 拍，慢步时值 2 拍。基本节奏是慢、慢、快、快、慢。快步舞起源于美国，20 世纪流行于欧美和全球。

快步舞银牌套路演示

（二）拉丁舞

拉丁舞（Latin Dance）的特点是舞伴之间可贴身，可分离。各自在固定范围内辐射式地变换方向角度，展现舞姿。步法灵活多变，各个舞种通过对胯部及身体摆动的不同技术要求，完成各种舞步，表现各种风格。舞姿妩媚潇洒，婀娜多姿。风格生动活泼，热情奔放。曲调缠绵浪漫，活泼热烈，节奏感强。着装浪漫洒脱，男着上短下长的紧身或宽松装，女着紧身短裙，显露女性曲线的美。

伦巴银牌套路演示

1. 伦巴（Rumba）　用“R”表示。节奏为 4/4 拍，每分钟 27～29 小节，每小节 4 拍。乐曲旋律的特点是强拍落在每小节的第 4 拍。舞步从第 4 拍起跳，由 1 个慢步和 2 个快步组成。4 拍走 3 步，慢步占 2 拍（第 4 拍和下一小节的第 1 拍），快步各占 1 拍（第 2 拍和第 3 拍），胯部摆动 3 次。胯部动作是由控制重心的一脚向另一脚移动而形成，向两侧作“8”形摆动。具有舒展优美、婀娜多姿、柔媚抒情的风格。其产生与西班牙和非洲的舞蹈有密切关系，后在古巴得到发展。

恰恰银牌套路演示

2. 恰恰（Cha-Cha）　用“C”表示。节奏为 4/4 拍，每分钟30～32 小节。每小节 4 拍，强拍落在第 1 拍。4 拍走 5 步，包括 2 个慢步和 3 个快步。第 1 步踏在第 2 拍，时值 1 拍；第 2 步占 1 拍：第 3、4 步各占半拍；第 5 步占 1 拍，踏在舞曲的第 1 拍上。胯部每小节向两侧摆动 6 次。舞曲热情奔放，舞步花哨利落，步频较快。恰恰源于非洲，后传入拉丁美洲，在古巴得到发展。

桑巴银牌套路演示

3. 桑巴（Samba）　用“S”表示。舞曲欢快热烈，节奏为 2/4 拍或 4/4 拍，每分钟 52～54 小节。强拍落在每小节的第 2 拍或第 4 拍，每小节完成一个基本舞步。通过膝盖上下屈伸弹动，并沿着舞程线绕场行进跳动，属“游走型”跑动的舞蹈。特点是流动性大，律动感强，

步法摇曳紧凑。桑巴起源于巴西，是巴西一年一度狂欢节的舞蹈。

4. 牛仔舞（Jive）　用“J”表示。旋律欢快，跳跃强烈，节奏为4/4 拍，每分钟 42～44 小节，6 拍跳 8 步。由基本舞步踏步、并合步结合跳跃、旋转等动作组合而成。要求脚掌踏地，腰和胯部做钟摆式摆动。特点是舞步敏捷、跳跃，舞姿轻松、热情、欢快。源于美国，原是美国西部牛仔跳的踢踏舞，20 世纪 50 年代爵士乐的流行，加速和完善了这种舞蹈，但风格上还保持着美国西部牛仔刚健、浪漫、豪爽的气派。

牛仔舞银牌套路演示

5. 斗牛舞（Paso Doble）　用“P”表示。音乐为旋律高昂雄壮、鲜明有力的西班牙进行曲。节奏为 2/4 拍，每分钟 60～62 小节，1 拍 1 步，8 拍一循环。其特点是舞步流动大，沿着舞程线绕场行进，属“游走型”舞蹈。舞姿挺拔，无胯部动作及过分膝盖屈伸。用踝关节和脚掌平踏地面完成舞步。动静鲜明，力度感强，发力迅速，收步敏捷顿挫。斗牛舞源于法国，盛行于西班牙，系据西班牙斗牛场面创作而成。男为斗牛士，气宇轩昂，刚劲威猛；女为红色斗篷，英姿飒爽，柔美多变。

斗牛舞金牌套路演示

二、体育舞蹈的场地要求

1. 场地（赛场）**、舞程向和舞程线**　场地呈长方形，长 23m、宽 15m，两条长边分别为 A 线和 C 线，两条宽边分别为 B 线和 D 线（图 14-1）。

对于舞蹈者来说，必须首先懂得舞程向和舞程线，这一规定可避免舞蹈者相互之间的碰撞。舞程向实际指整套舞蹈沿舞场逆时针行进的方向。舞程线是指舞蹈者在起舞时按舞程向进行的路线（图 14-2）。交换舞程线时应过中心线。

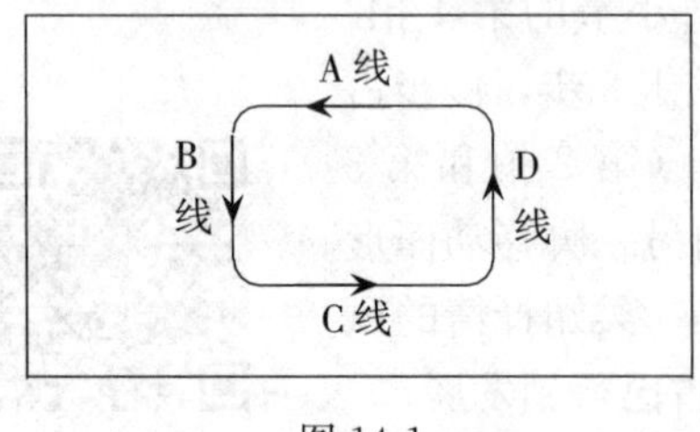

图 14-1

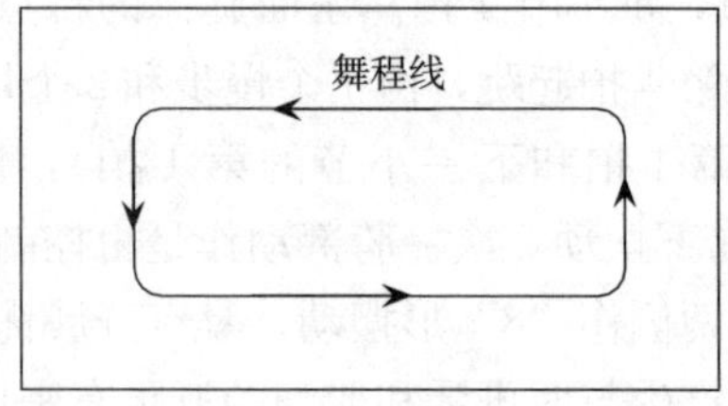

图 14-2

2. 方位、旋转和角度　为了便于在舞蹈中正确辨别自己的方向和位置，检查旋转的角度，以男士面对舞程线方向为基准，规定了 8 条线来指示舞蹈者每个舞步行进和完成的方向（图 14-3）。

跳国际标准舞离不开旋转（转身），旋转分为左转和右转，左转（也称反转或内转），即按逆时针方向的身体转动，右转（也叫正转或外转），即按顺时针方向的身体转动。旋转时以 360°为 1 周，45°为 1/8 周，90°为 1/4 周，135°为 3/8 周，180°为 1/2 周，225°为 5/8 周，270°为 3/4 周，315°为 7/8 周（图 14-4）。

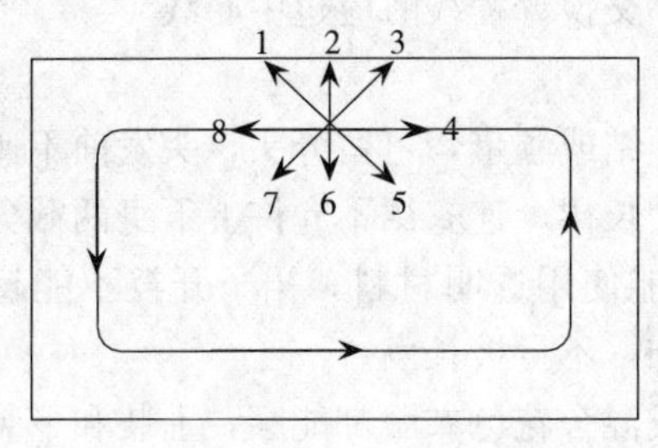

图 14-3

1. 壁斜线 2. 壁线 3. 中央斜线 4. 逆舞程线
5. 逆中央斜线 6. 中央线 7. 中央斜线 8. 舞程线

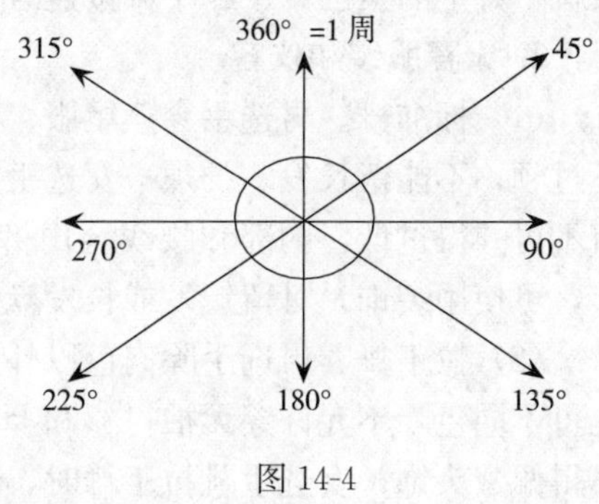

图 14-4

三、体育舞蹈的姿势和气息要求

跳舞时，脊柱保持垂直，同时，腰胯要放松，做到丹田控制呼吸（横膈膜逆式呼吸），气息沉入身体之下，踩实地板。因此，要取得良好的姿势和内在力量，最好的方法是记住身体基本的要点：

（1）站立时，悬顶拔背，气沉丹田。这样，可使背肌往上伸展，脊柱保持中正不偏；同时，可以增加颈部到腰腹的长度，更重要的是使身体保持腰部直立。

（2）耳根竖起，能起到提起精神的作用，同时，要感觉颈的长度，耳朵和肩膀的距离。

（3）两肩松垂，两肘微微向下松沉，使身体重心不至提升。跳摩登舞时，握持不要夹得太紧，也不能太松软；要稳固，十分坚定，有弹性，不能僵硬。

（4）收小腹，利用丹田内气控制呼吸，胸部要舒松自然。

（5）跳舞时，通过呼吸使身体变轻，减少身体对腿部的压力。

（6）头部的转动，要带动整个脊柱转动，而不是头颈单独转动。

（7）腰胯要放松，膝部要保持微曲和松弛，感觉腰腿至脚大拇趾的长度。

（8）上半身要往上伸拔，下半身则要往下松沉，使得脊柱像吊着的铁链一样，既松垂笔直又灵活。这样，从中腰起，上下就有一种对拉的抗衡力，犹如禾苗的生长，根往下生，茎往上长。使身体放长，增加身体上下的抗衡力，抗衡力越大，就越能增加弹性和爆发力。身体遵循“欲下越上，欲上越下”的原则，就会有更好的表现。

第三节 体育舞蹈竞赛规则简介

制定竞赛规则是为了保证竞赛能顺利进行，提高裁判员的知识和评分能力，为选手、教练员在训练、编排、表演和比赛等过程中提供指导。因此，裁判员、教练员、运动员都必须认真学习、严格执行。

一、比赛场地、服装仪容和音乐要求

1. 比赛场地 比赛场地的地面应平整、光滑。比赛场地长 23m、宽 15m，国际标准舞及拉丁舞中的桑巴舞、斗牛舞按逆时针方向运行，交换舞程线时应过中心线。

2. 比赛服装和仪容

（1）标准舞。男选手穿燕尾服、白衬衣，系领结或领带，可留分头，头发前不遮耳、后不过领，不能留长发、长须；女选手穿不过脚踝的长裙，连衣裙不允许上下身两截分开，领口不可开得过低，胸部和腰线至内裤下沿部分不能使用透明材料，裙子开衩不能超过膝关节，可使用装饰，可留短发或长发盘髻，可加头饰，不可披长发。

（2）拉丁舞。男选手除肉色以外的任何颜色或混合花色衣服都能穿，上装和下装可同色也可不同色，不允许穿无袖衬衫和上衣，最好不留长发，如果头发长须系成马尾式，男选手不得佩戴头饰；女选手跳拉丁舞时，臀部和胸部不得使用透明材料，内裤不得过短，内裤上沿不得低于臀部上沿，且站立时，裙子应完全遮住内裤，女选手不得穿露背短裙，上衣为两片时，不得仅仅是胸罩，鞋无限制。

拉丁舞服装应具有拉丁风格，男、女选手服装应搭配协调。专业选手背号为黑底白字，业余选手背号为白底黑字。

3. 竞赛音乐　决赛时每曲 2.5min，其他比赛时每曲不得少于 1.5min。维也纳华尔兹和牛仔舞则最少 1min。

二、体育舞蹈的基本术语

1. 舞程向　在同一舞池中，为避免舞者相互碰撞，规定必须按逆时针方向进行，这一行进方向称为舞程向。

2. 舞程线（简称 LOD）　沿舞程向方向行进的路线称为舞程线。

3. 舞姿　舞姿泛指舞者跳舞的姿态。

（1）合对位舞姿（闭式舞姿）。“合”指男、女交手握抱；“对”指男、女面对面。合对位舞姿泛指男、女面对面双手扶握的身体位置。

（2）侧行位舞姿（简称 PP）。指男士右侧与女士左侧身体贴靠，身体的另一侧略向外展，开成 V 形的站立或行进的身体位置。

（3）外侧位舞姿（简称 OP）。指在摩登舞中，男、女舞伴的一侧脚向舞伴同侧脚的外侧（右外侧或左外侧）前进所形成的身体位置。

4. 反身动作（简称 CBM）　反身动作指一侧脚前进或后退时，同侧肩和胯后让或前送，使身体与舞步形成反向配合的身体动作。

5. 升降动作（起与伏）　升降动作指在跳舞时身体的上升与下降。升降动作是在膝、踝、趾关节的屈和伸动作的转换中完成。

6. 倾斜动作（简称 BS）　倾斜动作指在跳一些舞步时，身体的倾斜。从形体上讲，是指肩的平衡线向左或向右的倾斜。它与地面的水平线成三角倾斜。

7. 节奏　节奏通常指以一定规律反复出现并赋予音乐以性格的具有特色的节拍。

8. 速度　这里指音乐速度，即每分钟内所演奏的小节总数。

9. 准线　准线指双脚的位置或双脚方向与场地的关系。

10. 平衡　平衡指舞蹈中身体重心的准确分配。

11. 基本舞步　基本舞步指构成一种特定舞蹈基调的舞步型。

三、评判标准

1. 基本规则

（1）裁判工作自选手进入比赛位置时开始，当音乐停止时方告知结束。在整个舞蹈表演过程中，裁判必须不断地给选手打分并在必要时修正分数，但不得在舞蹈结束后修改分数。

（2）如果音乐尚未结束而选手停止表演，则其该项舞蹈的分数列最后一位。如果在决赛中发生这种情况，处理办法相同。

（3）裁判必须在规定的时间内对选手的特定舞蹈表演进行单独评判，不允许考虑任何其他因素，如选手的名气、以往的表现或者在其他舞种中的表现等。

（4）裁判无需向选手解释评分结果。在比赛过程中或两轮比赛之间，不允许裁判与任何人讨论参赛选手及其表现。

（5）对于所有舞种，选手的时值和基本节奏都是裁判打分的首要项目。因此，如果选手在这两方面重复犯错误，那么其该项舞蹈的分数列所有参赛选手的最后一位。

2. 评判依据

（1）基本技术。包括基本动作、姿态、平衡稳定、移动。

（2）音乐运用。包括节奏、风格的理解和体现。

（3）舞蹈风格。区别各种不同舞种之间在风格上的差别，以及个人风格的展现。

（4）动作编排。动作流畅新颖，运用自如；体现舞种的基本风韵，并有一定的技术难度；动作与音乐密切配合，发挥音乐效果；编排有章法，充分利用场地。

（5）临场表现。赛场上的应变能力，良好的竞技状态。

（6）赛场效果。舞者的风度、气质、仪表等总体形象。前三项主要指选手的技艺品质，后三项是选手的艺术魅力。预赛时着重于前三项要素的评判，半决赛后着重于后三项要素的评判，在决赛中应全面评价选手各项要素。

四、裁判方法

国际体育舞蹈联合会比赛的初赛、复赛、半决赛均采用淘汰法，决赛采用顺位法（名次法）。入围选手用马克（Marker）表示，即用“V”或“O”表示。决赛时，用数字表示名次1～6，然后用顺位法评出名次。具体的裁判方法如下：

（1）从下往上看，先看脚下基本节奏，再看身体整体效果，最后看面部表情，即艺术表现力。

（2）用去少原则（淘汰法）进入下一轮比赛，采取先挑选少数好的方法。

（3）均值（淘汰法）。

（4）抓两头，评中间。

（5）裁判过程（2.5min 内完成）。

注意事项：裁判员拿到表格后，首先看清楚内容，然后决定自己采用的方法。应尽量打满进入下一轮选手的马克，如有困难，起码打满80%，但绝不能多打，否则此票作废。选手在赛场出现意外，应适度处理。

第十五章

健美操及啦啦操

健美操与啦啦操都是健与美的协同体，都深受广大群众喜爱，普及性极强，是集体操、舞蹈、音乐、健身、娱乐于一体的运动项目，也是体现青春活力、健康向上、团结协作的新型运动项目。

第一节 健 美 操

一、健美操概述

（一）现代健美操的起源与发展

19 世纪末 20 世纪初，欧洲出现了许多体操流派，他们在理论和实践上的创新对健美操的发展起到了推动作用。20 世纪 60 年代初，则是健美操的萌芽时期。它最早是由美国太空总署的医生库帕博士为太空人设计的体能训练内容。而 20 世纪 80 年代初，随着遍及全球的健身热和娱乐体育的发展，健美操以其强大的生命力风靡世界。后来，美国兴起了一种有成千上万人参加的健身舞，又称健力舞。健身舞通常是在欢乐的摇滚音乐伴奏下，把柔软体操、伸展运动和慢跑融为一体。如今，美国的男士也开始跳健身舞，一是可以保持体形健美，二是可以消除疲劳。

世界性的健美操也传到了中国。1979 年以来，北京、广州、上海等地相继举办了各种健美操训练班，把我国的武术和民间舞与欧洲的健美操融为一体，创造了具有中国特色的健美操。从 1982 年起，各种形式的健美操相继在电视台、书刊上等媒体上出新后，健美操就走向了大众。如今，健美操已被我国列入大、中、小学的体育课程，并深受广大女性的喜爱。1985 年，北京体育学院成立了健美操教研室。1987 年，在北京举行了“首届青年韵律操比赛”和“首届长城杯健美操邀请赛”，把我国的健美操推向一个新的高潮。

健美操作为一项美的运动，一个时代发展的产物，将随着人类物质生活水平的提高而不断改善。如今，健美操已成为全民健身潮的普及项目。健美操有助于人们实现心灵美的追求，使人们的身体匀称、和谐、健美地发展；使人动作优美，从而塑造健美形体，将理想形体的追求变为现实。

（二）健美操的分类

健美操可分为大众健美操和竞技健美操两大类。

1. 大众健美操 大众健美操是以锻炼身体、增进健康为目的的健美操。它面向广大群众，自娱自乐，可根据练习者的年龄、性别、目的、任务等，按照编排的原则和规律进行创编。它具有普及性，动作无特定要求。

（1）根据年龄特征可分为老年健美操、中年健美操、青年健美操、少儿健美操和幼儿健

美操。

(2) 根据性别可分为男子健美操和女子健美操。

(3) 根据人体结构可分为颈、肩、腰、腹、臀和腿部的健美练习。

(4) 根据练习形式可分为徒手健美操、持轻器械健美操和利用特定器械进行练习的健美操，如哑铃操、实心球操等。

(5) 根据动作内容特征可分为形体健美操、姿态健美操、跑跳健美操和垫上健美操等。

2. 竞技健美操 竞技健美操是在大众健美操的基础上提高和发展起来的一项新兴的竞赛项目，它根据特定的规则进行编排、训练和比赛。项目有男女单人、混双、三人和集体六人。不同的项目在比赛的场地、时间、特定动作上有所区别，成套动作中必须有特定动作，鼓励创新，动作和编排要有独创性。不鼓励做任何有危险的和有损健康的动作。

(三) 健美操的特点

现代健美操除具有内容丰富，形式多样，易于普及，能全面地、有重点地锻炼身体，有一定的艺术性和不断创新等一般特色外，还具有以下特征：

1. 融健美、健身、健心为一体

(1) 成套健美操的动作能锻炼身体的各部分，发展肌肉力量、速度和弹性；发展关节的灵活性和韧带的柔韧性；增强心血管和呼吸系统的机能。

(2) 健美操动作美观大方、准确有力，能有效地训练身体各部位的正确姿态，有利于塑造健美的体型。

(3) 健美操练习是在音乐伴奏下进行的。欢快、鲜明的音乐节奏不仅给健美操带来了生机和美的色彩，也使练习者在欢快的环境中，心灵得到净化，在自娱自乐中陶冶了美的情操。

所以，健美操是一项以健身为基础，融健美、健心为一体的体育运动。它既注重了外在美的锻炼，也加强了内在美的培养，使练习者获益不菲。

2. 以节奏为中心的运动 健美操的动作节奏表现在动作力度的强弱和速度的快慢上。合理支配肌肉的紧张与放松，是体现动作节奏性的关键。力度是指快速完成动作时能急速制动。在健美操的练习中，动作有一拍一动，二拍一动和一拍二动；有对称和不对称的动作；有同步和依次完成的动作。

3. 具有一定的运动量 任何身体练习都要承受一定的运动负荷，只有适宜的运动负荷才能使练习者达到健身和健美的目的。成套健美操动作连贯，每节和每个动作之间都是紧密相连、有机配合的整体。由于动作幅度大、练习不间断、重复练习并持续一定的时间，因而练习的密度较大，可消耗一定的体力，并达到一定的运动负荷。例如，北京体育大学创编的“青年韵律操”中，头、颈、肩、肘、腕、脊柱等各主要关节的活动次数在 1 500 次以上，平均关节活动达 300 次/min，超过一般徒手体操 3～4 倍，是第六套广播操的 6 倍，运动中最高心率可达 160 次/min。

4. 音乐是健美操的灵魂 健美操是在节奏鲜明、欢快、奔放的乐曲伴奏中进行练习的。音乐是健美操不可分割的一部分。健美操的音乐不仅能让练习者在完成动作时准确地把握每一个节拍，而且能让练习者激发感情，精神饱满，并陶冶美的情操。健美操的动作风格与类型以及练习者的表现和音乐的特色完美结合，才能使健美操更富有感染力，使练习者得到美的享受。

5. 具有群众性和针对性 健美操的运动量可大可小，动作可易可难，时间也可以自行调节，且不受场地、器械、年龄等条件的限制，既可健身，又可自娱自乐，因此深受广大群众的喜爱，具有广泛的群众性。健美操不仅对全身或某些关节、韧带、肌肉群等进行卓有成效的健美锻炼，还可根据不同对象、年龄、性别、能力等进行编排，这就保证了它的针对性。

（四）健美操的作用

长期坚持不懈地进行健美操的练习，可以锻炼身体，促进身体健康，塑造健美的体型，提高审美观、陶冶情操。

1. 锻炼身体、促进身体健康 健美操动作简单易学、内容灵活多样，可因人、因时、因地制宜。它把徒手体操和舞蹈等的基本动作进行操化处理，使动作更有弹性，造型更美观大方。长期进行健美操练习，可提高各器官、系统的机能，促进身体健康。首先，活动全身肌肉使肌纤维变得坚韧有力，提高新陈代谢能力，还能提高人体的协调性，关节的灵活性和韧性。其次，能提高心血管系统的机能，使心脏容量增大，心脏的收缩力和血管的张力提高，血液循环加快。再次，健美操是一项较好的有氧健身活动，随着运动量和练习时间的增加，呼吸系统的机能得以提高。此外，健美操增加了髋关节的活动后，加强了腹腔的活动，使胃肠蠕动加快，有助于消化和吸收，从而提高了循环和消化系统的功能。

2. 塑造健美的体型 健美操是在解剖学、生理学和人体造型学的科学指导下进行的锻炼。健美操的每个动作都能对身体的各个部位进行有效的锻炼，并在严格的要求和规格下完成，讲究姿态、力度、表现力和速度等。因此，健美操舒展、优美、规范的动作可以纠正日常生活中的不正确体态和习惯，如含胸低头、端肩等，塑造正确而优美的体型。如具有针对性的胸部、腰部、髋部和腿部健美操可以使各对应部位的肌肉得到锻炼，减少多余的脂肪，增加各关节的灵活性、柔韧性及肌肉的弹性。

3. 提高审美观、陶冶情操 健美操是在节奏鲜明、强烈而欢快的音乐伴奏下融体操、舞蹈、艺术为一体的身体练习，动作欢快而活泼，富有朝气，节奏感强，容易引起人们的兴趣。通过练习可以培养和提高练习者对身体美、动作美、神态美、造型美和音乐美的感受力，提高艺术素养，树立正确的审美观，产生积极向上、追求美好未来的健康情绪。

二、健美操的基本动作

（一）基本动作

健美操的基本动作是健美操的核心，各种动作都是在此基础上产生和发展的。健美操的任何组合动作都是以基本动作为基本元素进行编排的，其内容丰富，动作相对比较简单，练习者易于练习和掌握。

1. 手型 健美操手型主要有掌和拳两种（图 15-1）。

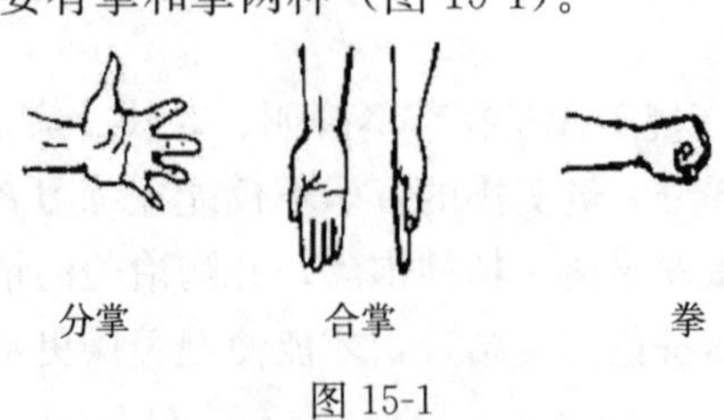

图 15-1

2. 身体各部位的基本动作

（1）头、颈部动作。头、颈部动作有屈、转、绕和绕环（图 15-2）。

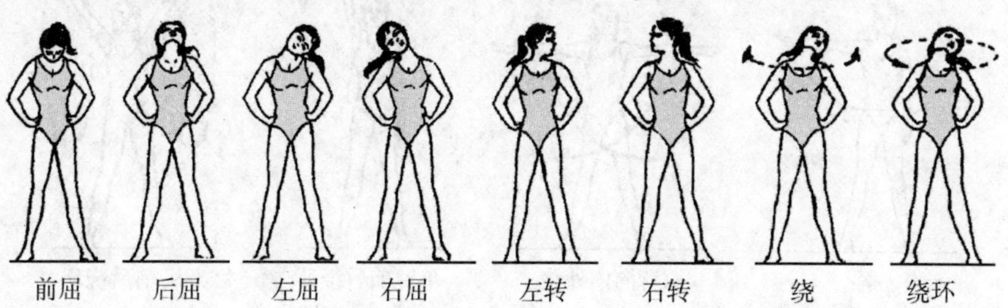

图 15-2

做各种形式头颈动作时，上体保持正直，速度要慢，头颈移动的方向要准确，充分伸展颈部被动肌群。

（2）肩部动作。肩部动作有提肩、沉肩、绕肩、肩绕环等（图 15-3）。

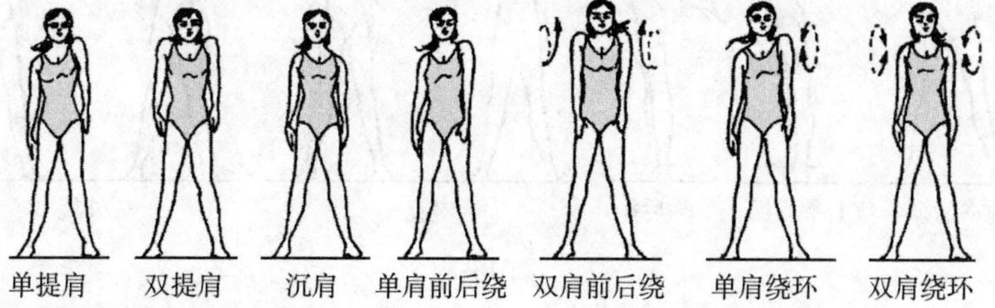

图 15-3

①提肩时尽力向上，沉肩时尽力向下，动作幅度大而有力。

②绕肩时上体不能摆动，两臂放松，头颈不能前探；动作连贯，速度均匀，幅度大。

③振肩动作要有速度、力度和弹性。

（3）上肢（手臂）动作。上肢（手臂）动作有举（图 15-4）、屈（图 15-5）、摆、绕、绕环（图 15-6）、振和旋（图 15-7）。

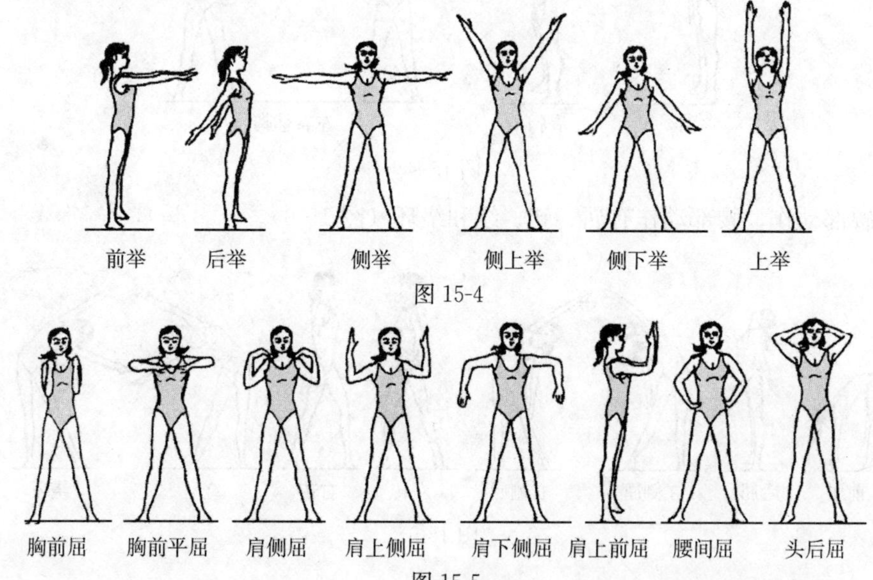

图 15-4

图 15-5

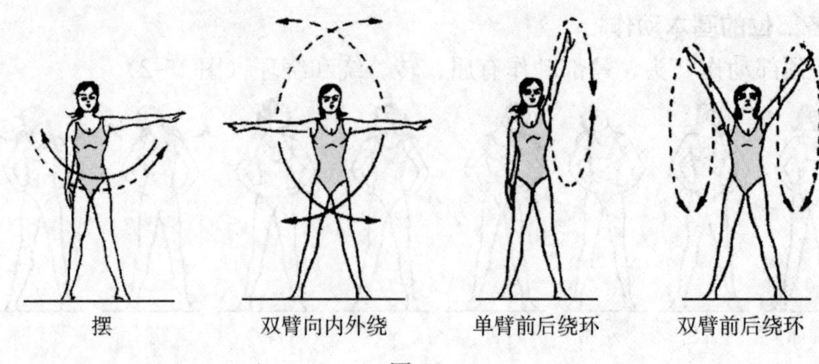

图 15-6

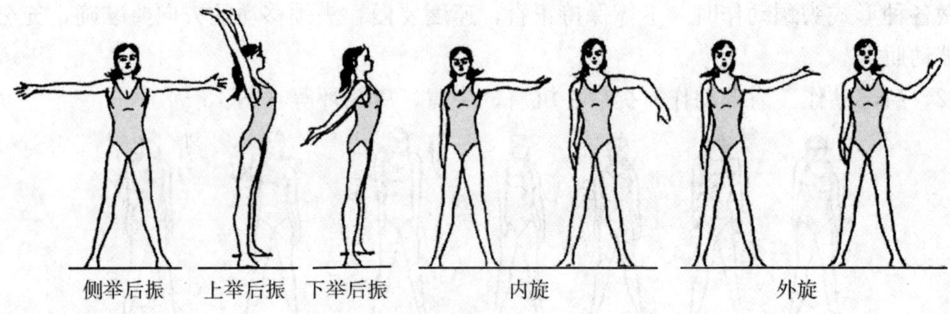

图 15-7

①做臂的举、屈、伸时，肩下沉。

②做臂的摆动时，起与落要保持弧形。

③上体保持正直，位置准确，幅度要大，力达身体最远端。

（4）胸部动作。胸部动作有含胸、展胸和移胸（图 15-8）。

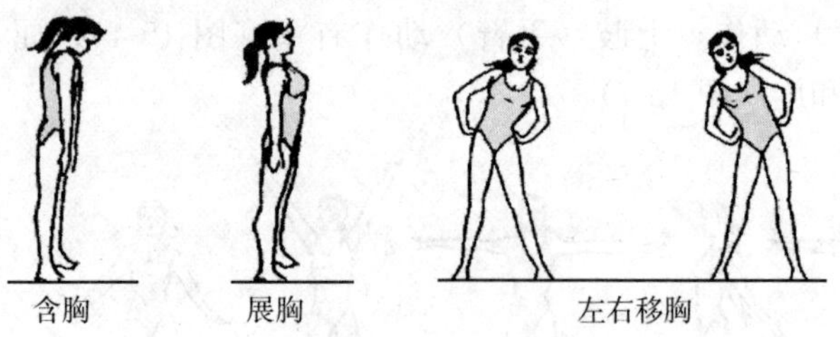

图 15-8

（5）腰部动作。腰部动作有屈、转、绕和绕环（图 15-9）。

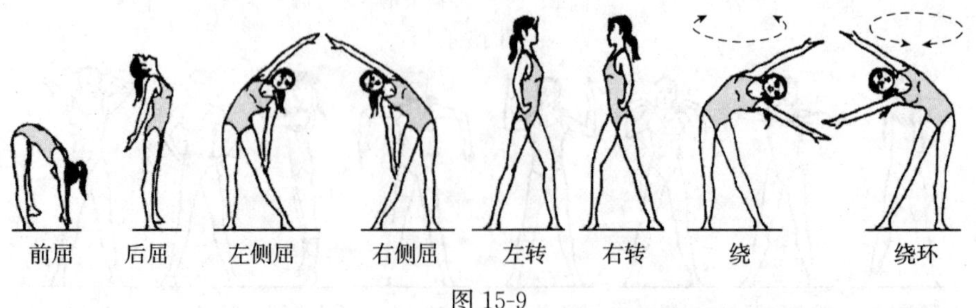

图 15-9

①练习时，身体远端尽力向外延伸，绕环幅度要大，充分而连贯，速度放慢。

②腰前屈、转时，上体立直。

（6）髋部动作。髋部动作有顶髋、提髋、摆髋、绕髋和髋绕环（图 15-10）。

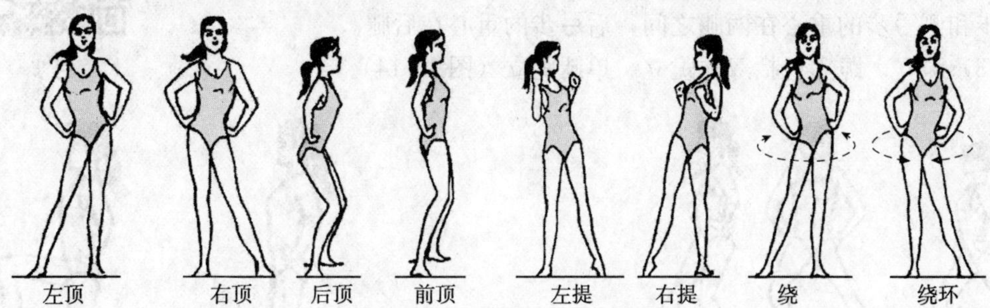

图 15-10

髋关节做顶、提、绕和绕环时应平稳、柔和、协调，稍带弹性，上体要放松。

（7）下肢动作。下肢动作有滚动步、交叉步、跑跳步、并腿跳和侧摆腿跳（图 15-11）。

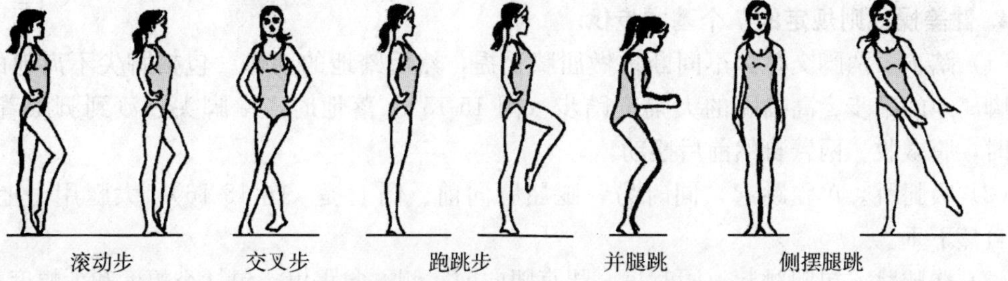

图 15-11

并腿跳

交叉步

跳跃要轻松自如，有弹性，注意呼吸配合。

3. 基本站立

（1）立。立有直立、开立、点地立和提踵立（图 15-12）。站立时，头正直，上体保持

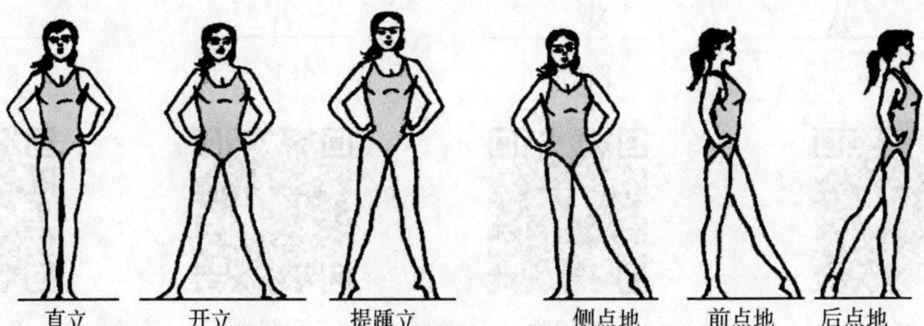

图 15-12

挺直、沉肩、挺胸、收腹、收臀、立腰、立背、直膝。提踵立时，两腿内侧肌群用力收紧，起踵越高越好。

弓步

（2）弓步。弓步包括左、右腿的前、侧、后弓步（图 15-13）。弓步时，前弓步和侧弓步的重心在两腿之间，后弓步的重心在后腿。

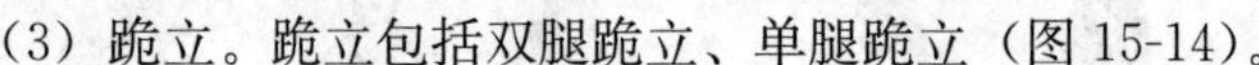

（3）跪立。跪立包括双腿跪立、单腿跪立（图 15-14）。

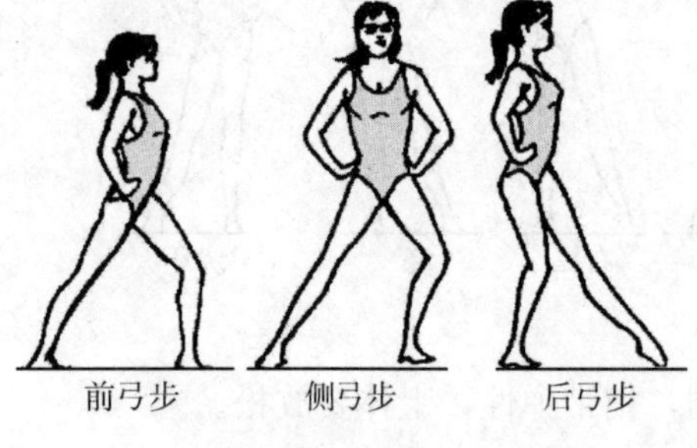

图 15-13

图 15-14

4. 健美操规则规定的 7 个基本步伐

（1）踏步。两脚交替，不间断地做屈膝上提，然后踏地的动作。包括脚尖不离地的踏步、脚离地的踏步、高抬腿的大幅度踏步（图 15-15）。落地时，由脚尖过渡到脚跟着地；屈膝时，胯微收。两臂自然前后摆动。

（2）吸腿跳。单腿跳起，同时另一腿屈膝向前、侧上提（图 15-16）。大腿用力上提，小腿自然下垂。

（3）踢腿跳。单腿跳起，同时另一腿直腿向前、侧方向踢出。包括小幅度和大幅度的踢腿（图 15-17）。踢腿时，需加速用力，上体保持正直、立腰。

（4）后踢腿跳。两脚交替有短暂腾空过程（类似跑步），小腿向后屈（图 15-18）。髋和膝在一条线上，小腿叠于大腿。

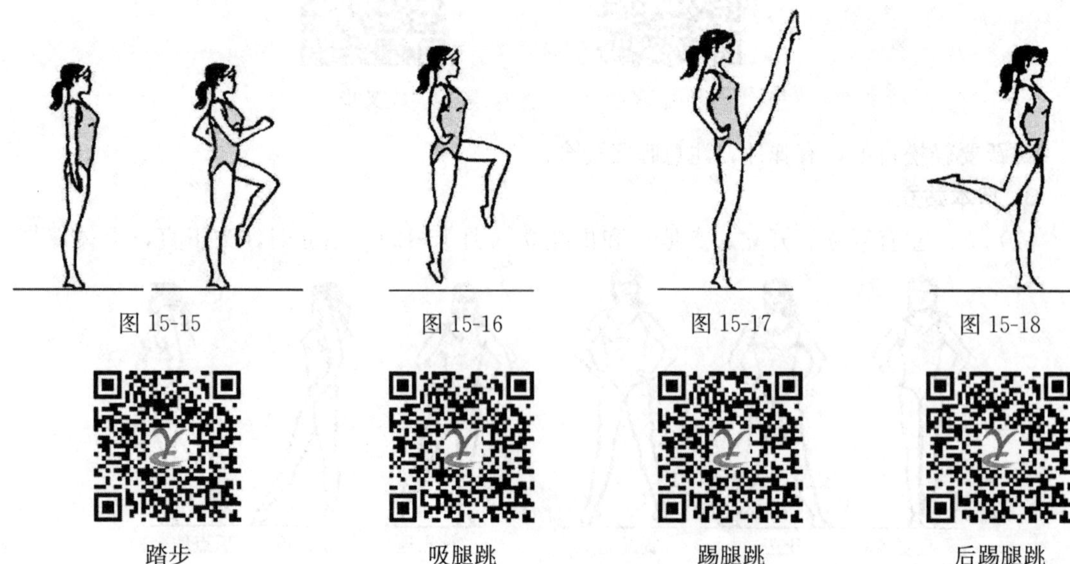

图 15-15　图 15-16　图 15-17　图 15-18

踏步　吸腿跳　踢腿跳　后踢腿跳

（5）弹踢腿跳。单腿跳起，同时另一腿经屈膝向前、侧方向弹踢（图 15-19）。大腿抬起至一定角度后，小腿自然伸直，膝关节稍有控制。

（6）开合跳。并腿跳至开立，分腿跳至并立（图 15-20）。分腿时，两腿自然外开，膝关节沿脚尖方向弯曲；跳起与落地时，屈膝缓冲。

（7）弓步跳。并腿跳起，落地时成前（侧、后）弓步（图 15-21）。跳成弓步时，把握住身体重心。

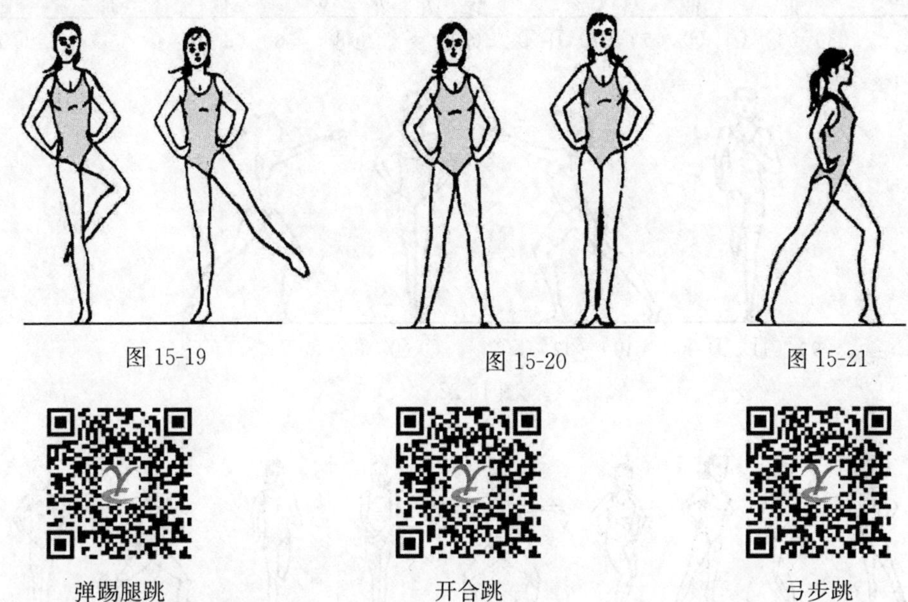

图 15-19　　图 15-20　　图 15-21

弹踢腿跳　　开合跳　　弓步跳

（二）健美操的动作组合

1. 踏步击掌组合（8×12）　见图 15-22。

（1）原地踏步，1 个 8 拍。

（2）原地踏步，1 个 8 拍。

（3）①两腿屈膝，两臂上举击掌。②两手叉腰，还原成直立。③～⑧原地踏步。

（4）同（3）。

（5）①～④踏步成分腿站立。⑤分腿屈膝半蹲，两臂上举击掌。⑥分腿站立，两手叉腰。⑦～⑧同⑤～⑥。

（6）①～④踏步还原成直立。⑤并腿屈膝半蹲，两臂上举击掌。⑥直立，两手叉腰。⑦～⑧同⑤～⑥。

（7）同（5）。

（8）同（6）。

（9）①～⑧向前踏步。

（10）①～②左侧弓步，两手击掌 2 次。③～④直立，两手叉腰。⑤～⑥同①～②，方向相反。⑦～⑧同③～④。

（11）①～⑧后退踏步。

（12）同（10）。

2. 开合、弹踢、后踢跳组合（8×14）　见图 15-23。

(1)(2)　(3)(4)①　②　(5)(7)①~④　⑤⑦　⑥⑧　(6)(8)①~④　⑤⑦　⑥⑧

(9)(11)①~⑧　(10)(12)①②　③　④⑦⑧　⑤　⑥

图 15-22

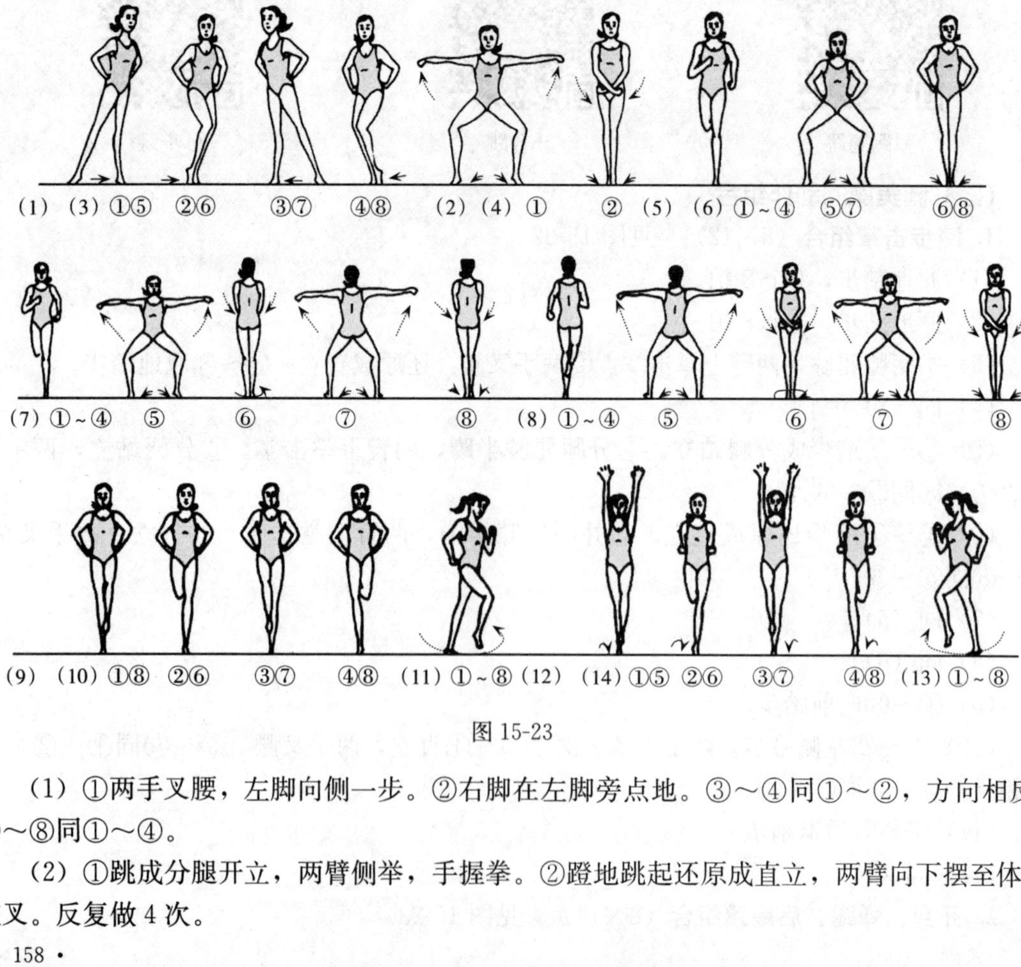

(1)(3)①⑤　②⑥　③⑦　④⑧　(2)(4)①　②　(5)(6)①~④　⑤⑦　⑥⑧

(7)①~④　⑤　⑥　⑦　⑧　(8)①~④　⑤　⑥　⑦　⑧

(9)　(10)①⑧　②⑥　③⑦　④⑧　(11)①~⑧(12)　(14)①⑤　②⑥　③⑦　④⑧　(13)①~⑧

图 15-23

(1) ①两手叉腰，左脚向侧一步。②右脚在左脚旁点地。③～④同①～②，方向相反。⑤～⑧同①～④。

(2) ①跳成分腿开立，两臂侧举，手握拳。②蹬地跳起还原成直立，两臂向下摆至体前交叉。反复做 4 次。

(3) 同 (1)。

(4) 同 (2)。

(5) ①～④向前移动后踢跳，两臂自然摆动，手握拳。⑤～⑧两手叉腰，做 2 次开合跳。

(6) ①～④向后退的后踢跳。⑤～⑧两手叉腰，做 2 次开合跳。

(7) ①～④向前移动后踢跳。⑤跳成开立，两臂侧举，手握拳。⑥向左后跳转 180°成直立，同时两臂于体前交叉。⑦～⑧开合跳 1 次。

(8) ①～④面向后移动后踢跳。⑤跳成分腿开立，两臂侧举，手握拳。⑥向右跳转 180°成直立，两臂于体前交叉。⑦～⑧开合跳 1 次。

(9) ①～④两手叉腰弹踢腿跳。⑤～⑧同①～④。

(10) 同 (9)。

(11) ①～⑧踏步同时向左转 360°，两臂自然摆动，手握拳。

(12) ①左腿向前弹踢跳，两臂上举，五指分开，掌心向前。②右腿后屈，两臂屈肘于腰部，手握拳。③～④同①～②，动作相反。⑤～⑧同①～④。

(13) ①～⑧踏步同时向右转 360°，两臂自然摆动，手握拳。

(14) 同 (12)。

3. 吸腿、踢腿、弓步跳组合 (8×14) 见图 15-24。

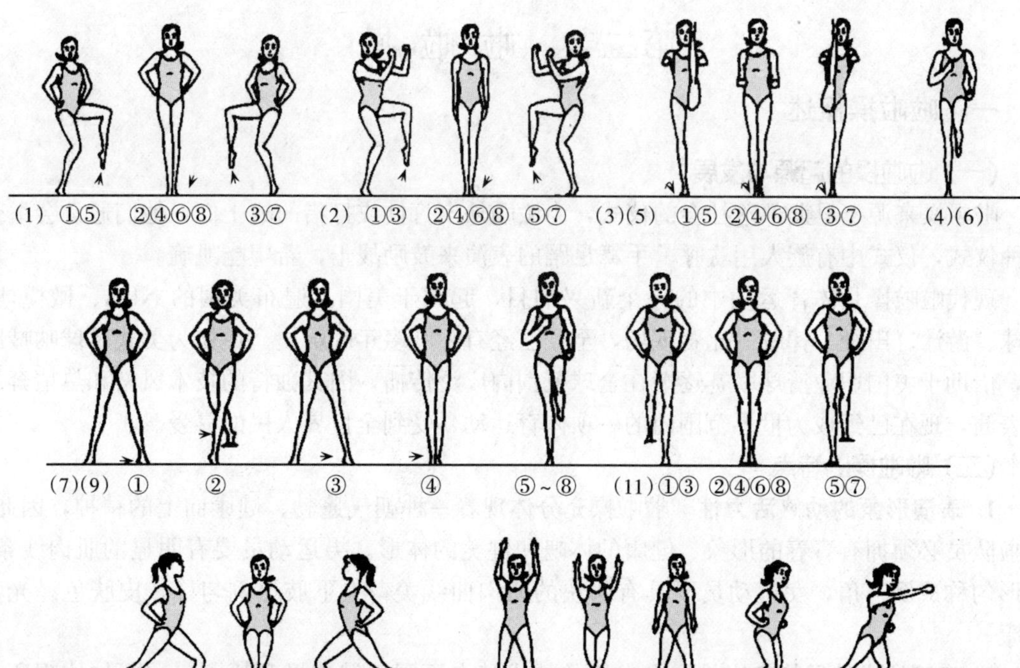

图 15-24

(1) ①左腿屈膝上抬，右膝微屈。②还原。③抬右腿。④还原。⑤～⑧同①～④。

(2) ①～④左腿吸腿 2 次，右膝微屈，同时臂前屈，手握拳。⑤～⑧同①～④，方向相反。

(3) ①～⑧左右腿交替连续踢腿跳 4 次，同时两臂前举，手握拳。

(4) ①～⑧拍原地踏步。

(5) 同 (3)。

(6) 同 (4)。

(7) ①左脚向侧一步，脚跟着地，两手叉腰。②右脚于左脚后交叉，前脚掌着地。③左脚再向侧一步。④右脚并于左脚。⑤～⑧拍，原地踏步。

(8) 同 (7)，方向相反。

(9) 同 (7)。

(10) 同 (8)。

(11) ①～④两手叉腰，左腿屈膝，右腿后伸，膝盖伸直，做 2 次。⑤～⑧同①～④，方向相反。

(12) ①～⑧两手叉腰，左右弓步跳转 4 次。

(13) ①左脚向侧一步，同时手臂上举。②右脚于左脚后交叉，前脚掌着地。③左脚再向侧一步，同时手臂放下。④两臂屈，手握拳于腰部。⑤左腿屈膝，右腿伸直后伸，脚尖点地，同时右臂伸直前举（冲拳）。⑥右脚并于左脚，右臂收回于腰部。⑦～⑧同⑤～⑥。

(14) ①～⑧同 (13)，方向相反。

第二节 啦 啦 操

一、啦啦操概述

(一) 啦啦操的起源与发展

啦啦操来源于早期部落社会的仪式，为激励外出打仗或打猎的战士们，他们通常会举行一种仪式，仪式中有族人用欢呼、手舞足蹈的表演来鼓励战士，希望能凯旋。

现代啦啦操是体育运动中的一个新兴项目，起源于美国，遍布美国的 NBA、橄榄球、棒球、游泳、田径、摔跤等比赛现场，至今已经有 100 多年的历史。最初为美式足球呐喊助威，借助于美国职业篮球联赛逐渐在全球范围内广泛传播。因其独特的技术风格和热情奔放的表演，现在已经成为世界范围内的一项体育运动，受到全世界人民的喜爱。

(二) 啦啦操的特点

1. 表演形象的动感活力性 啦啦操充分体现着一种朝气蓬勃、健康向上的精神，因此，啦啦队员必须拥有青春的形象、健康的体魄和健美的体形。男运动员要有明显的肌肉线条，体形匀称成倒三角，女运动员要具有明快的肌肉曲线美，上下肢比例匀称，皮肤色泽光亮健康。

2. 表演技术的风格突出性 啦啦操的技术特点不同于健美操和舞蹈，它更加体现所有肢体类动作在过程中通过短暂的加速和定位制动，来实现啦啦操特有的力度感。适当的慢板动作是允许的，但只作为过渡动作出现。要求运用各种场地和啦啦操基本手位、步伐、跳跃并结合多种舞蹈元素、口号等，通过多种空间、方向与队形、节奏的变化展示出场地啦啦操的项目特征。

3. 表演组织的团结协作性 啦啦操是以集体形式展开活动的。国际全明星啦啦操协会

(IASCA) 规定啦啦操的参赛人数为6～30人，性别不限。只有在人数上达到一定的要求，才能完成更多的队形变换及空间转换，才能编排更多层次的动作，完成更多的复杂技巧和创造性动作，才能真正体现啦啦操的无限魅力。

二、啦啦操的基本动作

(一) 基本动作

1. 啦啦操基本手型动作与意义　啦啦操中的手型有多种，是从芭蕾舞、现代舞、迪斯科、武术中吸收和发展而来的。手型是手臂动作的延伸和表现，运用得好，会使啦啦操动作更加丰富多彩、生动活泼，更具有感染力。

(1) 胜利。动作特点：食指和中指成V形，其他手指紧握手心。

(2) 力量。动作特点：五指紧握成拳。

(3) 喝彩。动作特点：高举双手，五指使劲张开成掌状并前后摆动。

(4) 酷。动作特点：拇指、食指和小指伸直并尽力张开，其余两指紧扣于手心。

(5) 团结。动作特点：两手相扣，拇指与其余四指分开，且分开的四指紧挨。

(6) 真棒。动作特点：大拇指高高翘起，其余四指紧握于手心。

(7) 勇往直前。动作特点：食指伸直并翘起，其余四指紧握于手心。

(8) 自信张扬。动作特点：手指伸直成掌状，四指并拢并与大拇指分开。

2. 啦啦操基本站位

(1) 立正站。动作特点：两脚并拢，两臂垂于体侧，手指微张，昂首挺胸抬头并目视前方。

(2) 军姿站。动作特点：两脚分开与肩同宽，脚尖微向外，两手握住背于身后，昂首挺胸抬头并目视前方。

(3) 弓步站。动作特点：两腿分开成弓步站立，双手紧握放于身后，挺胸抬头目视前方。

(4) 侧弓步站立。动作特点：一脚伸直并侧点地，另一腿膝关节弯曲，双手放于背后并目视前方。

(5) 锁步站。动作特点：两腿前后交叉并屈膝，脚尖微内扣，沉肩并目视前方。

(6) 吸腿站。动作特点：一腿站立，另一腿提膝至大腿成水平状态，踝关节放松，抬头挺胸并两眼目视前方。

3. 啦啦操32个基本手位

(1) 上M。动作特点：两脚开立与肩同宽，两手中指尖分别放在同侧肩的顶部，大臂成水平状态。

(2) 下M。动作特点：两脚并拢成立正姿势，两手半握拳放于腰际，抬头挺胸，目视前方。

(3) 平举W。动作特点：两脚并拢成立正姿势，两手半握拳上举到与头齐平，大臂呈水平状态，大小臂夹角为直角。

(4) 高举V字。动作特点：两脚并拢成立正姿势，两手臂分别同侧斜向上45°伸直，半握拳，抬头挺胸，目视前方。

(5) 下举V字。动作特点：两脚并拢成立正姿势，两手臂分别同侧斜向下45°伸直，半握拳，抬头挺胸，目视前方。

（6）T。动作特点：两脚并拢成立正姿势，两手臂侧平举成一条直线，手臂与躯干部呈T形，抬头挺胸，目视前方。

（7）斜线。动作特点：两脚并拢成立正姿势，一手臂斜向上45°伸直，另一手臂斜向下45°伸直，两手臂成一直线，半握拳，手臂与躯干部成斜T形，抬头挺胸，目视前方。

（8）短T。动作特点：两脚并拢成立正姿势，两小臂抬至胸前与大臂平行位置，半握拳，抬头挺胸，目视前方。

（9）前X。动作特点：两脚并拢成立正姿势，两手臂水平向前伸出并互相交叉于手腕处，半握拳，抬头挺胸，目视前方。

（10）高X。动作特点：两脚并拢成立正姿势，两臂上举越过头顶在手腕处互相交叉，半握拳，抬头挺胸，目视前方。

（11）低X。动作特点：两脚并拢成立正姿势，两手臂分别斜向下伸出并在小腹前互相交叉于手腕处，半握拳，抬头挺胸，目视前方。

（12）屈臂X。动作特点：两脚并拢成立正姿势，两小臂在胸前互相交叉于手腕处，半握拳，抬头挺胸，目视前方。

（13）X。动作特点：两脚开立与肩同宽，两手掌分别放于同侧耳朵的后面，肘关节撑直，抬头挺胸，目视前方。

（14）上A。动作特点：两脚并拢成立正姿势，两手掌紧握一起夹住耳朵越过头部上举，大小臂伸直，抬头挺胸，目视前方。

（15）下A。动作特点：两脚并拢成立正姿势，两手掌紧握一起向下伸直，并与小腹部成45°夹角，抬头挺胸，目视前方。

（16）加油。动作特点：两脚并拢成立正姿势，两大臂夹紧躯干，两手紧握一起抱于胸前，抬头挺胸，目视前方。

（17）上H。动作特点：两脚并拢成立正姿势，两手半握拳向上伸直，伸直的两手臂互相平行成H形。

（18）下H。动作特点：两脚并拢成立正姿势，两手臂分别同侧向前下45°伸直，半握拳，抬头挺胸，目视前方。

（19）小H。动作特点：两脚并拢成立正姿势，一小臂屈于胸前并半握拳，另一手臂向上垂直伸出，半握拳，抬头挺胸，目视前方。

（20）L。动作特点：两脚并拢成立正姿势，一手臂侧平举并半握拳，另一手臂垂直向上伸出并半握拳，抬头挺胸，目视前方。

（21）倒L。动作特点：两脚并拢成立正姿势，一手臂同侧向前下方伸直，并与躯干夹角成45°，另一手臂侧平举并半握拳，抬头挺胸，目视前方。

（22）K。动作特点：两脚并拢成立正姿势，两手臂分别同侧斜向上和斜向下45°伸出，从侧面看，两臂同躯干成K形，半握拳，抬头挺胸，目视前方。

（23）侧K。动作特点：两脚并拢成立正姿势，一臂同侧斜向上45°伸出，另一手臂向异侧下举伸直并与小腹部呈45°夹角，半握拳，抬头挺胸，目视前方。

（24）R。动作特点：两脚并拢成立正姿势，一手同侧放于脑后，另一手臂半握拳斜向异侧下举并伸直，与小腹部夹角为45°。

（25）弓箭。动作特点：两脚并拢成立正姿势，一手臂侧平举，另一大臂呈水平状态，小臂抬至胸前与大臂平行位置，半握拳，抬头挺胸，目视前方。

（26）小弓箭。动作特点：两脚并拢成立正姿势，一手臂侧平举，另一小臂屈于胸前且手部与脸齐平，半握拳，抬头挺胸，目视前方。

（27）高冲拳。动作特点：两脚并拢成立正姿势，一手臂半握拳贴住耳朵垂直上举，另一手臂半握拳放于腰际，抬头挺胸，目视前方。

（28）侧下冲拳。动作特点：两脚并拢成立正姿势，一手臂半握拳同侧斜向下45°伸出，且大臂与躯干夹角为45°，另一手臂半握拳放于腰际。

（29）斜下冲拳。动作特点：两脚并拢成立正姿势，一手臂半握拳放于腰际，另一手臂半握拳斜向异侧下举并伸直，与小腹部夹角为45°。

（30）斜上冲拳。动作特点：两脚并拢成立正姿势，一手臂半握拳放于腰际，另一手臂半握拳越过头顶斜向异侧45°伸直，抬头挺胸，目视前方。

（31）短剑。动作特点：两脚并拢成立正姿势，一手臂半握拳放于腰际，另一小臂抬至与大臂垂直角度且手掌与头部齐平，半握拳，抬头挺胸，目视前方。

（32）侧上冲拳。动作特点：两脚并拢成立正姿势，一手臂半握拳放于腰际，另一手臂同侧斜向上45°伸出，半握拳，抬头挺胸，目视前方。

4. 跳跃动作 啦啦操的跳跃动作是借助视觉效果来表达激情和体现速度的一种方式，完美地展示跳跃动作尤其重要。跳跃动作的要点是跳跃时有高度，并且保持空中姿态的准确性，同时展现队员的力量和柔韧性；落地时由前脚掌过渡到全脚，身体保持轻稳。啦啦操常见的跳跃动作有分腿小跳、团身跳、C跳、纵跨跳、跳转、莲花跳、跨栏跳、屈体分腿跳、屈体并腿跳、反跨跳、变身跳和交换腿跳等。

（1）起跳技术。在整个起跳过程中要控制腰腹，以起到连接作用。准备时两腿微屈，手臂斜后举，两手握拳。起跳时腿部肌肉收缩，脚蹬地跳起，给地面一个作用力，使地面在此瞬间给人体一个反作用力，同时手臂向上摆动，起跳时人体给地面的作用力越大，即人体受力越大，腾空的高度就越高。

（2）空中控制技术。分为单一动作技术和空中复合动作技术。

①单一动作技术。在空中只需保持一个姿态，即在躯干稳定的基础上，动力腿起跳后迅速到达预期位置“停顿”。

②空中复合动作技术。起跳后按动作的顺序与要求，由动力肢体远端带动其他肌肉协调控制，迅速到达预期位置，然后变换至下一动作位置。变换动作时，躯干必须与四肢协同用力、同时变换，以保持身体姿态的平衡性和动作的完整性。如分腿小跳动作，空中姿态为上体正直，腰腹收紧，同时两腿分开到规定角度，控制两侧髂腰肌，腿伸直，正对前方，两臂成V形，身体成X形姿态。

（3）落地技术。跳跃技术的最后一个阶段为落地环节，为了避免造成运动损伤，练习者从空中落地时应注意缓冲，使身体保持稳定，同时减少地面对关节、肌肉的冲击力。落地时，由脚前掌过渡到全脚，然后迅速屈膝、屈髋缓冲。同时躯干与手臂应保持固定的姿态。

5. 啦啦操运动的部分平衡转体类动作 平衡转体是在空中的时候身体绕身体垂直轴的转体或者身体与地面平行的转体。平衡转体的特点：转体过程中，脚尖支撑，转体轴应垂直，结束时稳定。

（1）后屈腿搬腿平衡2s。动作特点：一腿支撑，另一腿后屈用同侧手臂搬腿保持平衡，另一手臂半握拳同侧斜向上45°伸出。

（2）侧屈腿搬腿平衡2s。动作特点：一腿支撑，另一腿侧屈用同侧手臂搬腿保持平衡，另一手臂半握拳同侧斜向上45°伸出。

（3）前屈腿搬腿平衡2s。动作特点：一腿支撑，另一腿前屈并用两手臂搬住前屈腿的膝关节保持平衡。

（4）前吸腿控腿平衡2s。动作特点：一腿支撑，另一腿前吸腿保持平衡，两手臂上举成"上举V"姿势。

（5）侧吸腿控腿平衡2s。动作特点：一腿支撑，另一腿侧吸腿保持平衡，两手臂分别斜向上伸出成"上举V"姿势。

6. 啦啦操运动的倒立类技巧性动作 倒立是啦啦操难度动作中翻腾、软翻等动作的基础，是啦啦操技巧中最基础的动作。通过倒立训练，除了能增强上肢支撑力量，提高上下肢协调能力外，还有一个很显著的功能，就是锻炼和发展大脑前庭器官的分析能力，培养运动员头朝下时清晰的方位感觉。啦啦操中常见的几种倒立姿势有：背向墙靠墙倒立、控倒立、头倒立、蹬倒立和提倒立。

7. 啦啦操运动的滚翻类技巧性动作

（1）单臂侧手翻。动作特点：两脚前后站立成准备姿势，两臂上举越过头顶做好向前翻的准备。两脚蹬地向前翻，用单臂支撑整个身体倒立，然后双脚落地还原成开始站立姿势。

（2）倒立前滚翻。动作特点：两脚前后站立成准备姿势，双臂越过头顶做好向前翻的准备，两脚蹬地向前翻，双臂支撑整个身体成倒立姿势，头部自然下垂，然后依次用肩、背、腰、臀触地滚翻，最后双脚触地并站起还原成站立姿势。

（3）后滚翻倒立。动作特点：两脚并拢，两臂自然下垂成立正准备姿势，然后下蹲向后依次用臀、腰、后背、肩触地滚翻，最后两臂支撑成倒立姿势，头部自然下垂。

（4）双臂前手翻。动作特点：两脚前后站立成准备姿势，双臂越过头顶做好向前翻的准备，两脚蹬地向前翻，双臂支撑整个身体成倒立姿势后单脚向后落地支撑，然后另一只脚在双臂起立的同时也落地成支撑脚，最后双脚并拢还原成站立姿势。

8. 啦啦操的简单托举动作介绍 托举指尖子的身体重心被一人或多人托起离开地面上的所有技巧，动作要准、稳。

（1）三底座髋位单脚前搬腿。首先，底座侧弓步，尽可能两个人靠得近一点，外侧腿膝盖绷直，脚尖向前，面向前。内侧腿屈膝弓步，大腿放平，脚尖向前。其次，尖子双手扶着底座的肩，左脚踩在底座的大腿中部立吸腿，然后再搬腿，注意，搬腿时身体与腿尽可能贴紧。再次，尖子先握住右侧底座的手，然后再依次握住左侧底座的手，然后右腿前伸下。最后，后侧底座，双手握住底座的腰部，当尖子在发力蹬上完成动作时，后点底座给予辅助和保护。

（2）三底座髋位双脚托举。首先，底座侧弓步，外侧腿膝盖绷直，脚尖向前，面向前。内侧腿屈膝弓步，大腿放平，脚尖向侧，弓步要尽可能大一点。其次，尖子双手撑于底座的肩部，先迈右腿踩在底座髋的位置上，把重心移到右边，蹬腿上，当重心稳了以后，再把重心往左移，把左腿踩在左侧底座的髋位上，然后双臂上举。再次，下来的时候注意右手先握住底座的手，然后依次左手握住底座的手，重心向左侧移，右脚前伸跳下。最后，后点站于

两个底座的后面，双手握在尖子的腰部，当尖子重心向上移的时候，后点底座给予辅助和保护。

9. 啦啦操运动的金字塔造型

(1) 金字塔配合一。首先，三位底座队员站成一排，外侧的两位底座队员向内做侧弓步，中间的底座队员分腿做半蹲动作。其次，两位女尖子队员上来，她们分别在外侧的底座队员和中间的底座队员的髋位上站立。

(2) 金字塔配合二。首先，三位底座队员站成一排，外侧的两位底座队员向内做侧弓步，中间的底座队员做分腿站立。其次，两位女尖子上前，她们站在外侧底座队员的髋位上做单脚髋位站立。

(3) 金字塔配合三。首先，两名底座队员到前面来，他们需要完成一个站肩托举的动作。其次，两组底座队员在他们旁边站好，他们需要完成的是坐肩托举的动作。最后，两位底座队员在他们的旁边站好。

10. 啦啦操运动的抛接动作 抛接（Toss）指底座将尖子抛向空中的技巧，在空中的尖子与底座没有任何接触。例如："篮子抛"和"海绵抛"。

抛接的特点：轿子稳，空中尖子变化多。

(1) 三底座仰面摇篮抛。首先，底座面对面站好，双臂前伸，尖子双手环抱在底座的肩上，底座跟尖子形成摇篮接的动作，后点底座双手握住尖子的腋下。其次，当尖子腾空以后，有一个挺身的动作，然后再回收成刚才摇篮接的动作。

(2) 三底座直体抛接。首先，底座面对面半蹲，双臂前伸并紧握，尖子双手扶住底座的肩膀，底座跟尖子形成准备向上抛的动作，后点底座屈膝半蹲做好帮助和扶持准备。

(3) 三底座团身抛接。首先，两底座相互搭乘轿子。尖子双手握着底座的肩，后点底座双手握着尖子的腰。其次，尖子左脚踩在底座的手上成蹲立姿态。后点底座双手由腰部移到两底座的手上抛起，尖子腾空以后，有一个双腿团身屈膝的动作，最后再打开成直体腰拦接的动作。

（二）啦啦操基本动作组合

1. 第一个八拍

(1) 左右依次开立与肩同宽，右臂自然下垂，左臂侧平举，面带微笑且两眼平视前方。

(2) 右腿屈膝向左腿靠近并转体 90°（右脚脚前掌点地），左臂同侧斜向上 45°伸直，头部微向左后下方摆动，眼睛朝下看。

(3) 腿部姿势不变，两臂摆动成"小 T"姿势，头部向右转动 90°，面带微笑。

(4) 两腿成弓步（右腿在前，左腿在后）向右跳转 90°，手臂从第三拍转成"下举 V"姿势，两眼目视前方。

(5) 两腿跳开与肩同宽，左臂不动，右臂同侧斜向上 45°伸直与左臂成"斜 T"姿势。

(6) 腿部姿势不变，手臂同第五拍相反。

(7) 右腿向后弹起成左脚支撑，两手在胸前成"屈臂 A"姿势，头部微向左下转动，眼睛朝前下方看。

(8) 右脚恢复原位同左脚站立与肩同宽，右臂同侧下举 45°，左手放于腰际。

2. 第二个八拍

(1) 腿部姿势不变，两臂成"上举 A"姿势，两眼目视前方。

（2）腿部姿势不变，两臂由“上举 A”转变成“屈臂 A”姿势。

（3）两腿屈膝半蹲并弯腰低头，两手放于腹股沟处。

（4）两腿并拢成立正姿势，两臂成“上举 A”姿势，抬头挺胸，目视前方。

（5）左脚向前迈出一小步，两臂成“小 T”姿势，眼睛朝前看。

（6）左脚支撑吸右腿，大小臂折叠放于体侧。

（7）右腿跳下成支撑，左腿向上做大踢动作，两臂打开成“T”姿势。

（8）两脚并拢成立正姿势，两臂自然下垂紧贴身体。

3. 第三个八拍

（1）两臂自然下垂，右脚向前迈出。

（2）左脚并上右脚成立正姿势，两臂自然下垂，两眼目视前方。

（3）两脚跳开成半蹲状，左右臂分别斜向上和斜向下 45°伸直成“斜 T”姿势。

（4）腿部姿势不变，手臂姿势同第三拍相反。

（5）腿部姿势不变，右臂异侧斜向下 45°伸直，左手放于腰际，头部微向左下摆动，眼睛朝下看。

（6）两腿跳起成立正姿势，手臂姿势为“旗兵 1”。

（7）两脚跳起转体 90°成左弓步，手臂成“下举 H”姿势，头部微向右下方摆动，眼睛朝下看。

（8）同（7）。

4. 第四个八拍

（1）左脚向前迈出，右小臂屈于胸前，左臂自然下垂放于体侧，面带微笑，目视前方。

（2）右脚向前迈出，左小臂屈于胸前与右手汇合。

（空拍）两脚成立正姿势，两手在右肩处紧握一起，抬头挺胸，目视前方。

（3）右脚迈出，右臂侧平举，左臂水平向前伸出，两臂成 90°夹角。

（4）同（3）。

（5）右腿支撑，左腿吸腿，两臂环抱于胸前。

（6）左腿放下同右脚开立与肩同宽，手臂转变成“下举 V”姿势。

（7）两腿微向右弯，右臂侧平举，左臂向前方水平伸出，两臂夹角为 90°，头部向右摆动，面带微笑，眼睛朝前看。

（8）双腿和双臂恢复成立正姿势。

下篇

中华传统体育

党的二十大报告指出，我们必须坚定历史自信、文化自信，坚持古为今用、推陈出新，把马克思主义思想精髓同中华优秀传统文化精华贯通起来、同人民群众日用而不觉的共同价值观念融通起来，不断赋予科学理论鲜明的中国特色，不断夯实马克思主义中国化时代化的历史基础和群众基础，让马克思主义在中国牢牢扎根。中华传统体育作为传播与弘扬中华优秀传统文化的重要载体，需要在学生群体中广泛开展。

下篇

中华传统体育

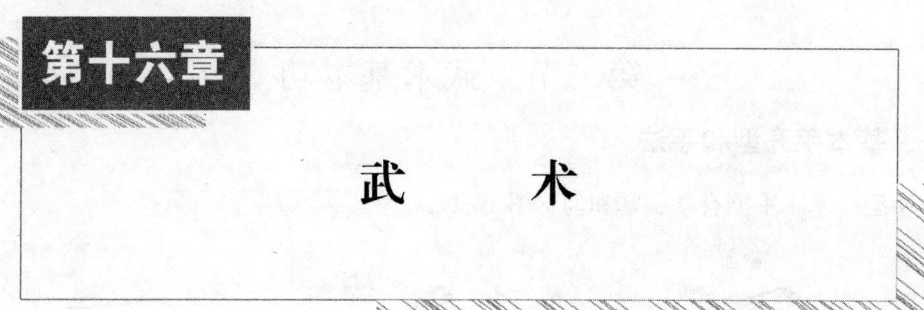

第十六章 武　术

第一节　武术概述

武术是以技击动作为内容，以套路和格斗为运动形式，注重内外兼修的中华传统体育项目。武术又称“国术”或“武艺”。它涵盖了中国古典哲学、伦理学、美学、医学、兵学等中国传统文化的各种成分和要素，渗透着中国传统文化的精髓。武术具有极其广泛的群众基础，是中国人民在长期的社会实践中不断积累和丰富起来的一项宝贵的文化遗产。

一、武术的特点和作用

1. 具有攻防动作　套路是武术特有的表现形式，虽然拳种不同，风格各异，有的还具有地方特色，无论何种套路，其共同特点都是以踢、打、摔、拿、击、刺等攻防动作构成套路的主要内容。经常系统训练，具有强身健体和保健作用，而且还是防身自卫不可缺少的知识和方法。

2. 具有内外合一，形神兼备的运动特色　所谓内，指人的精神、意识和气息的运用；所谓外，指人体手、眼、身、步的活动。内与外、形与神是相互联系、统一的整体。既要讲究动作的形体规范，又要求精神传意，内外合一。武术运动对外能够利关节、强筋骨、壮体魄，对内能够理脏腑、通经脉、调精神，使身体得到全面锻炼。

3. 内容丰富多彩，具有广泛的适应性　武术的内容和练习形式丰富多样，不同类别的武术项目有着不同的练功方法、动作结构、技术要求、运动风格和运动负荷。它可以不受年龄、性别、职业、体质、时间、季节、场地器材等的限制，人们可以根据自己的条件和兴趣爱好加以选择。因此，学会一两套武术套路作为终身从事体育锻炼的手段，是十分有意义的。

二、武术的分类

1. 拳术　拳术包括长拳、太极拳、南拳、八极拳、形意拳、八卦拳、少林拳、洪拳、地趟拳、劈挂拳和象形拳等拳种。

2. 器械　器械包括刀、枪、剑、戟、鞭、锤、标和棍等。

3. 对练　对练包括徒手对练、器械对练、徒手与器械合练。

4. 集体项目　凡 6 人或 6 人以上的集体演练，称为集体项目。包括集体拳、集体剑、集体刀、集体功和集体攻防等。

第二节　武术基本功

一、基本手开型和手法

1. 手型　基本手型有拳、掌和勾（图 16-1）。

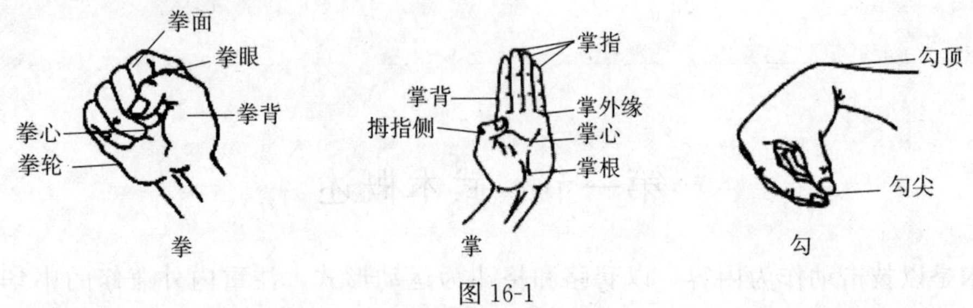

图 16-1

（1）拳。四指并拢卷握，拇指压在食指和中指的第 2 指节上，拳面要平，腕要直。

（2）掌。四指并拢伸直，拇指弯曲，紧扣于虎口处。

（3）勾。五指第 1 指节捏拢在一起，屈腕。

2. 手法　基本手法有抱拳、冲拳、架拳、推掌、亮掌（图 16-2）。

图 16-2

二、基本步型和步法

1. 步型　基本步型有弓步、马步、虚步、仆步、歇步等（图 16-3）。

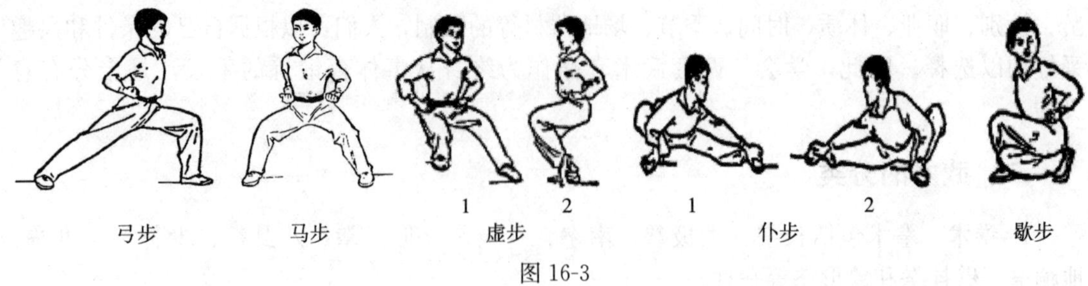

图 16-3

2. 步法　基本步法有击步、垫步、插步等。

三、腿功和腰功

1. 腿功　腿功有正踢腿、侧踢腿、外摆腿、里合腿、压腿、弹腿、蹬腿、侧踹腿等。

2. 腰功　腰功有前俯腰、甩腰、翻腰等。

第三节　武术套路

一、初级长拳第三套

（一）预备动作

1. 虚步亮掌（图 16-4）

图 16-4

初级长拳

2. 并步对拳（图 16-5）

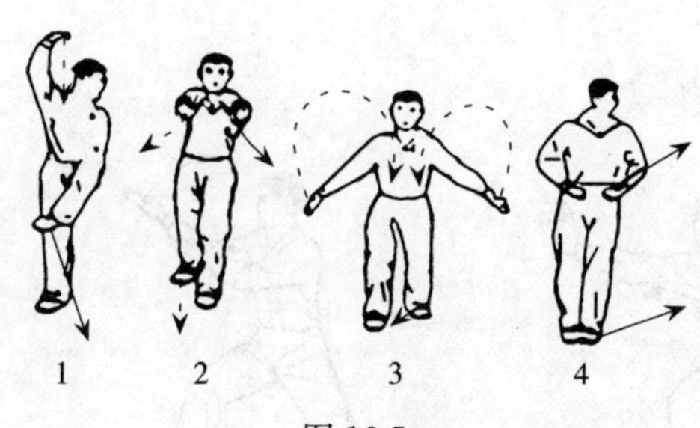

图 16-5

（二）第一段动作

1. 弓步冲拳（图 16-6）
2. 弹腿冲拳（图 16-7）
3. 马步冲拳（图 16-8）

图 16-6　图 16-7　图 16-8

4. 弓步冲拳（图 16-9）
5. 弹腿冲拳（图 16-10）
6. 大跃步前穿（图 16-11）

图 16-9　　图 16-10

图 16-11

7. 弓步击掌（图 16-12）

8. 马步架掌（图 16-13）

图 16-12

图 16-13

（三）第二段动作

1. 虚步栽拳（图 16-14）

2. 提膝穿掌（图 16-15）

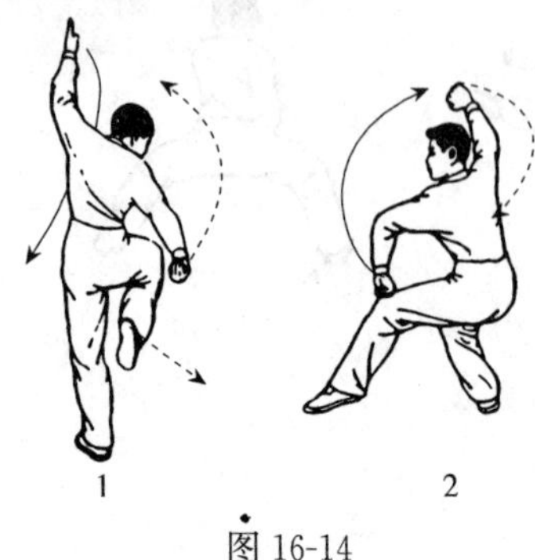

图 16-14

图 16-15

3. 仆步穿掌（图 16-16）

4. 虚步挑掌（图 16-17）

图 16-16

1

2

图 16-17

5. 马步击掌（图 16-18）

6. 叉步双摆掌（图 16-19）

1　2

图 16-18

1

2

图 16-19

7. 弓步击掌（图 16-20）

1　2

图 16-20

8. 转身踢腿马步盘肘（图 16-21）

1

2

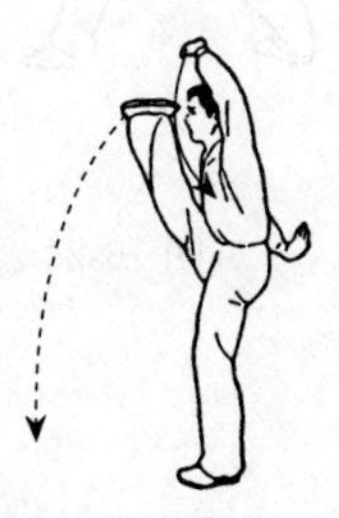

3

4

5

图 16-21

（四）第三段动作

1. 歇步抡砸拳（图 16-22）

1

2

3

图 16-22

2. 仆步亮拳（图 16-23）

1

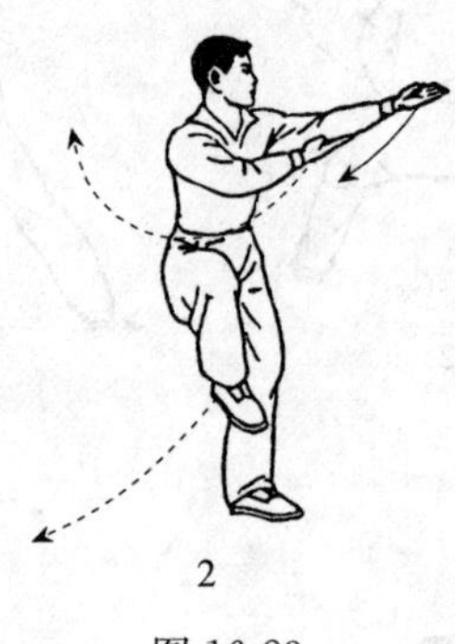
2

3

图 16-23

3. 弓步劈拳（图 16-24）

1

2

3

图 16-24

4. 换跳步弓步冲拳（图 16-25）

5. 马步冲拳（图 16-26）

6. 弓步下冲拳（图 16-27）

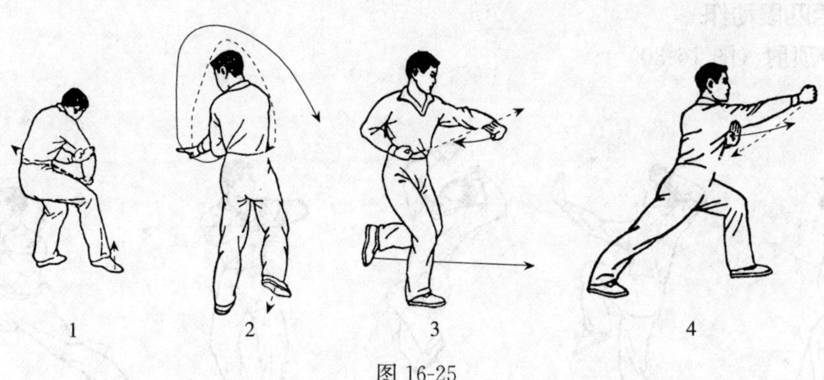

1　2　3　4

图 16-25

图 16-26

图 16-27

7. 叉步亮掌侧踹腿（图 16-28）

1　2　3

图 16-28

8. 虚步挑拳（图 16-29）

1　2　3

图 16-29

(五) 第四段动作

1. 弓步顶肘（图 16-30）

图 16-30

2. 转身左拍脚（图 16-31）

3. 右拍脚（图 16-32）

图 16-31　　图 16-32

4. 腾空飞脚（图 16-33）

图 16-33

5. 歇步下冲拳（图 16-34）

图 16-34

6. 仆步抡劈拳（图 16-35）

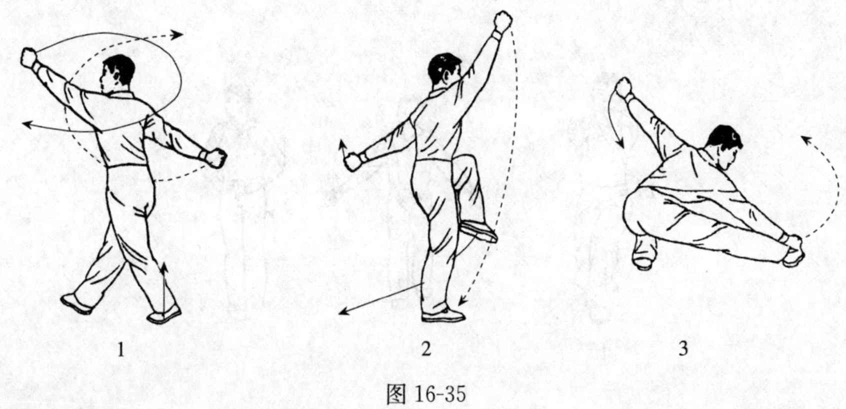

图 16-35

7. 提膝挑掌（图 16-36）

8. 提膝劈掌弓步冲拳（图 16-37）

图 16-36　　图 16-37

（六）结束动作

1. 虚步亮掌（图 16-38）

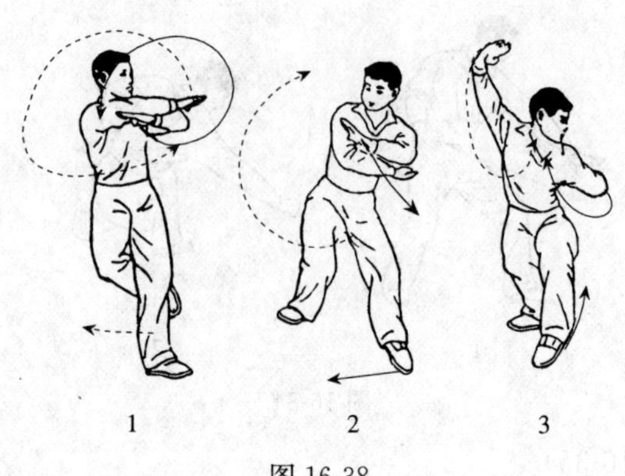

图 16-38

2. 并步对拳（图 16-39）

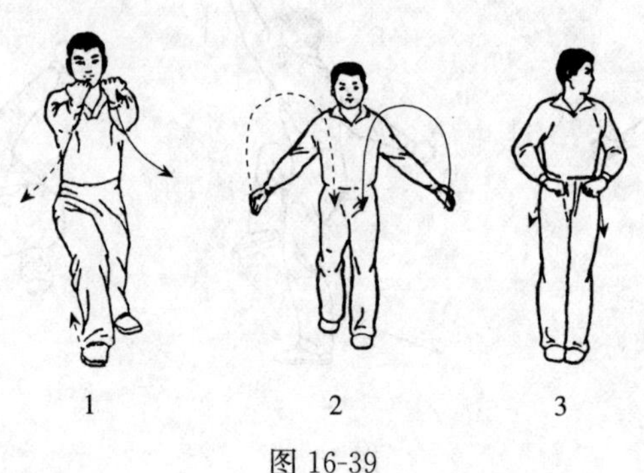

图 16-39

（七）还原

两臂自然下垂，目视正前方（图 16-40）。

图 16-40

二、简化太极拳

简化太极拳

（一）第一组

1. 起势（图 16-41）

2. 左右野马分鬃（图 16-42）

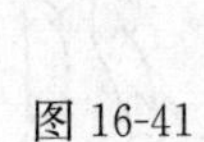
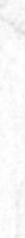

图 16-41

图 16-42

3. 白鹤亮翅（图 16-43）

图 16-43

（二）第二组

1. 左右搂膝拗步（图 16-44）

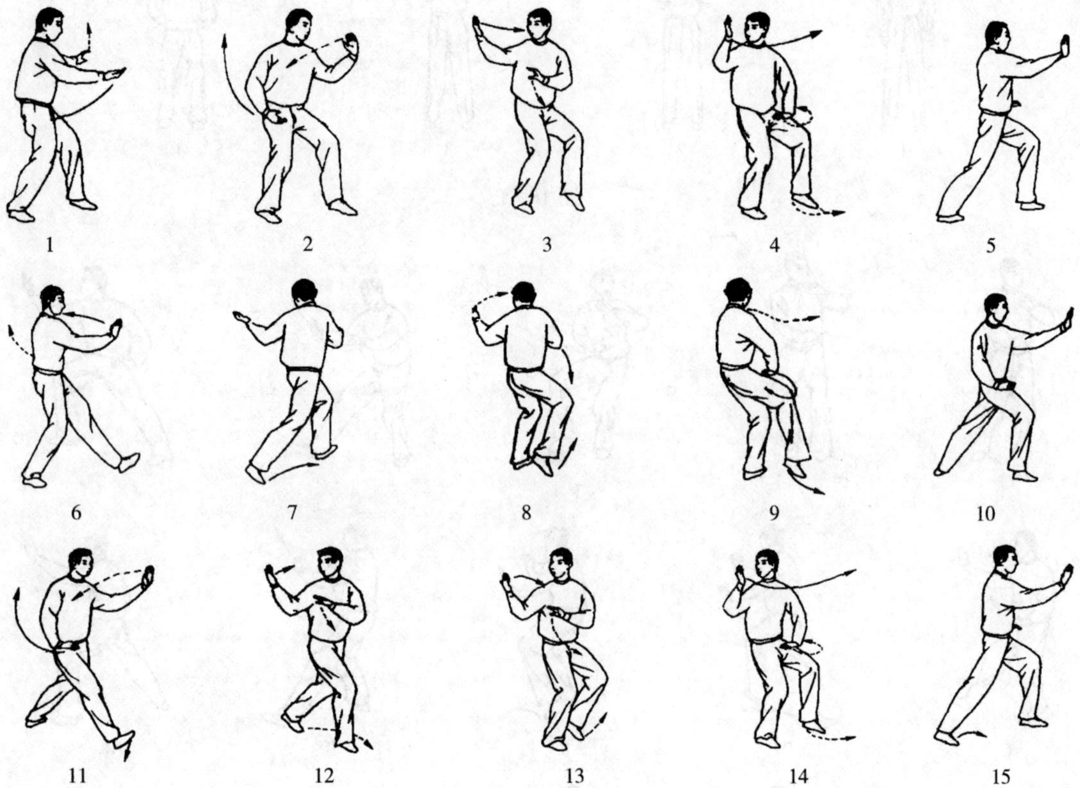
1　2　3　4　5　6　7　8　9　10　11　12　13　14　15

图 16-44

2. 手挥琵琶（图 16-45）

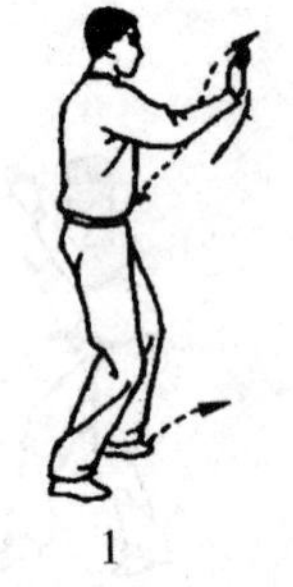

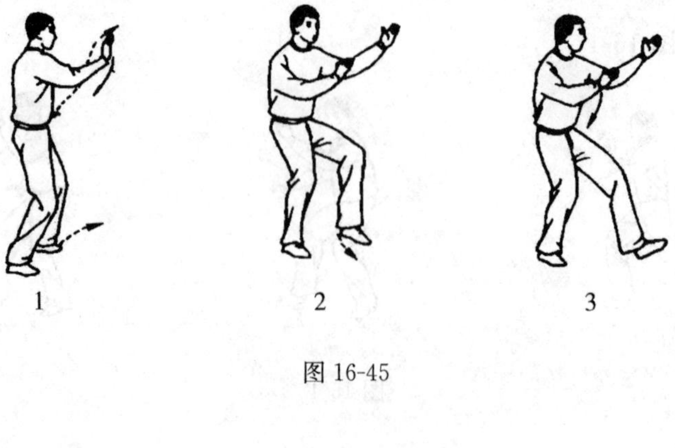
1　2　3

图 16-45

3. 左右倒卷肱（图 16-46）

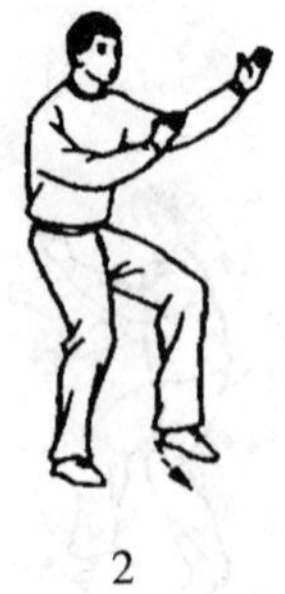

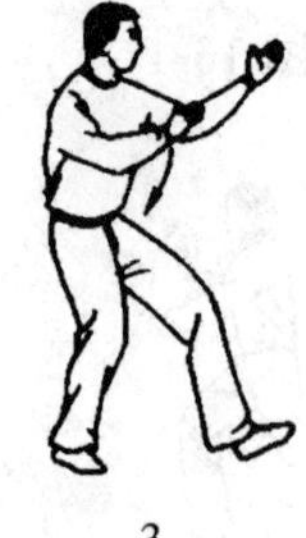

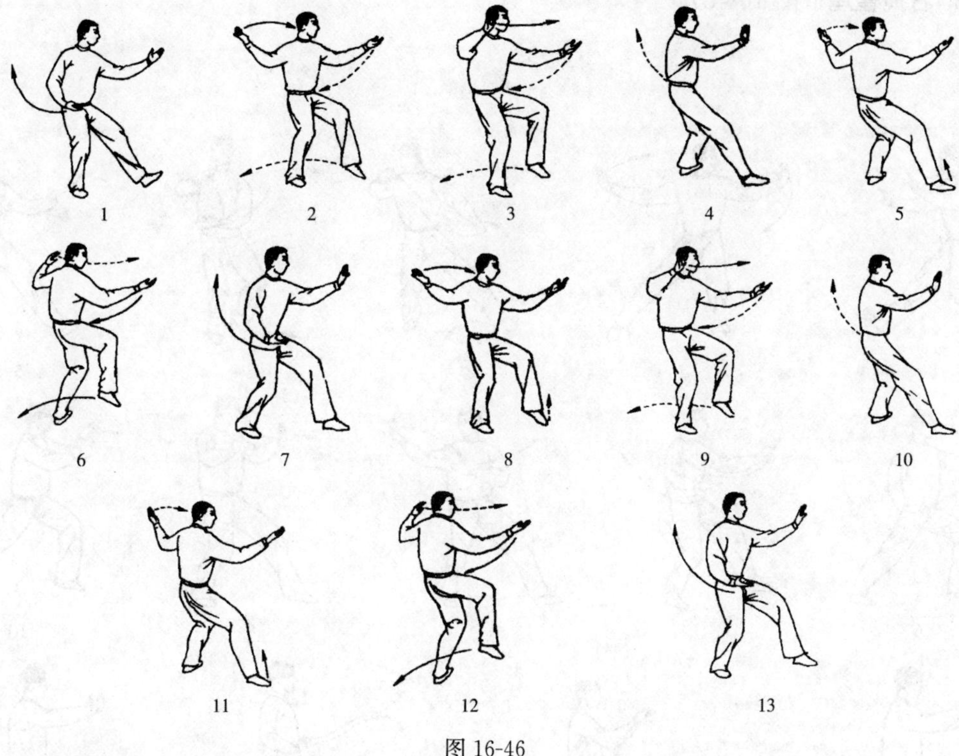

图 16-46

（三）第三组

1. 左揽雀尾（图 16-47）

图 16-47

2. 右揽雀尾（图 16-48）

图 16-48

（四）第四组

1. 单鞭（图 16-49）

图 16-49

2. 云手（图 16-50）

图 16-50

3. 单鞭（图 16-51）

图 16-51

（五）第五组

1. 高探马（图 16-52）

1

2

图 16-52

2. 右蹬脚（图 16-53）

1

2

3

4

5

6

图 16-53

3. 双峰贯耳（图 16-54）

1

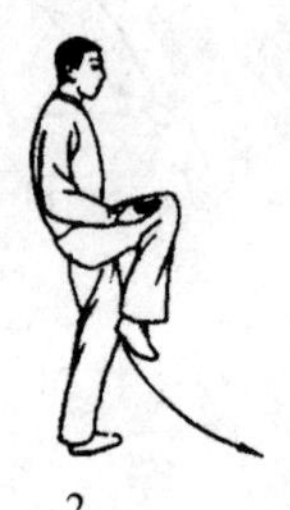
2

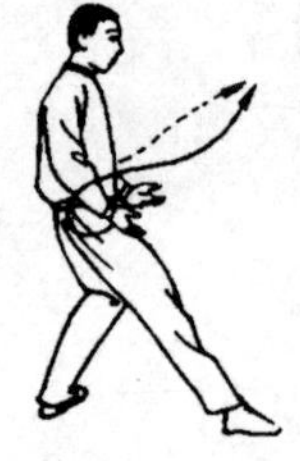
3

4

图 16-54

4. 转身左蹬脚（图 16-55）

1

2

3

4

5

6

图 16-55

（六）第六组

1. 左下势独立（图 16-56）

图 16-56

2. 右下势独立（图 16-57）

图 16-57

（七）第七组

1. 左右穿梭（图 16-58）

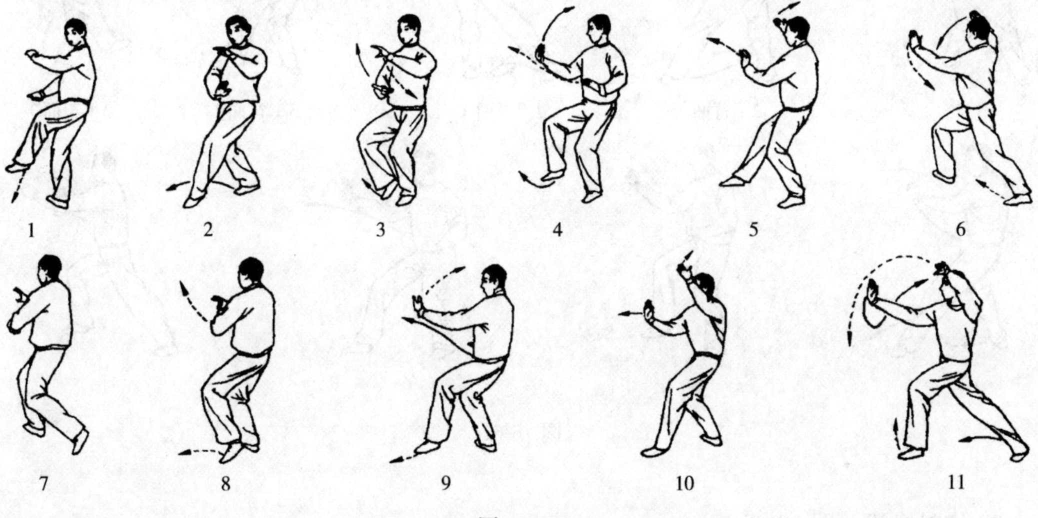

图 16-58

2. 海底针（图 16-59）

1　　2

图 16-59

3. 闪通臂（图 16-60）

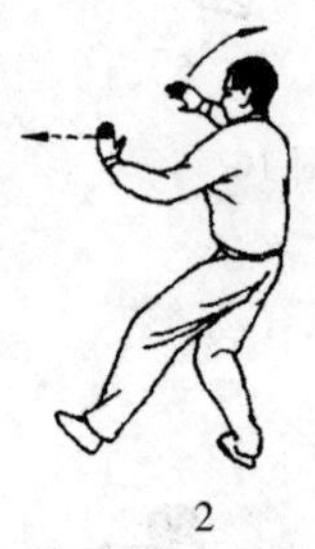

1　　2　　3

图 16-60

（八）第八组

1. 转身搬拦捶（图 16-61）

1　　2（背面）　　2（正面）　　3（背面）　　3（正面）

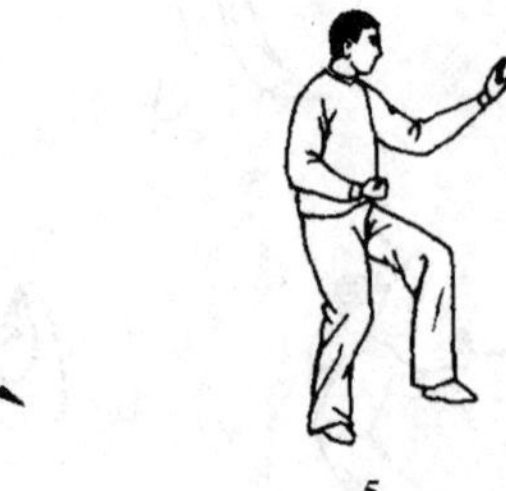

4　　5　　6　　7

图 16-61

2. 如封似闭（图 16-62）

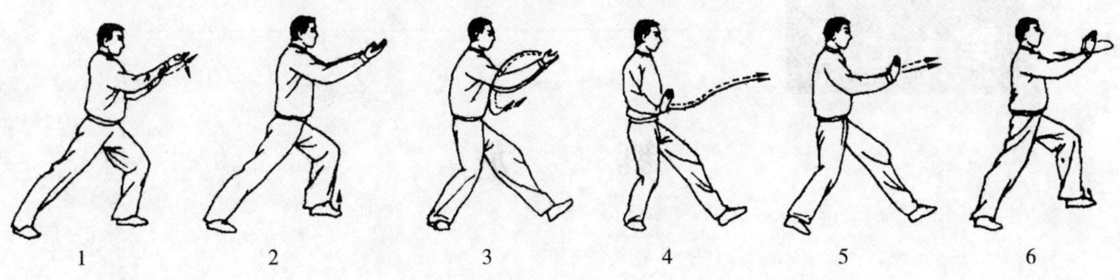

图 16-62

3. 十字手（图 16-63）

图 16-63

4. 收势（图 16-64）

1 2 3

图 16-64

第十七章 舞龙

第一节 舞龙概述

舞龙俗称玩龙灯，又称龙舞、龙灯，是中华民族的一种传统民俗文化活动。每逢喜庆节日，人们都会舞龙。舞龙时，龙跟着绣球做各种动作，穿插，不断地展示扭、挥、仰、跪、跳、摇等多种姿势。所以用舞龙的方式来祈求平安和丰收就成为全国各地传统的一种民俗文化。它是构成中华民族民间传统运动文化的一个重要组成部分。在中国人的传统意识里，龙象征着水，水蜿蜒曲折，所以，龙也蜿蜒曲折。龙合而成体，散而成章，乘乎云气，而合乎阴阳。因此，理水兴云布雨，就成为龙的一大司职。于是在久旱之年，人们自然想到了龙的威力和神圣，借助于龙的祭祀活动就成为祈求雨水的主要形式。

舞龙运动历史悠久，源远流长，内容丰富多彩。每逢佳节盛会，人们在长街广场和街头、湾边舞起龙灯，以增添欢乐喜庆的气氛。无论是古代社会还是现在，舞龙运动都伴随着中国历史的发展，只不过这种活动被不同时期的人赋予了不同的意义。

在殷商时代，舞龙作为求雨的祭祀舞蹈是很普遍的。按古人的认识，龙总是与风雨同在，龙的出现，必然伴随着风雨的迎送，这便是求雨离不开龙的根据，这可从甲骨文记载的甲片中得到证实。

到汉代，舞龙在求雨的祭祀活动中占有很重要的地位，并且逐渐演变得更细、更具体。随着汉代社会的发展，舞龙也逐渐地从祭祀活动中走出来，并且种类多样化，制作工艺也更加精细。所以汉代舞龙，无论是规模、种类，还是制作工艺，都具有相当高的水平。从《汉书》《西京赋》（东汉张衡）和《平乐观赋》（东汉李尤）等文献记载中可以看出，在当时舞龙的娱乐和观赏的功能已大大地加强，越来越受到人们的喜爱。舞龙活动的时间也不仅局限在白天，就是在夜晚也有舞龙活动，由此产生了在龙身扎制灯火以照明，于是龙灯产生了。这样，本为祈雨的舞龙，经过多年的发展演变，逐渐形成了以消灾免难求吉祥、平安、娱乐而进行的表演活动。

唐代的舞龙活动进入了鼎盛时期。这个时期的舞龙活动已经基本上摆脱了原始的祭祀活动。这时的舞龙与民间传统节日的庆典活动密切地结合起来，成为中华民族节日文化的重要组成部分。如元宵佳节的灯会盛况，舞龙是必不可少的。当时舞龙的形式多样，色彩鲜艳，制作精美，场面和规模十分壮观。

两千多年来，舞龙运动一直是民间百姓欢度节庆的重要娱乐形式。近几年来，在国家体育总局的领导下，通过对舞龙活动的挖掘整理和试办各种比赛，使传统的民间舞龙发展成为集舞龙艺术、技巧等为一体，寓身体锻炼于精彩表演中的群众体育活动。同时，它也成为当前我国推行全民健身计划、增进人民群众身心健康、推动农村体育运动开展的重要内容之一。1995 年 2 月，国家体育委员会将其列为全国正式比赛（四类）项目，批准成立了中国龙狮运动协会，出版了《中国舞龙竞赛规则》，创编了中国舞龙运动竞赛规定套路，使得舞龙运动进一步规范化。

在祖国广阔的大地上，各族、各地人民创造了各具特色的舞龙，种类繁多，有火龙、人龙、布龙、草龙、烛龙、花龙、醉龙、竹叶龙、筐龙、段龙、夜光龙、焰火龙、大头龙、滚地龙、七巧龙、纸龙、荷花龙、板凳龙等。如主要在南方各地流行的草龙，它用草、藤扎制成龙形，一般在久旱不雨时，由赤膊舞者沿街舞蹈，围观人群则不停地向龙泼水，舞龙人被淋得全身湿透，以此祈求天降大雨。草龙又称香火龙。在除害虫这一点上，香火龙较其他形式的舞龙有更高的实用价值。在虫灾发生时，人们舞香火龙，虫追逐龙身的点点火光飞去，香火龙穿过街巷，舞至田边地头，飞虫追逐香火，越聚越多，突然，舞龙队伍在水塘边停下，猛地将草龙连头带尾深深扎入水中，水淹没了龙，也淹没了扑香火的虫群。

农村舞龙还有一个习俗，就是不仅在本村舞，而且还要到外村去“赛舞”。城镇里舞龙灯，则要穿街走巷，向每家每户拜年，要到富商巨贾家去“盘龙”，讨彩头，各家要“接青龙”“发利市”。

第二节　舞龙的基本技术及方法

一、舞龙的基本技术

舞龙运动根据动作完成的难易程度可划分为 A、B、C 三个难度级别。它的技术动作主要划分为五大类，即“8”字舞龙类动作、游龙类动作、穿腾类动作、翻滚类动作、组图造型类动作。

1. “8”字舞龙类动作

(1) 动作过程。舞龙者可利用人体组成多种姿态，采用多种方法做“8”字形状舞龙，也可将龙体在人体左、右两侧交替做“8”字形环绕的舞龙动作，可快可慢，可定位、可行进。

(2) 技术要点。前后队员的距离要适中，人体造型姿态要优美，龙体运动轨迹要圆顺，快舞龙要突出速度、幅度、力度，给人以力量美的感受。

(3) 主要内容。原地“8”字舞龙、挂腰舞龙、K 式舞龙、绕身舞龙、跳龙接一蹲一趟快舞龙等。

原地（或快速）“8”字舞龙

挂腰舞龙

K 式舞龙

绕身舞龙

跳龙接一蹲一趟快舞龙

2. 游龙类动作

(1) 动作过程。舞龙者以较大的幅度奔跑游走，通过龙体快慢有致、高低、左右的起伏行进，展现婉转回旋、左右盘翻屈伸绵延的龙的形体特征。

（2）技术要点。龙体运动要遵循弯曲弧线的运动规律，人体姿态协调地随龙体的起伏游动行进，组成一幅幅时圆时曲的优美画面。

（3）主要内容。直线行进、起伏行进、走（跑）圆场、快速跑斜圆场、快速矮步跑圆场越障碍、站肩平盘起伏等。

游龙类动作

3. 穿腾类动作

（1）动作过程。龙珠、龙头、龙节依次在龙身上越过，称“腾跃”；龙珠、龙头、龙节依次在龙身下穿过，称“穿越”。龙体运动路线呈纵横交错形式行进，表现其腾云驾雾、翻江倒海的磅礴气势。

（2）技术要点。穿越或腾跃时，龙形保持饱满，运动轨迹流畅，速度均匀，穿腾动作轻松利落，不碰踩龙体，不拖地。

（3）主要内容。穿龙尾、龙脱衣、越龙尾、卧龙飞腾、连续穿越腾跃行进等。

穿龙尾　　龙脱衣　　越龙尾　　卧龙飞腾　　连续穿越腾跃行进（快腾）

4. 翻滚类动作

（1）动作过程。龙体做直圆（或斜圆）状持续运动，当龙身运动到舞龙者脚下时，龙体同时或依次做360°翻转，舞龙者利用滚翻、手翻等方法越过龙身，称翻滚动作；舞龙者利用跨越、跳跃迅速依次跳过龙身，称跳龙动作。

（2）技术要点。跳滚动作必须在不影响龙体运动速度、幅度、美感的前提下完成，龙形要圆顺，龙体运动轨迹要流畅，要准确规范地运用翻滚技巧动作。

（3）主要内容。大立圆螺旋行进、快速逆（顺）向跳龙行进、快速连续螺旋跳龙磨转等。

大立圆螺旋行进

快速逆（顺）向跳龙行进

快速连续螺旋跳龙磨转

5. 组图造型类动作

（1）动作过程。龙体在运动中组成相对静止的龙体造型和活动的图案。

（2）技术要点。活动的图案要求画面清晰，静止造型要形象逼真，以形传神，以形传意，与龙珠配合协调，组图造型连接、解脱要紧凑、利索。

（3）主要内容。龙门石窟、龙出宫造型、上肩高塔造型、龙尾高翘造型、蝴蝶盘花造型、塔盘造型、大幅“8”字花慢行进等。

二、舞龙的基本方法

1. 舞龙珠 龙队指挥者即为持龙珠者。舞龙珠者必须熟悉本队套路中的各种队形的变化，并且具备必要的场上应变能力。在鼓乐伴奏下，引导舞龙者完成龙的游、穿、滚、戏、腾、跃、翻、缠、组图造型等动作和成套动作。

技术要求：整个过程要求生动、顺畅、协调；舞龙珠是为了引导龙队出场，认清出场方向；了解比赛场地的大小，熟悉表演动作的方位，以免表演时出现场地利用不充分或方位不正的情况。舞龙时要求双眼随时注视龙珠，并环视整队及周边环境的情况变化，与龙头保持协调配合，并与龙头保持 1m 左右的距离。同时，龙珠还要保持不停旋转的状态。

2. 舞龙头 持龙头者的身材必须高大魁梧且有力。舞龙头是为了达到在龙珠的引导下，紧随其后移动，从而带动龙身摆动的目的。

技术要求：龙头左右摆动时，一定要以嘴领先，显示出追珠之势。舞动时，龙头动作要紧随着龙珠移动，龙嘴与龙珠相距约 1m，犹如吞吐之势，注意协调配合，应时刻保持龙头的不停摆动，充分展现龙的生气、活力及威武环视之势。要求龙头替换时，不能影响动作的发挥。因龙头体积较大，在左右摆动时不得碰擦龙身或舞龙者。

3. 舞龙身 技术要求：必须随时保持龙身蠕动，造成生龙活虎之势，且随时与前后保持一定的距离，眼观四方，紧随前者，走定位。空中换手时，尽量将龙身抬高，甚至可跳起；舞低时，尽量放低，但不可将龙身触地。在高低左右的舞动中，龙翻腾之势随即展现其中。在跳与穿的动作中，应特别注意柄的握法，柄下端不可多出，以免刮伤其他人。龙身在左右舞动时不可触地、脱节，龙身运动轨迹要圆滑、顺畅，龙体不可出现不合理的打结。

4. 舞龙尾 持龙尾者应身材轻巧、速度快，因为龙尾时常有翻身的动作，所以龙尾也是主要部位。舞龙尾的目的是，随着龙身的带动，龙尾时刻摆动着，体现出龙轻巧生动的姿态。

技术要求：龙尾舞动时翻尾要轻巧生动，不拖泥带水，否则容易使龙尾触地，损坏器材，而且会使人产生呆板的感觉。龙尾经常会成为带头者，因为有些动作必须龙尾引首，所以明确精炼的头脑也是舞龙尾者的必备条件。龙尾亦是整条龙舞动弧度大小的控制者，持龙尾者在穿和跳的动作里，更应注意尾部，勿被碰撞或碰撞别人。龙尾在舞动过程中始终保持左右的晃动，要求不能触地，并控制左右舞动弧度的大小。

第十八章

舞 狮

第一节 舞狮概述

一、舞狮运动的起源和发展

舞狮也叫“玩狮子”和“狮子舞”，在我国民间传统体育运动中有着悠久的历史。它既是我国一项优秀的民间艺术，也是一项流传很广、具有独特民族风格的传统体育活动。每逢春节和元宵节，世界各地的中国人都要表演精彩的舞狮，这种隆重的喜庆仪式，寓示人们对国泰民安、吉祥如意的祝福。据考证，舞狮运动在三国时期就已出现，三国时魏人孟康注释的《汉书·礼乐志》记载：“若今戏鱼、虾、狮子者也。”这是文献上关于舞狮的最早记载。在公元前87年，与我国相邻的西域大月氏和安息等国为了与汉室结好，不远万里把狮子作为礼物送到我国，这一象征着吉祥、威武的瑞兽很快就引起了朝野的关注，也引起了广大群众的喜爱。在此后的两千多年里，不仅常有友邦赠送狮子的记载，而且我国历代艺术家将狮子与中国传统的文化艺术有机地结合，创作了无以计数的有关狮子的绘画、石刻、陶塑、刺绣、织锦等艺术作品，并且使其浸染上了浓重的东方特色。

到了唐代，舞狮有了很大发展，无论在民间还是在军队、宫廷，都很流行。《旧唐书·音乐志》和《新唐书·礼乐志》就有类似的记载，白居易也在他的《西凉伎》中描写了舞狮的生动活泼的形象。唐代宫廷的“五方狮子”，又称“五常狮子”，舞狮者披着青、黄、白、赤、黑5种色彩的狮被，每个狮子高达1丈（约3.3m），分东、西、南、北、中五方站立，由12个扎着红头饰、穿着五彩画衣的狮子郎，手持红拂子逗引雄狮，狮子的动作前仰后合，活跃异常，在鼓乐喧天的乐曲伴奏下，140人的大型合唱队高歌太平乐。这种宫廷形式的舞狮表演，气势磅礴，颇为壮观。唐代诗人李白的《上云乐》中，把“五色狮子”与“九色凤凰”并列。

自唐代以后，舞狮一直盛行不衰，这从历代绘画和文献典籍上都可以得到证明。宋代孟元老的《东京梦华录》和吴自牧的《梦粱录》，都有关于“狮子会”的记载。故宫博物院陈列着一幅南宋时苏汉臣绘的《百子嬉春图》，其中就有“狮子舞”，画中描绘了一个小孩手拿绳索，牵着一头镀金眼睛的狮子，两个小孩一前一后，披着狮子皮跳狮子舞。清代《走会》图中的舞狮场面极其热烈，展示了一对大狮子各带一只小狮子，由两个狮子郎逗引戏耍的情景。清人有一首《成都竹枝词》写道：“巧制狻猊不用灯，布围高挂任纵横。十番锣鼓真热闹，看到更深更有情。”其生动地描写了舞狮时的热闹场景。

我国民间主要集中在农历正月初一到十五进行舞狮活动，一般在元宵节达到高潮。在我国，舞狮表演已成为隆重的庆贺佳节的仪式。近些年来，在国家体育总局的领导下，通过挖

掘整理有关文献和试办各种舞狮比赛，这一传统的民间表演活动逐渐发展成为集舞狮、舞龙技巧，并与艺术融为一体的，寓身体锻炼于精彩表演之中的群众性体育活动，不但制定了《中国舞狮竞赛规则》，并于1997年12月在广东番禺成功地举办了第一届全国舞狮比赛。至今，我国已举办了多次国内外的舞狮锦标赛，使这一深受老百姓喜爱的运动形式朝着规范化、国际化、科学化和竞技化的方向发展。

舞狮运动能提高速度、耐力、力量和灵巧等身体素质，舞狮表演要求舞狮者具有矫健的身法、灵活的步法和娴熟的技巧，以及手法、身法、步法的协调配合，才能完成跌扑、跳跃、翻腾、翻滚以及滚绣球、跳座、过跳板、上楼台等各种难度动作。舞狮运动还能培养练习者勇敢顽强的精神和坚韧不拔的意志品质。

二、舞狮的种类

由于各地的风俗习惯不同，我国民间流传的舞狮在表演形式和艺术造型上形成了各自的地方特色和独特的风格。按地域来说，舞狮可分为南派舞狮和北派舞狮两种，南派狮头和北派狮头在造型上有显著差异。南派以神似为基础结合武术动作，摆脱具体形态的局限，以塑造一个夸张、浪漫的狮子艺术形象；北派则以写实为基础，它的造型、结构、色彩、装饰以及表演都以模仿狮子为主。

1. 北狮 北魏时代，魏太武帝（公元408—452年）把西亚（胡人）传入的狮子改名为“北魏瑞狮”，因此人们一般认为他是北狮的祖师。北狮的外形与真狮相接近，其全身覆盖着金黄色的狮被，舞狮时由大狮（太狮）、小狮（或称幼狮）和引狮人组成，大狮由两人合扮，小狮由一人扮装。

2. 南狮 福建和广东两地为南狮的代表。广东狮往往夸张其头部的造型，额部十分突出，额上装有镜子，眼睛大都是玻璃眼球，显得光彩夺目，明亮有神。

第二节 舞狮的基本技术

一、北狮基本技术

1. 狮头、狮尾的基本握法

（1）狮头握法。舞狮头者双手紧握头圈嘴巴下摆的关节处，以便于控制嘴巴的张合。

（2）狮尾握法。

①单手扶位。舞狮尾者单手扶拉狮头腰带，另一手扶拉狮被。

②双手扶位。舞狮尾者双手虎口朝上，大拇指插入狮头腰带，四指并拢握住扶托狮头队员腰带。

③脱手扶位。舞狮尾者双手松开狮头队员腰带，扶拉狮背两侧下摆。

2. 狮头基本手法

（1）叼。舞狮头者一手扶头圈，另一手用小臂托头圈，手伸至狮嘴中央处拿绣球。

（2）点。舞狮头者双手扶头圈，身体向右侧回旋，与地面的倾角成45°，左、右手的运动路线为上下交替运动；左侧动作与右侧动作相同，方向相反。

（3）摇。舞狮头者双手扶头圈，双手交替向前、向上、向后、向下做回旋动作。手的运动路线成圆形。

（4）摆。舞狮头者双手扶头圈，上左步时狮头摆至左侧，重心放至左腿；行走时右侧动作与左侧动作相同，方向相反。

（5）错。舞狮头者双手扶头圈，然后双手拉狮头向右侧做预摆动作，右手与右腰侧同时发力，摆至身体左侧，成半马步，重心放置右腿；右侧动作与左侧动作相同，方向相反。

3. 舞狮基本步法

（1）盖步。狮头队员向右盖步，左脚经右脚前先向右跳扣步，同时右脚向右跳半步亮相，狮尾队员与狮头队员动作相同。向左盖步，动作相同，方向相反。

注意事项：狮头与狮尾起跳动作要协调一致，同时到位。

（2）颠步。狮头、狮尾队员按顺（或逆）时针方向跳步行进，狮头队员迈左脚时，狮尾队员迈右脚，步法协调一致。

注意事项：狮头与狮尾协调配合。

（3）错步。狮头、狮尾队员同时向身后45°方向，先左脚后右脚退步。

注意事项：转体、转头与退步要协调一致。

（4）碎步。狮头、狮尾队员同时向左（或右）小步平移，节奏快速、一致。

注意事项：移步步幅要小、密，节奏快；狮头、狮尾要配合协调。

（5）行步。狮头、狮尾队员重心微蹲，迈步时狮头队员先迈左脚，狮尾队员同时迈右脚，节奏一致。

注意事项：重心要平稳，不可上下起伏。

（6）跑步。动作要点与行步相同，节奏要快。

二、南狮基本技术

1. 狮头的基本握法

（1）单阴手。以大拇指拖狮舌，其余四指在狮舌上方，手背朝上，握狮舌中间或一侧部位，另一手握耳根的引动绳，两手小臂拖顶着两条横木。

（2）双阴手。握法与单阴手相同，但两手握于狮舌两侧头角处部位。

（3）单阳手。握法与单阴手相反，其余与单阴手相同。

（4）双阳手。握法与双阴手相反，其余与双阴手相同。

2. 狮尾的基本握法

（1）单手握法。一只手大拇指插入舞狮头者的腰带部位成虎口握腰带，其余四指轻抓舞狮头者的腰带部位，另一只手可做摆尾、摆背等动作。

（2）双手握法。双手同时用单手握法与狮头配合，做各种动作时则必须用力紧握。

（3）摆尾。狮尾随舞狮头者随意的动态，可用手摆动或用臀部挪动。

3. 基本步型、步法

（1）两移步。从基本站立姿势开始，上体不动，左右脚交替前移约一手掌。

（2）扑步（铲步）。左腿弯曲全蹲，重心在左腿，右腿向右侧牵伸，大、小腿成一直线，脚掌内扣；左右动作相同，唯方向相反。

（3）行礼步。从基本站立姿势开始，以左为例，两脚用力蹬地，向上跃起，在中线落地，重心在左脚，成左虚步；右虚步与左虚步相同，唯方向相反。

（4）麒麟步。从基本站立姿势开始，重心移至左脚，右脚经左腿前向左移步，左右腿交

叉，两腿弯曲，重心在两腿中间；右侧与左侧动作相同，唯方向相反。

（5）大四平步。两脚左右开立宽于肩，两腿弯曲，两大腿呈水平，上体正直，收腹挺胸。

（6）弓步。右腿弯曲，大腿呈水平，上体正对前方，成前弓后绷型。

（7）虚步。左腿弯曲，重心在左腿，右腿微屈，脚尖前点；左侧与右侧动作相同，唯方向相反。

（8）开合步。从基本站立姿势开始，两脚蹬地，两腿向左右分开宽于肩，为开步；两脚蹬地，两腿并拢，为合步。完成动作的过程，上体保持基本姿势。

（9）跪步。从基本站立姿势开始，左腿弯曲约 90°，右腿弯曲小于 90°，右膝关节和右脚趾着地，上体稍向前倾，重心在左脚；右侧与左侧动作相同，唯方向相反。

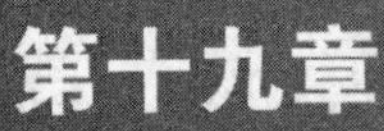

第十九章 射　艺

第一节　射艺概述

一、射艺的起源和发展

射艺指射箭的技艺。人类的射箭在旧石器时代已经开始，经过漫长的历史时期，特别是弓箭在战争中的使用，人们重视弓箭的训练，使射箭的技艺逐渐提高。商末，古圣先贤将军器中狩猎的工具改造成修身养性、教化民众的艺术。射艺是中国传统的射箭运动，在商周时期将“射”纳入祭祀活动，并将“射”与“礼”相融合，创造出独特的礼射活动。孔子将之纳入“六艺”作为教育贵族的必修课程。在中国古代的发展历程中，军事意义上的射箭和人文教育意义上的射箭长期并存发展，均具有重要地位，但近代射箭活动逐渐没落。随着现代体育的兴起，西方竞技射箭进入中国，取代了中国传统射箭。直到 21 世纪初，中国传统射箭才逐步开始在民间复兴。射者因循特定的程序和动作，用华弓（中国传统弓）将羽箭射向目标。射箭过程中所必备的姿态、礼仪、心力、修养等，都能充分锻炼射手的身心。

二、射艺的价值

射艺不仅能够提高体能，锻炼视力，预防颈椎病，达到健身的效果，还能提升修养，丰富精神生活。射艺是体育与文化的完美结合，蕴含丰富的人文教育价值与健康养生价值，包含了对射者品德、心境和意念历练的哲学内蕴。它不但要求射手具有高超的射箭技术，还要求射手完成身、心和弓箭三者的高度和谐统一，以表达对高尚品德的追求，对力量美与准确美的向往和享受，最终融化成为对真理的追求和崇拜，对于增进中华民族文化认同、增强社会凝聚力、增进民族团结和社会稳定具有积极作用。

三、传统弓

传统弓按构造及材质可分为三类：单体弓、加强弓、复合弓。单体弓就是用单一材料制成的弓，制作相对简单，这类弓需要依赖弹性非常好的木材，比如紫杉木。加强弓也称合成弓、叠片弓、层压弓，是用相同或相近的材料叠加制成的。复合弓则是采用了性质不同的多种材料制成的弓，比如用木或竹，结合角片和动物的肌腱（筋），再用上胶和丝、漆等制作的弓。古代中国的角弓就是典型的复合弓。传统弓制作过程复杂、所用材料繁多，并且做工、选材都要依据适宜的季节和气候。古代工匠制成一张良弓，连选材在内共需要四年时间。

第二节　射艺基本技术及礼仪

一、射艺基本技术

射艺技术比较复杂，需要做到“箭靠弓、弦靠肋、羽靠脸”，具体分为以下七步。

1. 准备　持弓于胸前，弓体垂直于地面，身体直立，全身放松。

2. 站位　两脚前后站立且垂直于靶面，距离约与肩宽，身体重心在两脚之间。

3. 勾弦　拿箭后整理箭尾羽毛，将箭尾置于弦上正确的位置。前手拿弓，后手勾弦，眼睛平视前方。勾弦手的大拇指弯曲勾在弦上，食指第二指腹压住拇指第一指关节位置，形成凤眼状锁扣。其余三指放松握拳，不能扰弦和用力。

4. 拉弓　两臂上抬与地面平行，前臂手臂伸直，两肩放松下沉，身体不能弯曲，平缓靠位形成满弓状态。拉弓前完成上一步动作的呼气，以吸气开始拉弓，呼吸与动作的完美配合可使人更自然、自如地运用身体。

5. 瞄准　眼睛、箭头、靶子中心点要形成三点一线。开弓、靠位、瞄准一气呵成，保持力量一致。从拉弓结束到撒放之前，大约有 3s 的时间，需要射手达到一种高度的专注和身体稳定的状态，称之为审固，这是实现动作一致性的重要保障。审固时要排除杂念，思想高度集中，放空自己的思维，达到忘我的境界。

6. 放箭　前臂保持前推，手指自然放松；后手大拇指、食指的屈指肌退让、放松，让弦从拇指处滑出。保持撒放后的用力姿势不变，眼睛目送箭至靶心。前手和后手需要配合才能完成撒和放的动作。放箭不是主动用力，而是一种放松的过程。肢体的放松还须配以大脑与精神的放松，注意力稍有分散，就会失去对身体的精细控制，从而产生明显的动作问题。这一技术本身要求身与心的高度配合，尤其是内心的专注与放松，要达到一种忘我的状态。

7. 敛弓　收回动作的同时，把弓也收回来。

二、射艺基本礼仪

射艺重视礼仪，分别是射前礼、射毕礼、礼侯礼。

（1）进射位为射前礼，行持弓礼，表示对射艺之事的尊重。比赛时，行持礼，表示对射艺之事和对手的尊重。

（2）退射位为射毕礼，行藏弓礼，表示对射艺之事的尊重，比赛结束。

（3）验靶时为礼侯礼，行藏弓礼或鞠躬礼，表示对计分人员和侯靶的敬重。

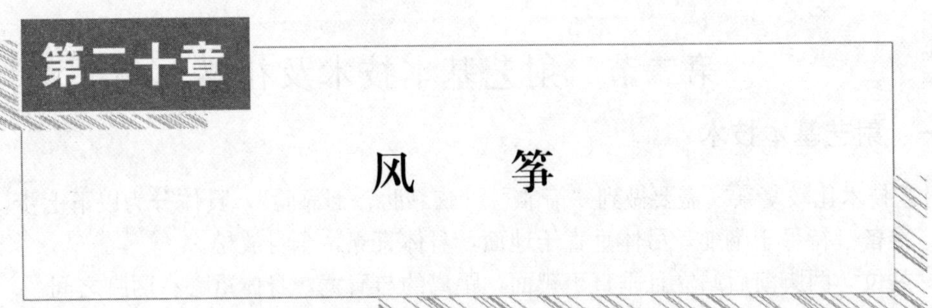

第二十章 风筝

第一节 风筝概述

一、风筝的起源和发展

风筝也称为纸鹞、纸鸢，是一项历史悠久的民间工艺。风筝起源于中国，具有两千多年的历史，据史料记载，春秋战国时期鲁国的墨子，就曾经用木头制作过木鸢，也就是风筝的前身。在古代曾经作为军事、通信等用途，从唐朝开始逐渐变成玩具，仅在每年清明节前后放飞。到了晚唐，在风筝上用竹笛或者丝条做成响器，风吹声鸣，因此就有了“风筝”的名字。大约在12世纪，风筝传入欧洲，西方科学家利用风筝的放飞原理进行了多种实验，1903年，美国莱特兄弟创造出世界第一架以内燃机作动力的飞机。风筝的发明对人类文明进步和世界科学技术发展产生了重大影响，是中华民族向欧洲传播的重大发明之一。

随着时代的发展，放风筝已成为大众喜爱的娱乐消遣活动，成为沟通人类科学、文化和思想感情的桥梁。1986年，中国将风筝比赛列入国家体育比赛项目，之后多次举办国内外大赛，有力地促进了风筝运动的发展。潍坊是国内最大的风筝制造地，被誉为世界风筝之都，自1984年成功举办首届潍坊国际风筝节以后，每年都举办风筝节。

二、放风筝的保健功能

1. 全身锻炼，增强体质 风筝放飞时要前后拉动，或者屈臂胸前拉动、臂下垂前后拉动，对肩部酸痛、肩周炎有一定疗效。风筝放入高空，要抬头观察其动态，能消除视力疲劳、防止近视；观察时头部要运动，能预防颈椎病的发生且对颈椎病患者有辅助治疗作用。两手牵引风筝，需要双手协调配合，能锻炼手腕、手指的灵活性和手、眼睛的协调性以及上肢力量；有时需要跑动，能促进足部血液循环，增强体力。因此，这种动脑、动眼、四肢协同的动作，能锻炼身体，增强体质。

2. 陶冶情操，娱乐健身 在大自然中放飞，仰望蓝天，观赏风筝，能令人陶醉，享受乐趣，给人们的思想、性格、感情以有益的影响。这种脑体结合的娱乐性活动，对大脑、视觉、呼吸、循环、消化、内分泌及免疫系统均大有裨益，尤其对中枢神经系统是一种良性刺激。

3. 交流感情，增进友谊 人们在放飞的过程中遇上“风友”总是相互问好，谈生活、谈风筝、谈人生，切磋技艺，交流学习心得，共同提高，从而结识更多新朋友，学到了新知识，充实了生活。放风筝是新兴的体育文化活动，更是沟通人类思想的桥梁，真可谓“银线连四海，风筝传友谊”。

三、风筝的种类

按其结构和形状分为九大类：软翅风筝、硬翅风筝、龙形风筝、板子风筝、立体风筝、桶形风筝、串式风筝、伞翼类风筝、自由类风筝等。

1. 软翅风筝 软翅风筝主要由躯体和翅膀组合而成。它的升力片由一根主翅条和翅形的蒙面组成，翅膀上方为竹条，翅子的下部是软性的，成游离状，主体身架多做成浮雕式。骨架有单层、双层和多层。放飞时风从两翅蒙面的下方逸出，形成上升的力，故而有较好的起飞性能，其颜色鲜艳亮丽，引人注目，因此受到人们的喜爱。传统的软翅风筝多为竹骨架，以绢或纸糊面，多用手绘。现代大批量制作的软翅风筝尝试以玻璃钢、碳素杆等新材料为骨架，采用格子布、防雨绸印刷，不但大大降低了软翅风筝的制作成本，也使其具备了方便携带的特点，受到人们的欢迎。造型多数是飞禽、昆虫，例如：燕子、蝴蝶、凤凰、蜻蜓、蜜蜂等（图 20-1）。

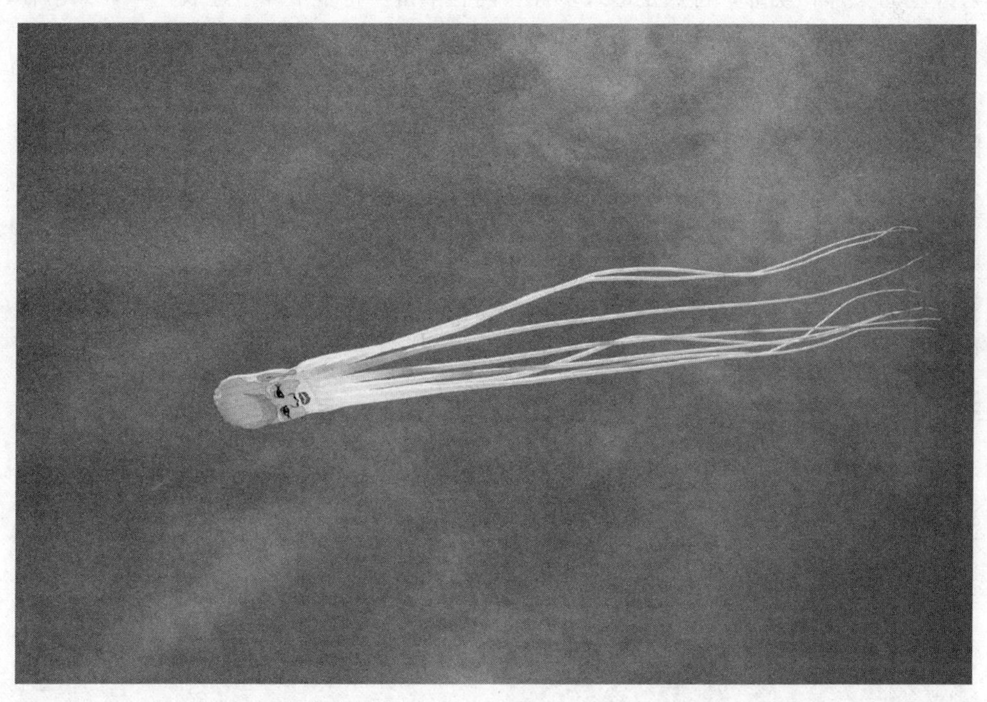

图 20-1

2. 硬翅风筝 常见的元宝翅风筝就属于此类，是我国最具特色、最典型的传统风筝。特点是升力片用上下两根横竹条扎成骨架，两侧边缘高、中间凹，形成通风道，翅端部后倾，使风泄出，平着看像元宝的形状。此类风筝样式多，硬翅是固定的，具有稳定、易起飞、易升高的特点，深受广大风筝爱好者的喜爱，同时将风筝的扎制工艺与中国的工笔绘画相结合，使其具有了独特的审美价值和收藏价值。其基本骨架形式有沙燕、“米”字、多层硬翅形三种。

3. 龙形风筝　多数龙形风筝是三线连接，要求三线平衡、长度相同、松紧一样。主要包括龙头蜈蚣风筝、龙头蛇风筝等。其中，龙头蜈蚣风筝是潍坊风筝的特色。

4. 板式风筝　其升力片边缘都有骨架支撑，形成板状的结构，因此被称为板式风筝，又称“板子风筝”“拍子风筝”。它的升力片就是主体，无凸起结构，周边由竹条支撑，容易扎制、起飞。此类风筝品种繁多，形式各异。按结构可以把板式风筝分为硬板（背后不用线将整个风筝面拉成弓形，骨架有平面和半立体两种）、软板（背后用线将整个风筝面拉紧成弓形）两类，尾部系长绳或者串穗。硬板题材有人物、虫鱼、物件等；软板题材有八卦、虫鱼、物件等。

5. 立体风筝　凡抽象或者具象而成立体形状者均属此类。如宫灯、花瓶、火箭等。

6. 桶形风筝　由一个或多个圆桶或其他形状的桶组成的风筝，如宫灯、花瓶、火箭、酒瓶等。

7. 串式风筝（图 20-2）　凡由几个以至几百个风筝连接在一起均属此类，属于制作工艺复杂、观赏价值高的中国传统风筝。人们为了提高它的飞升性能和平衡性能，常设计出美观、易升空的头部和尾部，特点是形式多样，内容丰富。将多个风筝连成一串，如串雁；拼接成象形风筝，如蜈蚣。

图 20-2

8. 伞翼类风筝　凡用三角形骨架支撑，或者无骨架而拉成弧形的各种形体，或者将二者结合为一体均属此类。题材不限。

9. 自由类风筝（图 20-3、图 20-4）　包括跨种类、运用新技术吸取外国风筝之长的风筝。跨种类的如“鹊桥会”，把串式、立体、板子等几种方法集于一体；运用新技术的如长 120m 的串式风筝“梁山一百单八将”“百鸟朝凤”等，不仅能迎风转动，还能敲锣打鼓、

喷烟冒火，“孙悟空”还能在放飞中七十二变。

图 20-3

图 20-4

第二节　风筝放飞的基本技术

风筝能否飞上天，关键是找准牵引点。风筝一般有 1～3 个牵引点，由于其大小、形态各异，牵引点也不一样，如金鱼风筝只需选择一个点，蝴蝶风筝要在头部和两翼各选择一个对应点，用手抓住牵引点左右轻轻摆动，或者到外面试放，如果风筝向一侧倾斜，需要重新选择牵引点。找好牵引点后，还需要掌握放飞的方法。一般的方法是放风筝的人手里牵着线站在上风处，同伴拿着风筝顺风走到下风处，相距 50m 左右。拿风筝的人将风筝上举，顺

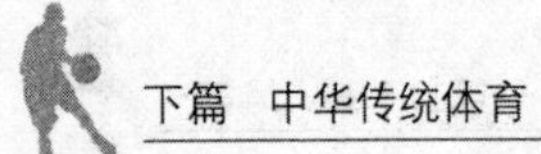

势将其推向空中；放风筝的人拽着风筝线迎风奔跑，跑的速度取决于风筝上升的情况和线拉力的大小。如果风筝升空慢、线的拉力小，就应加快跑速，如果风筝升空快、线的拉力大，则应放慢跑速，同时慢慢放线，使风筝平稳地飞上蓝天。

一、放风筝的技巧

(1) 当风力变小时，应快速向后收线，给予人工加风，感觉风筝线拉力加大时，要把握时机放线，使风筝在空中平稳地运动。

(2) 当风力变强风筝摇摆不定时，有两种处理方法：一是迅速向风筝方向奔跑数步，二是迅速放线，可减缓其摇摆之势。

(3) 如遇两只风筝线缠在一起，不要慌张，两人要马上靠近，互相交换调整，争取使线松开。

(4) 结束放飞时，要慢慢收线，尽量远离高大树木、建筑物等物体。

二、放飞条件

放风筝要具备主、客观两方面条件。主观条件指放飞者的放飞知识、经验和技巧；客观条件包括风力、季节、温湿度等天气条件和场地空间等。首先是风力条件。风力和风向决定放飞的成败。观察是长风还是阵风、旋风还是扰流风、地面风还是上风等；还要观察风力大小，各类型风筝必须选择与之相适应的风力，大型风筝应选择风力较强的天气放飞，小型风筝则选择弱风天气放飞。对于中、小型风筝，2～4级风时放飞最合适，5 级风也可以放飞，6 级风可以放飞超大型、巨型风筝。0 级和 1 级风无法放飞，7 级以上不宜放飞。其次是季节，最佳季节是春秋两季。然后是空气湿度，放飞宜选择晴朗干燥的天气。最后是放飞空间，应选择宽阔的场地，树木、高楼、电线杆、飞机场附近均不宜放飞。

三、放飞前的准备

1. 调整脚线 脚线就是系在风筝主体上的根基线，起到调整风筝迎角的作用。脚线的角度要根据风筝的种类、形状、风力以及实际放飞情况随时调整，一般上下夹角在 25～45°。拴线角度的要求是：上线水平下线斜，上下不差 20°。脚线拴的质量关系到放飞效果。

2. 选线 中国传统的风筝线是专纺真丝线，具有重量轻、强度大、结实耐磨耐拉、风筝容易起飞的特点。此外，精制的麻线、南麻线、锦纶纤维塔线等也可使用。但有损伤的线，如严重“起毛”、单股线断了、接头太多、发霉等均不能使用。

3. 选线拐子 一般选用六角圆撑式线拐子，拐子的大小要根据风筝的大小决定。

第三节 潍坊国际风筝节

潍坊国际风筝节（会）每年 4 月在潍坊举行，来自世界各地的多个国家和地区参赛，是我国最早冠以“国际”并被国际社会承认的大型地方节会。从 1984 年至今已成功举办 38 届，其创立的“风筝牵线、文体搭台、经贸唱戏”的模式，被全国各地广为借鉴。

1984 年 4 月 1 日，在美国友人大卫·切克列的热心帮助和山东省旅游局及潍坊工美风筝有限公司的大力支持下，首届潍坊国际风筝会拉开帷幕，美国、英国、加拿大等国家和香港地区以及国内 17 支代表队参加了比赛。1986 年 4 月，第 1 届全国风筝邀请赛、第 3 届潍坊国际风筝节同时在潍坊举行，16 个省市的 18 支代表队 81 名运动员参赛。1988 年，各国风筝组织代表推举潍坊为“世界风筝都”。经国务院批准，1989 年 4 月 1 日，国际风筝联合会在潍坊成立，16 个国家和地区代表出席了成立大会，联合会总部及办事机构均设在潍坊。1991 年 4 月，第 1 届全国风筝比赛在潍坊举行，这是《风筝竞赛规则》发布后首次举办的全国正式比赛。2014 年 3 月，第 31 届潍坊国际风筝会将北川定为潍坊国际风筝节放飞基地并进行了授牌。2016 年 4 月，第 33 届潍坊国际风筝节创新设立了潍坊滨海风筝冲浪表演赛（图 20-5）、2016 年首届中国（潍坊）国际风筝文化创意设计作品暨风筝扎制作品大赛等 9 项活动。2018 年 4 月，第 35 届潍坊国际风筝节现场见图 20-6。

图 20-5

图 20-6

第二十一章 毽　球

第一节　毽球概述

一、毽球的起源和发展

踢毽子（毽球）是我国一项流传很广、有着悠久历史的民族体育活动。经常进行这项活动，可以活动筋骨、促进健康。踢毽子还有个富有诗意的名字——翔翎。踢毽子起源于我国汉代，盛行于六朝、隋、唐。《高僧传》二集卷十九《佛陀禅师传》中记载，有一个名为跋陀的人到洛阳去，在路上遇到了 12 岁的惠光，在天街井栏上反踢毽子，连续踢了 500 次，观众赞叹不已。明、清时期，踢毽子进一步发展，关于踢毽子的记载也就更多了，有些民谚中涉及踢毽子的内容已发展到数人同踢的技巧运动。至清末，踢毽子已达到鼎盛时期，参加的人越来越多，不仅用来锻炼身体，而且把踢毽子和书画、下棋、放风筝、养花鸟、唱戏等并提。

现代毽类运动包括毽球和花样踢毽两个项目，起步于 20 世纪中期。现代毽类运动得到了政府及社会各界的积极倡导和大力支持。到 20 世纪 80 年代，现代毽类运动得到迅速普及，广泛开展于工厂、学校和机关事业单位。随着毽类运动的蓬勃发展，全国和地方性毽球组织相继成立。与此同时，竞赛体制基本完善，全国锦标赛、职工赛、学生赛、国际邀请赛等竞赛制度相继建立。进入 90 年代，毽类运动又先后跻身于全国少数民族运动会、全国农民运动会和全国中学生运动会等大型综合性运动会。同时，毽类运动跨出国门走向世界，先后在多个国家开展起来，并成立了国际组织，建立了世界锦标赛制度。

从汉代的毽子发展到今天的毽球、花毽，从花式的多样性、观赏性、个人性到现在的群众性、对抗性，毽球运动在广泛开展的基础上，运动水平也不断提高，涌现出一批高水平运动队，运动员技术动作的难度不断加大，头球、脚踏球、倒勾、凌空扫射等新难动作层出不穷，每次大赛都出现精彩的竞争场面。

二、毽球竞赛类型

目前毽球运动已发展成为一种对抗性的竞技运动，而且发展迅速，技术动作、战术水平都得到了很大的提高，因而毽球竞赛也被划分为多种类型，其主要分为以下几类：

1. 单人赛　在场地中共 2 人进行比赛，每人占据一方，双方进行对踢。单人赛对个人的素质要求比较全面，而且对个人的体力要求也比较高。

2. 团体赛　在场地中共 6 人进行比赛，双方各 3 人进行对踢。要打出高水平的比赛，无论是对整体的战术配合还是对个人的技术都有很高的要求。比赛一般采取 3 盘 2 胜制，得

分方法为具有发球权方造成对方死球才能得分，现代新规则为直接得分制。

3. 单项赛　即踢毽比赛，一般分为 3 项，盘踢、磕踢、跳踢。规则为按在 1min 内完成次数多少排出单项名次。单项赛要求运动员的基本功扎实，既有速度又有准度，因此，要踢好也有一定的难度。

第二节　毽球基本技术

一、踢球技术

1. 脚内侧踢球　也称内脚踢球，此种踢法脚接触球的面积大，传球较准确，适用于中、短距离传球和调整传球。

（1）动作要领。踢球时，左腿膝关节微屈支撑身体，右大腿带动小腿屈膝上摆，同时以髋关节为轴，膝关节屈膝外张，当脚触球的刹那间，小腿加速上摆，踝关节内屈端平，用脚弓内侧把球踢出，踢出的球要垂直或控制出球方向。

（2）重点。毽球与脚内侧接触的部位。

（3）难点。击球时屈膝外张，踢球脚端平。

2. 脚外侧踢球

（1）动作要领。踢球时，左腿膝关节微屈支撑身体，右腿以髋关节为轴屈膝，膝内扣，小腿迅速抬起向体外侧上摆；当脚触球的刹那间勾足尖，踝关节外屈端平，用脚背外侧把球向上踢起。

（2）重点。毽球与脚背外侧接触的部位。

（3）难点。击球时屈膝内扣，踢球脚端平。

3. 正脚背踢球

（1）动作要领。踢球时，左腿膝关节微屈支撑身体，右大腿带动小腿屈膝向前摆，脚背绷直，击球时小腿加速向前上方摆动，用脚背正面将球踢起。

（2）重点。毽球与正脚背接触的部位。

（3）难点。击球时屈踝绷脚面。

二、进攻技术

1. 倒勾攻球　倒勾攻球有正倒勾攻球、外侧倒勾攻球和内侧倒勾攻球 3 种技术。

（1）正倒勾攻球。

①动作要领。背向网平行站立，右腿蹬地起跳，左腿屈膝上摆，摆到最高点时，左腿迅速下摆，同时右腿屈膝，大腿带动小腿用力上摆，当球下落到大约头的前上方时，小腿快速用力摆动，击球瞬间，脚腕抖屈，用脚趾跟部以上部位将球击过网，两腿顺势依次缓冲着地，保持身体平衡。

②重点。毽球与脚接触的部位。

③难点。击球时机与全身协调配合。

（2）外侧倒勾球。

①动作要领。背向网平行站立，右腿蹬地起跳，左腿屈膝上摆，摆到最高点时，左腿迅速下摆，同时右腿屈膝，大腿带动小腿用力上摆，当球下落到大约头的前上方时，小腿快速

用力摆动，击球瞬间，右腿向外侧摆动，同时脚腕抖屈，用脚趾跟部以上部位将球在身体外侧击过网，两腿顺势依次缓冲着地，保持身体平衡。

②重点。右腿向外侧摆动。

③难点。击球时机与全身协调配合。

（3）内侧倒勾球。

①动作要领。背向网平行站立，右腿蹬地起跳，左腿屈膝上摆，摆到最高点时，左腿迅速下摆，同时右腿屈膝，大腿带动小腿用力向内侧斜前上方摆动，当球下落到大约头的斜前上方时，小腿快速用力摆动，击球瞬间，脚腕内翻抖屈，用脚趾跟部以上部位将球在身体内侧击过网，两腿顺势依次缓冲着地，保持身体平衡。

②重点。右腿向内侧斜前上方摆动。

③难点。击球时机与全身协调配合。

2. 脚踏攻球　脚踏攻球有直腿踏球和屈腿踏球两种技术。

（1）直腿踏球。

①动作要领。面向网站立，左脚向前迈出一步支撑身体或跳起腾空，右腿迅速上摆，当球下落到前下方时，击球瞬间展髋、展腹，脚面绷直，扣脚趾，快速收小腿，用前脚掌将球击过网。

②重点。毽球与脚掌接触的部位以及快速收小腿动作。

③难点。击球时机与全身协调配合。

（2）屈腿踏球。

①动作要领。面向网站立，左脚向前迈出一步支撑身体或跳起腾空，右腿迅速上摆，当球下落到前下方时，击球瞬间，大腿带动小腿加速上摆，踝关节放松，小腿带动脚掌快速向下做鞭打动作将球击过网。

②重点。击球时的鞭打动作。

③难点。击球时机与全身协调配合。

3. 头攻球　随着规则的改变，用头攻球的机会也随之减少，并且进攻的威力远远小于倒勾攻球和脚踏攻球，所以现在只作为一般接球时使用。

（1）动作要领。身体正对来球，在限制线后原地或者跳起，身体后仰成反弓，当球下落到头的前上方时，收腹屈体，上体快速前摆，用头发或前额将球击过网。

（2）重点。毽球与前额接触的部位。

（3）难点。击球时机与全身协调配合。

三、发球技术

1. 脚内侧发球

（1）动作要领。身体和球网约成45°站立，左脚在前与端线成45°，右脚在后与端线平行站立，膝关节微屈；左手将球垂直抛起于体前，距离身体约一臂远，身体重心前移至左脚上，右腿以髋关节为轴，屈膝外转，脚掌与地面平行，小腿迅速前摆，用脚内侧将球击出。

（2）重点。毽球与脚内侧接触的部位。

（3）难点。全身协调用力。

2. 正脚背发球

（1）动作要领。身体面对网站立，左脚在前右脚在后，两膝微屈，上体稍前倾，重心落在两脚间，左手持球于腹前；左手将球垂直抛起于体前，距离身体约一臂远，抛球的同时，重心前移到左脚上，右脚迅速蹬地、屈膝，小腿后屈，尽量靠近大腿，击球刹那间，小腿迅速前摆，脚面绷直，用脚背正面将球击出。

（2）重点。毽球与脚背正面接触的部位。

（3）难点。全身协调用力。

3. 凌空发球

（1）动作要领。身体侧对出球方向，左脚尖指向出球方向，左手持球于体前，距离身体约一臂远，将球向上抛起，球要高过头顶，当球落到大约肩部高度时，右腿迅速抬起，大腿带动小腿快速摆动，脚面绷直，用脚正面将球击出；击球后身体随即转向出球方向，保持身体平衡。

（2）重点。毽球与脚面接触的部位。

（3）难点。击球时机与全身协调用力。

参 考 文 献

柴春胜，2005. 体育与健康［M］. 北京：中国农业出版社.
陈智勇，2007. 新编大学体育教程［M］. 北京：北京航空航天大学出版社.
孔德平，2012. 中国国粹艺术读本：风筝［M］. 北京：中国文联出版社.
李德印，2006. 太极拳教范［M］. 北京：北京体育大学出版社.
李明强，2003. 体育教程［M］. 北京：人民体育出版社.
刘朴，2009. 汉画像石中的体育活动研究［M］. 北京：人民出版社.
刘忠武，2004. 大学体育教程［M］. 上海：复旦大学出版社.
宋广侠，张红，2020. 体育与健康［M］. 北京：中国农业出版社.
唐健，2002. 大学体育［M］. 北京：北京体育大学出版社.
丸山薰，2006. 网球技巧图解［M］. 北京：北京体育大学出版社.
王崇喜，2005. 球类运动［M］. 北京：高等教育出版社.
王少华，2001. 体育基础理论与实践教程［M］. 北京：北京体育大学出版社.
吴秀云，2019. 大学体育与健康［M］. 北京：中国农业出版社.
肖威，2002. 大学体育健康理论与实践［M］. 北京：北京体育大学出版社.
颜乾勇，高民绪，徐健，2020. 体育与健康［M］. 3 版. 北京：中国农业出版社.
杨家银，2016. 体育与健康教程［M］. 北京：北京体育大学出版社.
郁俊，廖诗方，2005. 大学体育教程［M］. 长春：吉林人民出版社.
张波，孙静，2021. 术道并进：中华射艺的价值审视与定位反思：兼评《学箭悟禅录》［J］. 上海体育学院学报（4）：1-9.
张琳，姜广义，2008. 风筝［M］. 长春：吉林出版集团.
张先松，2005. 健身健美运动［M］. 北京：高等教育出版社.
赵栩博，崔海燕，2007. 健美操套路教与学［M］. 北京：北京体育大学出版社.

读者意见反馈

亲爱的读者：

感谢您选用中国农业出版社出版的职业教育规划教材。为了提升我们的服务质量，为职业教育提供更加优质的教材，敬请您在百忙之中抽出时间对我们的教材提出宝贵意见。我们将根据您的反馈信息改进工作，以优质的服务和高质量的教材回报您的支持和爱护。

地　　址：北京市朝阳区麦子店街 18 号楼（100125）

中国农业出版社职业教育出版分社

联系方式：QQ（1492997993）

教材名称：　　　　　　　　　　ISBN：

个人资料

姓名：________________所在院校及所学专业：________________

通信地址：________________________________

联系电话：________________电子信箱：________________

您使用本教材是作为：□指定教材□选用教材□辅导教材□自学教材

您对本教材的总体满意度：

从内容质量角度看□很满意□满意□一般□不满意

改进意见：________________________________

从印装质量角度看□很满意□满意□一般□不满意

改进意见：________________________________

本教材最令您满意的是：

□指导明确□内容充实□讲解详尽□实例丰富□技术先进实用□其他________

您认为本教材在哪些方面需要改进？（可另附页）

□封面设计□版式设计□印装质量□内容□其他________________

您认为本教材在内容上哪些地方应进行修改？（可另附页）

____

____

本教材存在的错误：（可另附页）

第______页，第______行：____________应改为：____________

第______页，第______行：____________应改为：____________

第______页，第______行：____________应改为：____________

您提供的勘误信息可通过 QQ 发给我们，我们会安排编辑尽快核实改正，所提问题一经采纳，会有精美小礼品赠送。非常感谢您对我社工作的大力支持！

欢迎访问“全国农业教育教材网”http：//www.qgnyjc.com（此表可在网上下载）

欢迎登录“中国农业教育在线”http：//www.ccapedu.com 查看更多网络学习资源

图书在版编目（CIP）数据

体育与健康 /王志伟，赵长英，李希春主编 .—北京：中国农业出版社，2021.9（2023.8 重印）
高等职业教育“十四五”规划教材
ISBN 978-7-109-28567-5

Ⅰ. ①体… Ⅱ. ①王… ②赵… ③李… Ⅲ. ①体育－高等职业教育－教材 ②健康教育－高等职业教育－教材 Ⅳ. ①G807.4 ②G647.9

中国版本图书馆 CIP 数据核字（2021）第 145535 号

中国农业出版社出版
地址：北京市朝阳区麦子店街 18 号楼
邮编：100125
责任编辑：彭振雪　　文字编辑：郝小青　戈晓伟
版式设计：王　晨　　责任校对：沙凯霖
印刷：中农印务有限公司
版次：2021 年 9 月第 1 版
印次：2023 年 8 月北京第 3 次印刷
发行：新华书店北京发行所
开本：787mm×1092mm　1/16
印张：13.75
字数：330 千字
定价：40.00 元
